新时代中国精神价值传承

韩喜平 主编

女排精神

李红霞 著

东北大学出版社

Ⓒ 李红霞　2023

图书在版编目（CIP）数据

女排精神 / 李红霞著. — 沈阳：东北大学出版社，
2023.8
（新时代中国精神价值传承 / 韩喜平主编）
ISBN 978-7-5517-3363-2

Ⅰ. ①女… Ⅱ. ①李… Ⅲ. ①中华民族—民族精神—
青少年读物 Ⅳ. ①C955.2-49

中国国家版本馆CIP数据核字（2023）第159485号

出 版 者：东北大学出版社
　　　　　地址：沈阳市和平区文化路三号巷 11 号
　　　　　邮编：110819
　　　　　电话：024-83680267（社务室）　83687331（市场部）
　　　　　传真：024-83680265（办公室）　83680178（出版部）
　　　　　网址：http://www.neupress.com
　　　　　E-mail：neuph@neupress.com
印 刷 者：辽宁一诺广告印务有限公司
发 行 者：东北大学出版社
幅面尺寸：170 mm × 240 mm
印　　张：18.5
字　　数：292 千字
插　　页：8
出版时间：2023 年 8 月第 1 版
印刷时间：2023 年 8 月第 1 次印刷
责任编辑：郭爱民　袁　美
责任校对：孙德海
封面设计：潘正一
责任出版：唐敏志

ISBN 978-7-5517-3363-2　　　　　　　　　定价：80.00 元

◆爱拼才会赢。做好每一天，克服想赢怕输的心理，达到敢赢不怕输的忘我境界，是中国女排的成功之道。

陈忠和

2023-05-01

脚踏实地做好每一天，用热爱与汗水续写

女排精神，铸就祖国辉煌！

冯坤

2013. 7.4

◆脚踏实地做好每一天，用热爱与汗水续写女排精神，铸就祖国辉煌！

冯　坤

2023-07-04

成功要耐住寂寞与枯燥，

脚踏实地的做好每一天

唯有坚持奋斗才能成功

杨昊

2023. 7. 5

◆成功要耐住寂寞与枯燥，脚踏实地地做好每一天。唯有坚持奋斗才能成功。

杨　昊

2023-07-05

作为中国女排的一员，我心中的
最高目标是到奥运会上拿冠军。过
去三年我们在一起吃过那么多苦，牺
牲了所有的休息和娱乐，但是相比
起实现最高目标的快乐，一切都
算不了什么。

赵蕊蕊
2023.5.17.

◆作为中国女排的一员，我心中的最高目标是到奥运会上拿
金牌。过去三年我们在一起吃过那么多苦，牺牲了所有的休息和
娱乐；但是相比起实现最高目标的快乐，一切都算不了什么。

赵蕊蕊

2023-05-17

女排精神激励我前行！

周苏红

◆女排精神激励我前行！

周苏红

女排精神是有时候
知道不会赢，也竭尽全
力！人生不是一定会赢，
而是要努力去赢！

◆女排精神是有时候知道不会赢，也竭尽全力！人生不是一定会赢，而是要努力去赢！

颜　妮

无论胜利时的喜悦，还是困境时的挫折，
祖国至上，团结协作，顽强拼搏，永不言败
一直激励着我勇敢向前，带着梦想不断前进！

◆无论胜利时的喜悦，还是困境时的挫折，"祖国至上，团结协作，顽强拼搏，永不言败"一直激励着我勇敢向前，带着梦想不断前进！

丁　霞

一点撑不下去，总有另一点站出来支援。排球不是一个人的战斗，这是集体项目的魅力。无谓最佳的个人，都是集体的力量！

刘晏含

◆一个点撑不下去，总有另一个点站出来支援。排球不是一个人的战斗，这是集体项目的魅力。无谓最佳的个人，都是集体的力量！

刘晏含

女排精神是球不落地，永不放弃！

◆女排精神是球不落地，永不放弃！

张晓雅

无论遇到什么样的困难，只要心中有目标，
身边有战友，就有动力去坚持和拼搏。

（签名）

2023. 7. 10

◆无论遇到什么样的困难，只要心中有目标，身边有战友，
就有动力去坚持和拼搏。

林 莉

2023-07-10

失败后的努力，挫折中的坚持，
压力下的不屈。是女排精神赠予
我最受用的品质。

（签名）

◆失败后的努力，挫折中的坚持，压力下的不屈，是女排精
神赠予我最受用的品质。

王梦洁

人无精神不立，国无精神不强。一个国家要有精神，它是国本；一个民族要有精神，它是脊梁。习近平总书记强调指出："精神是一个民族赖以长久生存的灵魂，唯有精神上达到一定的高度，这个民族才能在历史的洪流中屹立不倒、奋勇向前。"在几千年的历史流变中，中华民族生生不息、绵延发展，饱受挫折又不断浴火重生，其中很重要的一点就是我们的民族积淀了自身最深沉的价值追求和精神烙印。习近平总书记指出，"中华民族在几千年历史中创造和延续的中华优秀传统文化，是中华民族的根和魂"，"中华优秀传统文化是中华民族的精神命脉"。翻开中华民族精神图谱，无数耳熟能详的诗词诠释了中华民族精神脉络的核心内涵，例如："天行健，君子以自强不息"的奋斗精神，"天下兴亡，匹夫有责""先天下之忧而忧，后天下之乐而乐"的爱国情怀，"人生自古谁无死，留取丹心照汗青""为有牺牲多壮志，敢教日月换新天"的牺牲精神，"鞠躬尽瘁，死而后已"的奉献精神，"苔花如米小，也学牡丹开"的自强精神，"革故鼎新""徙木为信"的创新思想，"老吾老以及人之老，幼吾幼以及人之幼""扶危济困"的公德意识，等等。中华民族既坚守本根又不断与时俱进，始终保持着坚定的民族自信和强大的修复能力，培育了共同的情感和价值、共同的理想和精神。这些千百年传承下来的精神理念、精神文化，成为积淀中国精神的价值内核。

中国共产党在领导中国革命、建设和改革的伟大历史进程，之所以创造了惊天地、泣鬼神的辉煌业绩，就在于坚守初心使命、就在于不畏艰难险阻、就在于有一大批革命先驱、有一大批英雄人物，形成了伟大精神激励与指引，这种逐步积累和形成的思想结晶和精神谱系，是中国共产党人精神境界、精神风貌、精神力量的集中写照，是中国共产党百年历史经验的总结。把马克思主义基本原理同中国具体实际、同中华优秀传统文化相结合是必由之路，谱写了马克思主义中国化时代化的最新篇章。中国精神包含的独一无二的理念、智慧、气度和价值，增添了中国人民内心深处的自信和自豪。这种强大的精神支撑，成为中华民族战胜一切艰难困苦的有力武器和实现中华民族伟大复兴的动力之源。

伟大事业需要伟大精神。在我们全面建成小康社会，向着社会主义现代化强国奋进的新征程中，党的二十大报告要求我们弘扬伟大建党精神，自信自强、守正创新，踔厉奋发、勇毅前行。深入研究和广泛宣传中国精神，传承民族精神、弘扬时代正气、培育时代新人，要求理论工作者把中国精神阐释好。《新时代中国精神价值传承》（以下简称《丛书》）正是这样一套回应时代关切、弘扬中国精神的书籍。《丛书》选取中国共产党带领广大人民进行革命、建设、改革的奋斗历程中凝练形成的红船精神、井冈山精神、长征精神、延安精神、东北抗联精神、雷锋精神、铁人精神、"两弹一星"精神、特区精神、女排精神、劳模精神、抗疫精神等为源，由全国高校十余位知名教授、专家集体撰著，以历史的视角，放置于实现中华民族伟大复兴中国梦的大背景下，阐释中国精神的具体样式，立足近代以来中华民族伟大复兴历程，特别是中国共产党带领中国人民从站起来、富起来到强起来所展现出来的民族集聚、动员和感召效应的精神及其气象，从党的领导特点和大党风范入手，追溯和解读中华民族悠久的历史传统和中华儿女可歌可泣的历史经历，研究中国精神形成的历史背景、形成过程，挖掘其科学内涵和新时代的重要价值，展现当代中华民族精神的历史穿透力和生命冲击力。《丛书》包括12分册，分别是：《红船精神》《井冈山精神》《长征精神》《延安精神》《东北抗联精神》《雷锋精神》《铁人精神》《"两弹一星"精神》《特区精神》《女排精神》《劳模精神》《抗疫精神》。这些共同构成了中国精神的重要内容，是社会主义核心价值观的精髓和具体体现，昭示着中国共产党人的初心和使命，镌刻着中华民族砥砺前行的优秀品格，是迄今为止学术界和出版界反映以爱国主义为核心的民族精神和以改革创新为核心的时代精神的大型学术普及类系列著作，是中国文化软实力的重要显示。

伟大精神铸就伟大梦想。今天，我们比历史上任何时期都更接近中华民族伟大复兴的目标，比历史上任何时期都更有信心有能力实现这个目标。实现中华民族伟大复兴不仅需要强大的物质力量，更需要强大的精神力量。要把这种精神力量汇聚成14亿多中华儿女强大的奋进合力，就不能把中国精神存放在"博物馆"内、停留在"象牙塔"中。推出《丛书》，可以推进中国精神时代化、大众化，永续传承，把它变为新时代的实践伟力。站在新时代的历史基点上，立足精神对事件的辐射和普照，阐释一定历史时期的民族精神对重大社会事件、历史发展进程甚至个人事业与生活的重大影响；立足事件对精神的折射和反映，分析历史事件、个人事迹对民族精神的具体呈现，以期在精神与史实的双向关照中，使中国精神触动整个民族情结和个体心理情感，凝聚中华儿女奋斗的精神动力。从普适性来讲，中国精神不仅是中国共产党成就伟大事业的宝贵精神财富，也是全体中华儿女在实践中总结、凝练和形成的价值理想。《丛书》定位于普及性学术著作，力求以通俗易懂、生动鲜活地讲述故事的形式呈现，引领新时代精神风尚，激发中华儿女特别是青年一代干事创业的热情。从价值层面看，《丛书》重点挖掘在中国特色社会主义新时代的价值，这对于汇聚中国力量，弘扬中华优秀传统文化，践行社会主义核心价值观，坚守中国共产党精神谱系，提升中国文化软实力，培养担负民族复兴大任的时代新人具有重大意义。

"求木之长者，必固其根本；欲流之远者，必浚其泉源。"我们坚信，这套极具学术性、知识性、资料性和可读性的《新时代中国精神价值传承》，能够成为筑牢中华民族共同体团结奋斗的精神纽带，为凝聚起中华民族的磅礴力量，建设中华民族现代文明贡献一份力量。

韩喜平

2023 年 6 月

韩喜平，教育部"长江学者"特聘教授，国家"万人计划"哲学社会科学领军人才，中央马克思主义理论与建设工程首席专家。

目录
CONTENTS

第三章　女排精神内涵解读

第一章 **01**

| 女排精神产生背景 |

一、历史背景

（一）内忧外患的近代中国与"东亚病夫"的耻辱形象

> 国力荼弱，武风不振，民族之体质日趋轻细，此甚可忧之现象也。[1]
>
> ——毛泽东《体育之研究》

18世纪60年代，从纺织业开始，英国发生了工业革命，由此揭开了资本主义工业化的序幕。资本主义国家用近百年时间完成了工业化，以机器化生产取代了工场手工业。这次产业革命从英国逐渐扩大到了整个欧洲大陆和美洲北部，在1846—1866年间进入迅速发展时期[2]。随着自由贸易的实现，资本主义国家开拓世界市场的野心愈加强烈，帝国主义的魔爪伸向了古老落后的封建中国。1840年鸦片战争后，中国逐渐沦为半殖民地半封建社会，国运衰败之势如江河日下，国人饱受鸦片毒害和洋人欺辱。然而，封闭的环境和迂腐的教育使得清朝上下仍以天朝自居，对于被迫开放的对外关系反应得既迟钝又懒惰，除了像魏源、林则徐等少数人开始睁眼看世界之外，绝大多数士大夫直至20年后（即1860年）才觉察到这一"千年未有之变局"。

一些官吏把这变局归因于西方的帝国主义政策，如清朝重臣李鸿章，看透了帝国主义侵略中国的野心，称西方人"阳托和好之名，阴怀吞噬之计"[3]。至于变局的结局，乐观者如作家王韬断言将会"合全世界成为一大同族体而后

---

[1] 中共中央文献研究室编《毛泽东年谱（1893—1949）》（修订本 上卷），中央文献出版社，2013，第25页。

[2] 马克思：《资本论》第1卷，人民出版社，2004，第747页。

[3] 费正清、刘广京：《剑桥中国晚清史》（1800—1911年）下卷，中国社会科学出版社，1985，第188、191页。

已",认为上天在磨砺中国,如同把刀放在磨刀石上磨快一样,使中国变成富强国家①。郭嵩焘认为,新形势像双刃剑,可以加害于中国,也可以有利于中国,看能否因势利导而利用好天赐的良机②。士大夫们从儒学《易经》中吸取了自强的思想,中国掀起了各种反抗运动(如:义和团运动等)和自强运动(如:洋务运动、戊戌变法等),但是都失败了,未能挽回封建王朝的衰退局势。清政府在帝国主义列强的瓜分下苟延残喘,被迫签订丧权辱国的条约、合约、协约多达1170余件③。

从那时起,近代中华民族的形象开始长期与"东方病夫""东亚病夫"联系在一起,中国人给外国人留下了皮包骨头、瘦如麻秆、精神颓废的形象。1895年甲午战争失败后,严复在《直报》上发表《原强》称:"今之中国,非犹是病夫也。"④他主张对症下药鼓民力,强民强国。1896年10月17日,英国人在上海办的英文报纸《字林西报》转载了英国《伦敦学校岁报》登出的《中国实情》一文,开篇写道:"夫中国,东方病夫也。其麻木不仁久矣。"⑤当年11月1日,该文由梁启超翻译后在《时务报》上转载。11月30日,《字林西报》刊载《天下四病人》一文,称:"今尚有患病四人……一为土国……二为波斯……三为中国……四为摩洛哥……其中中国,是东方的病夫。"⑥1901年,《国民报》发表《东方病人》一文。1903年,《万国公报》发表《东方病夫之伴侣》一文。同年,同盟会陈天华在《猛回头·警世钟》发出了呐喊:"耻!耻!耻!你看堂堂中国,岂不是自古到今,四夷小国所称为天朝大国吗?为什么到于今,由头等国降为第四等国呀?外国人不骂为东方病夫,就骂为野蛮贱种。中国人到了外洋,连牛马也比不上。"⑦1904年,孙中山在《中国问题的真解决》中也提到了"东方病夫"。1905年2月,在《申报》上发表

---

① 费正清、刘广京:《剑桥中国晚清史》(1800—1911年)下卷,中国社会科学出版社,1985,第186页。

② 同上书,第191页。

③ 《中国青少年百科:人类历史文化艺术》,吉林出版集团,2009,第54页。

④ 严复:《天演之声——严复文选》,百花文艺出版社,2002,第24页。

⑤ 《中国实情》,《字林西报》1896年10月17日。

⑥ 《天下四病人》,《字林西报》1896年11月30日。

⑦ 陈天华:《猛回头·警世钟》,载罗炳良主编《影响中国近代史的名著》,华夏出版社,2002,第69页。

的《敬告官派留学生》一文呼吁，应"一洗我东方病夫之耻"①。1906年再次呼吁："内地同胞力图戒绝毋使东方病夫之诮永贻我四百兆民之羞耳录世说编。"②此后的近20年里，"东方病夫"一词接连出现在《申报》上，多达80余次。

1917年中国参加远东运动会失利后，有人在《申报》上呼吁，"进步迅速姿势健强一洗东方病夫之耻"③。一则关于骥制广嗣金丹的广告中写道："今二十世纪欲求强国，必先强种，此根本上之解决也。强种之法，首在身体健全。西人目我国为东方病夫，我国人肯忍受之乎？但人体健全与否，全关乎肾之强弱，肾强则精气充足体力雄伟，肾弱则神智昏沉思虑疲惫。"④陈独秀、瞿秋白也曾在《新青年》《民国日报》上提及"东方病夫"。民国中后期则由"东亚病夫"取代，从最初的国力衰退、政治麻木、体质虚弱，演变为过敏体质的赢弱，成为中国体育落后的代名词。

1936年，由69人组成的中国体育代表团远赴德国柏林参加第十一届奥运会。围观的西方人争先恐后地盯着中国女运动员的脚和男运动员的头，心中充满疑问。在他们看来，中国女人都缠着小脚，中国男人都拖着一条大辫子，怎么能取得好成绩呢？最后，仅有撑杆跳高的中国选手进入复赛，其他中国选手在初赛时就被淘汰。一家外国报社在报纸上刊登了一幅颇具讽刺意义的漫画：一群中国运动员身前放着一个"大鸭蛋"，鸭蛋上画着五环标志和"德国制造"英文字样。中国运动员回国途经新加坡时，当地报纸刊登了一幅《东亚病夫》的漫画。画面中，一群留着长辫子、穿着长袍马褂、面容枯瘦的中国男人在奥运五环旗下用担架抬着一个"大鸭蛋"，以此讽刺中国人在奥运会上无功而返。这深深地刺激了国人的自尊心，激发了国人的自强心。特别是1937年7月7日全民族抗战爆发后，国人愈发警觉"中华民族到了最危险的时候"，从而激起了爱国自强的民族主义思潮。

---

① 《敬告官派留学生》，《申报》1905年2月25日。
② 《澳洲烟禁详述》，《申报》1906年2月20日。
③ 《演说远东运动会失败后之希望》，《申报》1917年6月7日，第11版。
④ 《瑞和洋行礼拜六拍卖》，《申报》1917年8月4日，第4版。

（二）"奥运三问"与强种强国的期待

中国要强大，必须培养强健的国民。

——时任南开学校校长张伯苓

一百多年前，国人在心中就播下了体育强国的种子。"东亚病夫"这一蔑称，如同一剂苦药，激发了中国知识分子的民族忧患意识，引发了有识之士对于从身体、器物到文化、制度等各个层面的反思。一些先进分子发出了"鼓民力、保种强种救国"的呼唤。国人试图从医药、教育、公共卫生等方面洗雪"东亚病夫"的耻辱，寻找强种强国的途径。同时，社会上形成了一股"尚力思潮"，体育被看作"莫不以此为最急"①，建设体育强国的使命落在了中国体育人的肩上。

被称为"中国奥运先驱"的南开教育开创者张伯苓，童年时看到租借地的洋人在中国土地上耀武扬威，少年时代便认识到这些耻辱来自清政府无力反击的侵略战争，立志当海军，并考进了北洋水师学堂。可是没等他毕业，中日甲午战争爆发了。他目睹了自己熟悉的同伴随着服役的舰队以身殉国，报国之心深受打击。四年后，清政府被迫签订了中英《订租威海卫专条》，把威海卫从日本人手里又转给了英国人。他眼睁睁地看着威海租借地上空两易旗帜，先是日本旗降下来，换上大清龙旗；不到一刻钟，又降下大清龙旗，换上了英国旗。张伯苓看着面黄肌瘦、军容不整的清朝水师士兵，再看看军容严整、整齐划一的英国军队，他的海军救国梦破灭了。看来，只能寄希望于下一代，只能寄希望于教育救国、体育救国：中国要强大，必须培养身强体健的国民。然而，当时的教育很糟糕，外国侵略者提着枪械都打上门来了，而中国的私塾先生却还在教学生背"之乎者也"……在德智体三育中，中国人最缺乏的是体育，而"手无缚鸡之力""心无一夫之雄"不应是中国读书人的标配。于是，赋闲在家的张伯苓来到朋友开办的学堂，成了第一个教体育的私塾先生。在他看来，体育不仅能锻炼个人体能，还能培养强国强种的爱国情怀，培养团队合

---

① 严复：《论世变之亟——严复集》，辽宁人民出版社，1994，第36页。

作和公平意识，改造国民形象。因此，强国必先强种，强种必先强身；自强之道，端在教育，体育为先。

随着西方列强的入侵，西方现代体育文化伴着基督教文化传播进入了中国。1895年，创于英国、盛于美国的基督教青年会在天津成立了首个城市青年会。其中，来自美国普渡大学的罗伯逊（一译饶伯森，Clarence Hover Robertson）干事为奥林匹克运动在中国的传播做了大量工作，并与张伯苓校长结识。他们在加强体育教育、推广体育运动方面形成了共识，在中国参加奥运会问题上产生了共鸣。两人在1907年第五届、1908年第六届天津校际运动会闭幕式等多个场合，围绕"奥运三问"发表演讲。1908年5月，在《天津青年》星期报刊登的"竞技运动"英语文章中写道："何时中国能产生有水平的运动员？能够在如此重要的国际盛会上赢得第一名？"[①]同年9月，罗伯逊在提交给美国总部的年度报告中汇报了宣传"奥运三问"的进展，叙述了具体内容："中国什么时候在奥运会上赢得一席之地？中国什么时候派一支能赢的队伍？中国什么时候能举办奥运会？"在1908—1909年的年度报告中，再次汇报了"奥运三问"宣传情况。1909—1910年的年度报告，继续汇报了"奥运三问"推广的明显成效。1948年，《普渡大学学报》在关于罗伯逊的传记中也提到了他在宣传"奥运三问"方面取得的业绩。[②]1910年7月《申报》刊登的《中国运动大会之先声》通告书中，再次提到"奥运三问"："试问中国何时能派代表赴万国运动大会？何时能于万国运动大会时夺得锦标？又何时能使万国运动大会举行于中土？"[③]由此可见，"奥运三问"可谓是中国奥运梦想的最初源头。张伯苓不仅关心"奥运三问"，而且用实际行动推动对"奥运三问"的解答。1932年，他在听说东北大学毕业生刘长春想参加在美国洛杉矶举行的第十届奥运会后非常支持，主动帮助联系报名，促成了刘长春的奥运之行，完成了奥运第一问的解答。刘长春被誉为"中国奥运第一人"。

---

① 崔建霞：《走近马克思主义的另一种方式：案例解读》，北京理工大学出版社，2014，第134页。
② 古维秋等：《关于"奥运三问"真伪的辨析》，《成都体育学院学报》2009年第4期。
③ 同①。

图1-1 "奥运三问"的百年解答

左图："中国奥运第一人"刘长春雕像，竖立在辽宁大连奥林匹克广场；

中图：中国第一位奥运金牌获得者许海峰；

右图：2008年北京奥运会开幕式，为奥林匹克文化融入了中国元素

　　女子排球运动于20世纪20—30年代传入中国。1930年时，中国已拥有13支省级女子排球队。然而，国运不举，体育难兴。在战争和疾病相伴的旧中国，不仅排球项目，所有体育项目的发展都像国运一样步履维艰。一百年前，民族独立和解放成为所有中国人面临的最关键的历史任务。在长达几十年的时间里，国人不知"奥运三问"何时得解，强国梦想何时能圆。青年时的毛泽东对旧中国国民的体质深感担忧，发表了一生中的第一篇文章《体育之研究》，发出了"文明其精神，野蛮其体魄"的呼吁，为新中国成立后发展人民体育事业奠定了扎实的思想理论基础。直到1984年，中国射击选手许海峰才击落了第一枚奥运金牌，中国女排也摘下了第一枚奥运金牌，解答了"奥运三问"之第二问。2008年，首次在中国首都北京举办了以"同一个世界，同一个梦想"为主题的第二十九届夏季奥运会，使"奥运三问"之第三问得到了解答。从1908年到2008年，为了解答"奥运三问"，中国整整用了一百年。

二、现实背景

（一）党和国家领导人对体育的重视与关怀

"三大球上不去，我是死不瞑目的。"

——贺龙

习近平总书记多次强调指出，"国运兴则体育兴"。随着新中国的成立，女子排球事业与中国人民一起实现了站起来的飞跃。新中国体育事业承载着国家和民族的希望，得到了党和国家领导人的殷殷关怀和深切嘱托。发展人民体育、增强人民体质，成为展示新中国精神面貌的迫切需要。摘掉"东亚病夫"的帽子，从三大球翻身抓起，成为中国体育人的神圣使命。"建设体育强国"，更是成为体育人的梦想。经过新中国成立后30多年的艰苦创业，到20世纪80年代，中国体育取得了巨大成就。新中国领导人对体育的高度重视和殷切期望，体现了中国体育人的初心。1951年，我国举办了首次全国性的排球比赛，正式组建了国家女子排球队，选出了新中国第一批女排运动员。时任政务院副总理贺龙在接见中国女排运动员时指出，体育振兴能够极大地振奋民族精神，期待中国女排能够成为一面旗帜，走出一条有自己特色的道路。1952年，毛泽东主席为新中国体育工作题词："发展体育运动，增强人民体质。"中央人民政府委员会任命贺龙兼任国家体育运动委员会（以下简称国家体委）主任。1953年中国排球协会成立，次年成为国际排联正式会员。贺龙元帅多次强调体育担当的民族重任，他说："过去洋人骂我们是'东亚病夫'。现在中国人民站起来了，这顶帽子要摘掉。谁来摘呢？搞体育工作的人来摘嘛。"[1]

20世纪50年代，世界排坛强手林立。苏联、日本、古巴、美国女排，先

---

① 熊晓正：《中国体育》，北京出版社，1995，第87页。

后称霸世界排坛。先是苏联女排称霸排坛，在50年代连摘三届女排世锦赛桂冠，获得8次世界冠军。日本女排战胜苏联女排后，曾经创造过118场国际比赛连胜记录，成为继苏联女排之后实现"三连冠"的第二支球队，被称为"东洋魔女"。

贺龙元帅对篮、排、足三大球十分关心。1952年，他率领中央体训班男女排球队到华东、中南和西南巡回表演，为推广六人制排球运动做了很多工作。1956年，在第二届世界女排锦标赛上，中国女排获得了第六名。贺龙元帅经常看比赛和训练，还参加重要的国际比赛准备会议。一次，中国篮球队同苏联白俄罗斯篮球队进行访问比赛后，他连夜主持开会分析失败的原因，并指出，要解放思想，破除迷信洋人的思想，敢于斗争、敢于胜利。经过10年的艰苦训练，三大球的竞技水平已经接近了一般的国际水平。然而，三年经济困难时期，三大球走了下坡路。1962年，在第四届女排世锦赛上，中国女排仅获得第九名。1963年底，在印尼雅加达举办的第一届新兴力量运动会上，中国足球没有进入前四名。贺龙元帅很受震动，多次检讨自己的责任，急得吃不好饭、睡不着觉，决心扭转局面。1964年春天，贺龙对国家体委几位领导说："三大球为什么上不去？解放到现在已经十五年了。再搞不起来，难道要搞五十年？必须赶快下功夫啊！我已经七十岁了，希望在我见马克思之前，能看到三大球翻身。"停了一下，他深沉有力地说："三大球上不去，我是死不瞑目的！"[1]他一针见血地指出，三大球上不去的主要原因是指导思想有问题，没有摆脱教条主义束缚。要走自己的路，打出自己的风格。有一次，贺龙看日本女排训练时的录像资料，日本教练大松博文引起了他的关注。1964年大松博文率领日本女排到北京访问时，贺龙元帅专程来到北京工人体育馆观看日本女排训练。他在训练强度和训练方法方面总结出了许多先进经验，为日后中国女排崛起奠定了理论基础。

周恩来总理也十分关心中国女排的发展。20世纪50和60年代，由大松博文执教的日本女排，以身高矮10厘米的劣势战胜了蝉联三届世界冠军的苏联女排，登上了世界排坛霸主宝座。这使思想敏锐的周恩来总理看到了中国

---

① 王丁：《三大球上不去死不瞑目——贺龙同志开创新中国体育事业片段》，《体育文史》1986年第2期。

女排的希望。因为日本人和中国人的身体条件十分相似，日本女排的成功让他看到了中国"三大球"实现突破的可能性，特别是排球实现突破是可能的。

周总理多次邀请大松博文来中国为中国女排提供指导。1964年11月20日至12月12日，大松博文率领日本贝塚女子排球队访问中国。贺龙陪同周恩来、陈毅一起观看了日本队与北京体育学院女子排球队的比赛，并现场观摩了日本队的训练课。周总理发现，日本队的训练比比赛还累，中国队平均每天训练2小时，而日本队每天训练5小时以上。大松博文采用的大强度和高密度的"魔鬼训练法"，与中国女排"从难、从严、从实战出发"的运动训练原则有一致的地方。1965年4月21日，大松博文在上海对中国女排进行了一个月的魔鬼训练，毫无保留地把自己的训练经验传授给中国女排。临走之前，他感叹道，中国有这么一群能吃苦的队员，还有这么重视排球运动的总理，相信一定能够登上冠军的领奖台。遗憾的是，1974年中国女排在第七届女排世锦赛上获得第十四名之后，因经济上难以为继，不得不解散。大松博文直至1978年去世的时候，也没能看到中国女排的腾飞。中国女排受益于当时打破封锁的体

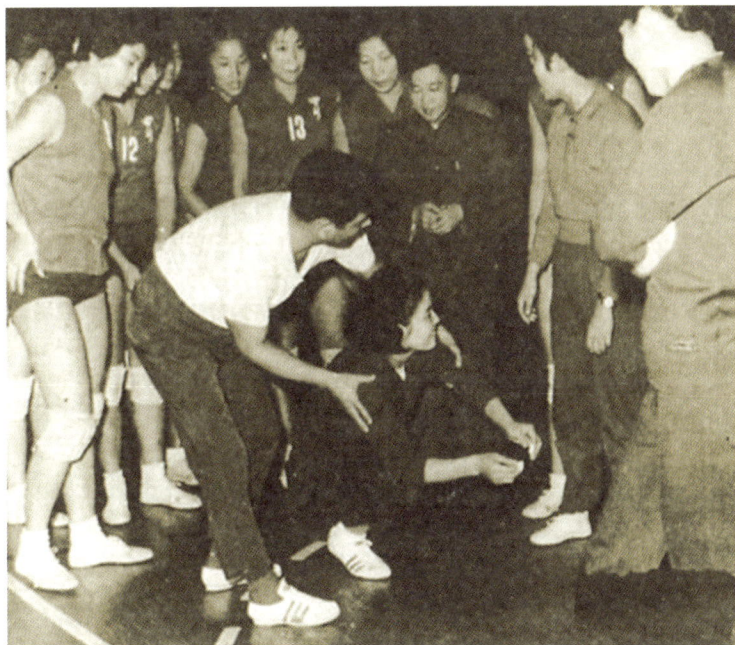

图1-2　大松博文指导中国女排训练

育外交政策。周总理请来的日本"魔鬼教练"大松博文及其引入的魔鬼训练法，对于中国女排竞技水平提升起到了重要的推动作用。在此基础上，中国女排将训练原则发展为"三从一大"，即"从难、从严、从实战出发，大运动量训练"。

（二）改革开放的时代呼唤与国人奋起赶超的精神状态

团结起来，振兴中华！

——北大学子

1976年10月，长达十年的"文化大革命"结束了。在此后的两年时间里，党中央迅速进行拨乱反正，对新中国成立后30年来正反两方面经验教训进行了深刻的总结。1978年中共十一届三中全会的召开，是中国共产党探索建设中国特色社会主义的重大历史转折点，标志着党的更加成熟。这次会议作出决定，把全党的工作重心从阶级斗争转移到社会主义现代化建设上来。全国各条战线吹响了向现代化进军的号角，改革开放的春风吹遍了大江南北，沉寂的中国大地上展现出万物复苏、重焕生机的景象。通过对内搞活，把国内一切要素的主动性和积极性调动起来；通过对外开放，把国外一切先进的成果利用起来。中国像一条活力四射的东方巨龙，显示出蓄势腾飞之势。

改革开放之初，当我们打开国门、放眼世界的时候，我们发现了与世界的巨大差距。每个中国人都怀着焦灼的心情，急切地盼望民族复兴。于是，各行各业展现出不甘落后、奋起直追，尽快赶上世界先进步伐的精神状态。此时此刻，迫切需要一种能够振奋人心的精神力量来鼓舞民族士气，唤醒民族自觉，激发民族自强，增强民族自信，鼓起冲出亚洲、走向世界的勇气。自然，中国也迫切需要发展群众体育运动、改善国民体质，通过提高竞技运动成绩重塑国际形象。

时势造英雄，各行各业涌现出许许多多敢闯敢拼、开拓创新的时代弄潮儿。1976年重新组建了国家女子排球队。国家男子排球队原队员袁伟民接过教鞭，与邓若曾成为搭档。两人心气相投，都想把中国女排竞技水平带上去，为女排精神孕育和形成提供了现实条件。三大球中，中国排球率先复苏。1978年2月召开了全国排球工作会议，会上提出我国三大球打翻身仗，排球最有希望，女排更有可能早日夺得世界冠军。中国女排回应了民族精神的时代呼唤，满足了国人的精神需求。1981年3月20日下午，在中国香港举行的第三届世界杯女子排球赛亚洲区预选赛上，中国女排战胜最后一个对手中国香港队，以全部3∶0的战绩取得第一名，获得了参加11月在日本大阪举办的第三届女排世界杯比赛的"入场券"。当天晚上，中国男排与韩国队最后争夺进军世界杯决赛区的"入场券"，在先输两局的不利局面下奋起直追、连扳三局，以3∶2战胜韩国队，冲出了亚洲，夺得了世界杯排球赛的"入场券"。中央电视台第一次租用国际卫星信号向全国人民直播，比赛进行到决胜局的后半段，租用时间到，停止了直播。北京大学4000多名学生在收音机旁听到中国队获胜的消息后欢呼雀跃，不约而同地冲出宿舍，汇聚到校园，表达激动和兴奋的心情。大家有的唱歌，有的喊口号。起初，口号五花八门。出了南校门，大家开始商量怎样喊口号，最后喊出了"团结起来，振兴中华"的时代最强音，喊出了全国人民的心声。3月22日，这个口号成为《人民日报》新闻特写的大标题，在改革开放初期的华夏大地上迅速传播开来。

　　3月29日，国家排球队应邀访问北京大学，作家鲁光有幸一同前往。回忆起那个热烈的场面，鲁光至今记忆犹新。刚进北大校门，女排队员们就被东一堆、西一堆地团团围住。鲁光个子不高，是被男排队员夹在胳膊底下带进去的。最后只有他和周晓兰走到了礼堂。学生们把周晓兰举起来，从台上扔到台

图1-3　中国男排、中国女排在世界杯预赛双双出线后，在机场合影

图1-4　1981年3月29日，中国排球队应邀访问北京大学，受到师生们的热烈欢迎（安烈摄）

下，又从台下抛到台上……最后，欢迎会只好改到了五四操场。学生们不停地高喊"团结起来，振兴中华！"口号声、掌声此起彼伏，响彻云霄。师生们争相请排球健儿签名留念。

三、文化背景

（一）西方奥林匹克文化在中国的传播

更高、更快、更强、更团结！

——奥林匹克运动新格言

14 世纪初，欧洲资本主义伴随着文艺复兴运动而兴起，自由竞争的资本主义精神唤起了对古希腊奥林匹克精神的怀念。到了 19 世纪末期，西方资本主义逐渐从自由竞争阶段向垄断资本主义过渡，世界的上空笼罩着战争的乌云。正当哲学以"唯意志论""超人哲学"为帝国主义鼓吹侵略战争时，以法国教育家顾拜旦为代表的思想家却力图用体育校正人类通往和平的文明道路。

图 1-5　1875—1881 年考古学家在希腊挖掘出古代奥运会遗址

在他的呼吁和倡导下，1896年恢复了希腊古老的奥林匹克运动，开启了人类对和平、友谊、团结、进步的追求进程。

现代奥林匹克运动继承了古希腊奥林匹克运动的传统，是在古代奥林匹克运动基础上的复兴和发展。古代奥运会起源于公元前9—前8世纪的希腊，即氏族社会法界、城邦制奴隶社会形成之间。关于产生的原因有几种说法，例如城邦之间连年处于战争状态，出于战争的需要，能够训练士兵强壮的身体、培养能征善战的士兵的体育受到了重视，因此最初古希腊体育运动的发展动力是战争的推动。然而，举办四年一度的奥运会确实为了避免战争、祈求和平，自然是通过非常庄重的祭祀众神的宗教形式，往往在橄榄、葡萄丰收的季节举行，因在雅典卫城的奥林匹亚山上举行而得名。也就是说，和平是古希腊奥运会的中心主题。公元前776年，伊利斯国王伊菲图斯力主举办了第一届奥运会。开幕式点燃圣火的仪式体现了人类对火的崇拜。运动会期间，各城邦要遵守"神圣休战"的义务，暂停一切战争，以确保各地运动员和观众安全抵达奥林匹亚。公元前420年，斯巴达人由于破坏了"神圣停战协议"而受到重金处罚，并被拒绝参与奥运会赛事。因此，古希腊奥运会的本质是一种以和平方式演绎战争的活动。古代奥运会共举办过293次，历时1169年，公元393年被罗马皇帝狄奥多西废除。

图1-6　1896年首届现代奥运会在雅典举办。图为举行田径比赛的大理石运动场

古代奥运会遗址的发掘，引起了法国教育家皮埃尔·德·顾拜旦的关注和兴趣。他对欧洲和美国的学校体育进行认真的考察后发现了资本主义生产关系兴起对青年人身心带来的不利影响和学校片面教育的问题，认为体育是扭转上述现状的最好手段，因而萌发了重建奥运会的社会理想。在他的努力下，1894年巴黎举行了国际体育运动代表大会，会议通过了成立国际奥委会的决议，并决定于1896年在希腊雅典举行首届奥运会。每四年一次，迄今已举办了32届。

现代奥林匹克不仅是一场世界性的体育运动，而且是一场世界性的教育运动，是一场以体育为载体、以促进人类全面发展为目标的生动教育。教育是法国教育家皮埃尔·德·顾拜旦呼吁并致力于重建奥林匹克运动会的初心。他指出，恢复奥林匹克运动会的目的是为了发挥体育在现代社会中的教育意义。《奥林匹克宪章》规定，奥林匹克的宗旨是通过体育活动教育青年，培养他们宽容、尊重、勇气、信念等优秀品质。国际奥委会前主席雅克·卢格认为，一百多年来奥林匹克所要传达的主题是以体育为载体，教导那些不同性格、生活在不同社会体制下的年轻人以正确的人生观和价值观。1912年，顾拜旦在《体育颂》中表达了崇尚公平正义、和平发展、团结友谊的体育价值观，揭示了体育健身、娱乐、教育等多元功能和价值，其中特别强调体育的教育功能，通篇贯穿着教育的作用。奥林匹克主张兼顾身体和精神的全面教育，与马克思关于人的全面发展的思想高度契合。19世纪中叶，马克思从变革社会制度中找到了实现人的解放和自由全面发展的途径。50年后，法国教育家顾拜旦从体育教育中找到了促进人的全面发展的另一条道路。他把体育看作培养人类的沃土，把重建奥运会作为实现人的全面发展教育理念和理想的手段，把奥林匹克运动看成是一场教育运动。这一思想体现在他所崇尚的"奥林匹克主义"中。《奥林匹克宪章》将之定义为"将身、心和精神方面的各种品质均衡地结合起来并使之得到提高的一种人生哲学"，即通过体育、教育、文化的融合，养成健康的生活方式，体验奋斗的人生乐趣，发挥榜样的教育价值，促进人的和谐发展。一百年来，奥运会充分发挥了体育的教育功能和榜样示范作用，历届奥运会涌现出不少像美国"橡皮人"雷·尤里、英国佝偻病人汤米·格林、美国截肢后戴着木腿参赛的乔治·易瑟那样的励志人物，也不乏兴趣广泛、才华横溢、全面发展的青年榜样。不得不承认，奥林匹克是坚持和践行体教融合理念的成功典范，为立德树人作出了巨大贡献。

现代奥林匹克不仅是一场世界性的体育盛会，更是一场世界性的文化盛会。文化是教育的有效资源，以文化人如春雨润物无声。价值观作为文化的内核，体育精神是体育价值观的集中表达。奥运会是科学精神与人文精神并显、向人类传递积极价值观的文化舞台，旨在塑造充满体育精神的青年。《奥林匹克宪章》指出，奥林匹克是通过没有任何歧视，具有互相了解、友谊团结、公平竞争的奥林匹克精神的体育活动来教育青年的。赛场上运动员面对困难和挑战勇于拼搏，遇到挫折和失败坚忍不拔的进取精神是人类伟大精神的一个缩影，折射出人性的光辉。如此规模巨大、组织有序、持续亘久的"铸魂工程"，史上从未有过。文化是人们相互接触和了解的最好媒介，奥林匹克把不同国度、不同种族、不同语言、不同宗教信仰的人凝聚在不同的举办地，增进了对当地文化的了解和彼此友谊，引导人们学会宽容和理解，达到各美其美、美人之美、美美与共的境界，为各民族文化的交流交融和共享提供了广阔的平台，为推动文化的全球化作出了卓越的历史贡献。

现代奥林匹克不只是一场运动会，它已成为展示国家形象的舞台和检验综合国力的平台。体育强中国强，体育是中华民族伟大复兴的标志性事业。2021年8月，中国代表队在东京奥运会赛场上不断创造中国奇迹。"亚洲飞人"苏炳添百米速度从10秒16提高到9秒83，跑出了不断加快的中国速度，成为史上第一个跻身世界"飞人"大战的黄种人；铅球选手巩立姣五次投出冠军成绩，展示了日益强大的中国力量；体操、乒乓球、水上运动等项目运动员，展现出优美智慧的中国形象。中国运动员充分发扬"为国争光、无私奉献、科学求实、遵纪守法、团结协作、顽强拼搏"的中华体育精神，向全世界展现出积极向上的精神风貌，充分体现了中国精神。国运兴体育兴，弱国无体育。中国竞技水平的提升是综合国力增强的反映，新中国体育见证了祖国的日益强大。1932年，中国第一次派代表参加洛杉矶奥运会，刘长春单刀赴会，铩羽而归，赛后连回国的船票都买不起。如今，作为世界第二经济大国，中国派出了史上规模最大的777人代表团参加2020年东京奥运会。改革开放后，随着GDP总量的逐年递增，历届奥运会上中国代表团获奖牌总数明显呈线性增长，强大的国家实力为体育发展提供了有力的保障。1993—1997年间，我国优秀运动队的使用经费以平均每年20%左右的比例增长。2020年疫情期间，更是为国家队集训备战提供了全面周到的保障服务。经济实力的增长，加上党对体育工作的坚强领导，以及全国"一盘棋"的举国体制等制度优势，体育强国梦的实现指日可待。体育作为展示综合国力的窗口，将向全世界宣告，中华民族的复兴势不可挡、不可逆转！

奥林匹克不只是一场运动会，也是连接和实现个人梦想、民族梦想与世界梦想的舞台，它将个人梦、民族梦、世界梦紧密地联系在一起。正如习近平总书记会见全国群众体育先进单位、先进个人代表和索契冬奥会中国体育代表团时所强调的那样，体育承载着国家强盛、民族振兴的梦想，每个人的梦想、体育强国梦都与中国梦紧密相连。升国旗、奏国歌不仅是体育行业的理想，也是整个国家和民族的梦想，同时也是运动员追求的个人梦想。运动员在实现民族的梦想中追逐着自己的个人梦想。奥林匹克寄托着人类世界大同的梦想，表达了对个体生命和人类命运的终极关怀。它所倡导的团结友谊、和平进步、公平竞赛的奥林匹克精神，与人类命运共同体秉持的和平发展、公平正义、民主自由的人类共同价值高度契合，使之成为推动构建人类命运共同体的重要平台。现代奥林匹克继承了古代奥运会和平友谊的象征意义，顾拜旦希望体育能够为防止战争、促进和平作出贡献。奥林匹克大家庭作为人类命运共同体的最早实践形态，超越了不同的社会制度、意识形态和生活方式，推动了体育运动的全球化实践。1988年汉城奥运会，在经历了两届被抵制的奥运会后，终于实现了世界奥林匹克大家庭的空前大团聚，喊出了"永远是朋友"的口号，表达了世界人民的企盼和心声。

奥林匹克不只是一场奥运会，还是一块巨大的经济蛋糕。举办奥运会不仅能拉动公共投资需求，还能带动大量的私人投资需求和居民消费需求。2008年北京奥运会充分发挥政府和市场两只手在奥运资源配置中的作用，直接经济效益超过20亿美元，间接收入是直接收益的二三十倍，包括对旅游业、广播电视业、体育彩票等行业带来的影响。由投入建设期间北京GDP年均增长率11.8%，拉动北京经济增加1055亿元就可见一斑。除举办奥运会之外，各级奥林匹克组织机构还经常开展大众体育活动及奥林匹克教育与文化活动，推广体育这一健康的生活方式。这关乎人民的健康福祉，能够增强人力资本。由此可见，奥林匹克并非我们表面上所看到的那样只是一场世界性的运动会，而是典型的、十足的公共产品，不仅能产生巨大的经济效益，还能带来教育、文化、政治、国内社会、国际社会等十分巨大而长远、无法用货币计量的正的外部效应。诚然，实然状态下的奥林匹克运动会还会偶尔发生政治抵制、种族歧视、滥用兴奋剂、裁判不公等负面现象，与奥林匹克应然状态还有一定的差距，但这丝毫不能阻止大多数人追求奥林匹克理想的坚定步伐。

一百多年来，现代奥林匹克运动的实践土壤孕育了内涵丰富的奥林匹克文化，结出了丰硕的果实，那就是崇高的奥林匹克精神，即追求卓越、和平友谊、公平竞争、团结进步。它体现了人类寄希望于体育而实现的价值诉求。经过全球抗击新冠肺炎疫情挑战和考验后，国际奥委会在2020年东京奥运会上发展了奥林匹克口号，在"更高、更快、更强"基础上增加了"更团结"，更全面地反映了奥林匹克的价值理念，更充分地体现了奥林匹克精神，将为人类和平事业及和谐世界建设发挥更大的作用。

鸦片战争后，西方奥林匹克文化随着基督教青年会进入中国而得到了广泛传播。1908年，天津基督教青年会通过投影让国人第一次看到了奥林匹克运动盛况，在国人面前打开了西方奥林匹克文化的窗口。而后，在20世纪30和40年代三次参加奥运会的经历，让国人看到了自己国家的落后。西方奥林匹克文化的传入，不仅推动了人们广泛的体育参与意识，而且如同一副清醒剂，激发了民众的爱国主义热情和摘掉"东亚病夫"帽子的决心。中国女排充分利用这个广阔的国际舞台，创造了辉煌的运动成绩，把中国人的优秀形象展现在世人面前。不仅如此，还在中国排球运动实践的土壤上结出丰硕的精神果实，一个超出体育范围跨越时空历久弥新的项目运动精神——女排精神，为世界体育文化奉献了宝贵的精神财富。

（二）中华体育文化的孕育

与中国队比赛，总感觉面对的不是一个中国选手，而是一个中国集体。

——谢琼桓《星光为何这般灿烂》

文化源于游戏，人类的祖先在生产实践基础上衍生出游戏文化。这不仅是体育文化的源头，而且是整体文化的源泉。荷兰历史学家赫伊津哈研究发现，"文化以游戏的形式出现，文化从发轫之日起就是在游戏中展开的"[1]。由此可见，人类文化发轫于游戏，人类最初是通过游戏表达对生活和世界的理解的。

中华民族悠久的体育历史蕴含着丰富的传统体育文化。据古文献记载，蹴鞠（古代足球运动）系4600年前的皇帝所创[2]。射艺在周代时，已被列为学生必修的"六艺"（礼、乐、射、御、书、数）之一。拥有4000多年历史的棋弈活动，以及源远流长、门派繁多的中华武术，更是中华传统体育文化的特色项目。还有角力（古代摔跤）等体育运动形式，为世界体育文化贡献了宝贵财富。

人类从游戏文化升华出游戏精神，使体育文化乃至一切文化活动拥有了灵魂，注入了生气和活力。中国古代传统体育文化孕育了注重修养身心、开智健体的传统体育精神。近代以后，随着西方奥林匹克文化传入，新中国成立后体育实践的辛勤耕耘，不仅取得了骄人的竞技运动成绩和群众体育发展成就，而且创造出丰富的体育文化，凝练体育文化的精华——"为国争光、无私奉献、科学求实、遵纪守法、团结协作、顽强拼搏"的中华体育精神。女排精神便是最集中的体现，中国女排为中华体育精神宝库增添了一颗闪亮的明珠。

1996年8月8日，江泽民在会见第二十六届奥运会中国体育代表团时，表扬了运动员的爱国主义、集体主义和革命英雄主义精神，要求各条战线向他们学习。时任国家体委主任伍绍祖在同年11月召开的"全国体育系统领导干部论文报告会暨2010年体育改革与发展战略讨论会"上，根据江泽民的讲话将中华体育精神首次凝练为"祖国至上、敬业奉献、科学求实、遵纪守法、团结友爱、艰苦奋斗"[3]。2000年，时任国家体育总局政策法规司司长谢琼桓对中

---

[1] 约翰·赫伊津哈：《游戏的人——文化中的游戏成分研究》，何道宽译，花城出版社，2007，第13页。

[2] 乔志霞：《中国古代体育》，中国商业出版社，2015，第11页。

[3] 张振亭：《中华体育精神》，北京体育大学出版社，1996，第1–12页。

华体育精神进行了第二次凝练，将最后的"艰苦奋斗"改为"顽强拼搏"，其他内容保持不变①。2007年，黄莉博士在总结前人成果的基础上，结合当时体育发展的新形势，对中华体育精神进行了第三次凝练，概括为"爱国奉献、赶超求变、公平竞争、团结协作、拼搏自强、快乐健康"②，将原本局限于竞技体育范畴的中华体育精神拓展到群众体育中，弥补了社会群众体育价值追求的欠缺，是目前对中华体育精神最全面的概括。

"爱国奉献"，表达了中华体育精神的动力基因。运动员之所以在赛场上顽强拼搏，教练员常年以队为家，是因为他们为祖国荣誉而战，名利不过是附属品，中国特色的竞技体育举国体制时刻提醒着他们的祖国培养意识，为国争光是他们的使命。"赶超求变"，反映了我国体育人的追赶情结。为了尽快摘掉"东亚病夫"的帽子，变体育弱国为强国，中国竞技体育在举国体制的保障下一直奋起直追，靠着艰苦奋斗精神和不断的技术创新，迅速改变了落后的面貌。实施赶超战略，离不开"团结协作"。中国竞技体育一直坚持集体主义原则，无论是团体项目还是个人项目，每一次取得的优异成绩都是运动员、教练员、领队、队医整个团队精诚合作的结果。在外国人眼中，中国队常给人留下这样一种印象："与中国队比赛，总感觉面对的不是一个中国选手，而是一个中国集体。"③"公平竞争"，反映了现代体育精神的本质特征。竞技体育是一种公平游戏，规则意识是使竞技体育保持纯洁的生命线。"顽强拼搏"，是竞技体育最基本的职业精神。运动员要挑战人类身体的极限，就必须吃苦耐劳，忍受伤痛的折磨和失败的痛苦。"健康快乐"，是社会群众体育的价值追求。推进全民健身计划，促进公民身心健康，可以提升公民的幸福感，是人民幸福中国梦的重要内容。

体育运动的真正魅力，在于其精神方面的价值。正如任海教授所言，"精神价值是竞技运动的灵魂"④。如果说中华民族精神是中华民族的文化基

---

① 谢琼桓：《中华体育精神是全民族的精神财富》，《求是》2000年第21期。

② 黄莉：《中华体育精神研究》，北京体育大学出版社，2008，第47~51页。

③ 国家体育总局研究课题组：《星光为何这般灿烂——为中国乒乓球队成立50周年而作》，《求是》2002年第14期。

④ 任海：《精神价值是竞技运动的灵魂》，《天津体育学院学报》1996年第4期。.

因，那么中华体育精神则是体育人的文化基因，代表着体育人的精神气质。女排精神则在体现体育人精神气质的同时，也体现了排球人的精神特质，就像"国乒"精神、登山精神一样，成为中华优秀体育文化基因的组成符号。

（三）中华优秀传统文化的滋养

> 中华文明绵延数千年，有其独特的价值体系。中华优秀传统文化已经成为中华民族的基因，植根在中国人内心，潜移默化影响着中国人的思想方式和行为方式。
>
> ——**2014年5月4日习近平在北京大学师生座谈会上的讲话**

中华民族五千年的悠久历史，孕育了灿烂的华夏文明。要想了解博大精深的中华传统文化，就要从文字寻根开始。我们的祖先在休养生息的华夏大地上发明了充满智慧的象形文字甲骨文，但后人只是在120多年前才发现了它。清末金石学家王懿荣偶然从购买的中药材龙骨上发现了一些古文字，意识到这是珍贵的文物，并开始重金收购进行考证，结果发现是殷人的刀笔文字。晚清学者编印出版《铁云藏龟》，远自3600多年的殷墟文化浮出水面，并于2017年入选联合国科教文组织的《世界记忆名录》。经过专家辛苦的破译工作，终于将其与现代汉字打通了基本联系。文字是文化传播的载体，相比之下，象形文字比字母文字蕴含着更丰富的文化基因图谱，能找到同一民族建立共同联系的根脉与灵魂，如同精神进化史上的活化石。它承载着更丰富的生活经验，对于民族认同感和国家统一具有维系作用，承载着文化的内核——价值观，包含着价值判断的标准。

古代金文与甲骨文构造最为相近，从金文大篆的构造看，"精"字左侧是筛子上下的米粒，右上侧是表示从地面生长出来的植物，右下侧是拔节长高的状态。《说文·米部》解道："精，择也"①，即拣择米粒，原意是经过筛选的

---

① 许慎：《说文解字》第四卷，丁焕朋编，红旗出版社，2015，第1210页。

上等稻米，引申为萃取的物质中的优秀部分，如天地之精，齐楚之精英；人体中的心神、气力；一种超肉体、物质的存在，等等。中医学认为，"精"是生命能量的最高级形式。"神"字的左边是个供桌，表示祭祀或祈祷；右边表达的是种子到种子的生命循环过程。左右合在一起，表示对生命力量的敬畏和崇拜。古人认为，生命循环是自然界中最伟大的神奇的力量，在没有发现遗传基因之前，把这种生命本身具有的神奇力量称为"神"[1]。用现代语言表达，"精神"正是人类生命遗传基因中的重要组成部分。

图1-7　金文大篆"精"字构造和甲骨文"神"字构造

华夏祖先不仅为我们留下了记录文化基因的象形文字，还为我们留下了钻木取火、女娲补天、大禹治水、愚公移山、夸父逐日、后羿射日、精卫填海、刑天舞干戚、神农尝百草等战天斗地的神话故事，书写了数不清的保家卫国、可歌可泣的英雄故事，创造了天人合一、崇德尊礼、贵中尚和、重义轻利、强调修为的中华优秀传统文化。就拿《易经》来说吧，貌似算卦迷信的东西，里面却充满了辩证法的智慧，贯穿着"变化发展"的哲理和规律。例如乾卦爻辞"潜龙勿用""见龙在田""终日乾乾""或跃在渊""飞龙在天""亢龙有悔"，形象地阐述了人生发展的阶段性、连续性、递进性和转化性，启示人要懂得阴阳相对相济、否泰相互转换的道理，以及居安思危的忧患意识，等等。

先秦至汉初，诸子百家群星璀璨、争奇斗艳，各种资政育人的学派可谓各有专攻、自成一统，为今人理政修为提供了很多可资借鉴的文化资源。五千年中华文化绵延至今，从远古时代流传的神话故事，到不同历史时期可歌可泣的英雄事迹，培养了中华民族热爱家国、富于梦想、敢于抗争、善于团结、勇于创造、自强不息的精神，凝练成优秀的中华民族精神，嵌入中华民族的基因，

---

[1]　焦永超：《字根论》，三秦出版社，2012，第59页。

融入中华儿女的血脉，世代传承下来，让我们即使走到天涯海角，也改变不了自己的中国心、中华情。

20世纪80年代是爱国主义主旋律高扬的时代，是民族理想复苏、爱国激情迸发、拼搏精神尽显、一路凯歌奋进令人振奋的年代。文化领域总是开时代先河、领潮流之先，在改革开放、解放思想的社会环境下形成一种积极向上的氛围，更注重情感的真挚表达，创作了许多讴歌爱国主义的文化作品，产生催人奋进的力量。例如1981年创作的电视连续剧《大侠霍元甲》，1982年创作的歌曲《我的中国心》《多情的土地》，1985年创作的《我和我的祖国》，等等。特别是《我的中国心》和《大侠霍元甲》中流露的爱国主义旋律，在国人心中打下了深深的烙印。

《我的中国心》唱出了海外华人的爱国心声。词作者黄霑，被称为中国香港四大才子。1982年，日本文部省在审定日本中小学教科书时，公然篡改侵略中国的历史，让所有中国人同仇敌忾。黄霑把满腔愤慨尽情诉诸笔端，与曲作者王福龄共同创作了歌曲《我的中国心》，由歌手张明敏录制唱片。1984年1月，中英两国关于收回香港的第八轮谈判取得了实质性进展，英国终于在香港主权问题上做出让步。1984年春节联欢晚会上，为突出香港回归主题，晚会导演最终选定了由黄霑作词、王福龄作曲、香港歌手张明敏演唱的歌曲《我的中国心》。张明敏和这首歌在春晚上亮相后，打动了无数华夏子孙。"河山只在我梦萦，祖国已多年未亲近，可是不管怎样也改变不了我的中国心。洋装虽然穿在身，我心依然是中国心，我的祖先早已把我的一切烙上中国印。长江、长城，黄山、黄河，在我心中重千斤……"这首歌唱出了海内外中华儿女的爱国心声，在同胞中产生了强烈的共鸣。张明敏由一名普通的手表工成为首位来内地演唱的香港歌手，因为在央视春晚上演唱这首充满爱国热情的歌曲而一夜走红，成为家喻户晓的歌星，后在内地举办了150多场个人演唱会，将60万元门票收益连同自己的车、房财产全部捐给了北京奥运会组委会，用实际行动表达了自己火热的爱国心。词作者黄霑说，自己写这首歌很自然，没有什么修饰，就是讲我对中国的爱，这颗心是很真挚的。这首情真意切的爱国歌曲打动了海内外华人。歌手张明敏深情地说："我对祖国有深厚的感情，《我的中国心》是我全部感情的总和。当我登上长城的时候，面对着千山万壑，我第一次真正感受到，作为一个中国人是多么自豪啊！我属于这个伟大的民族，我热爱我们的祖国，我愿做一名民族歌手，用整个心为她演唱一生一世一辈子。我永远感到幸福。"①

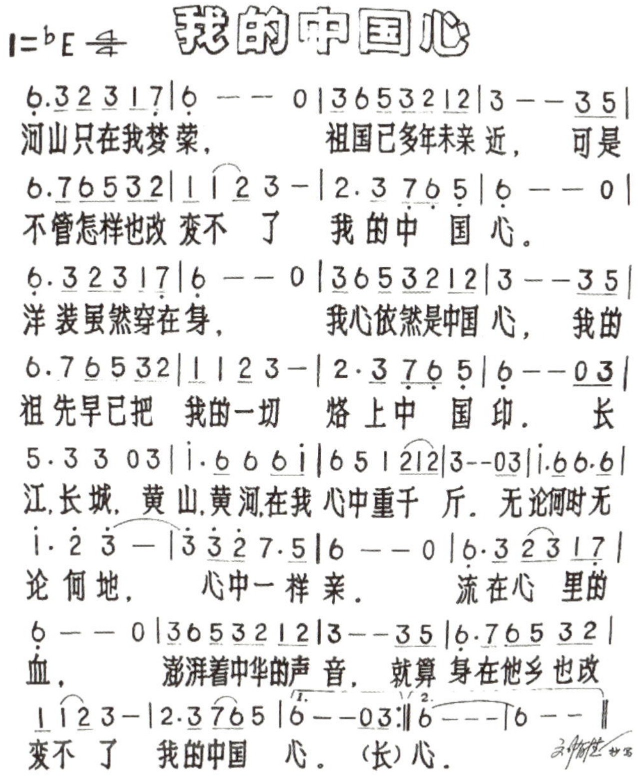

图1-8　爱国歌曲《我的中国心》简谱

《大侠霍元甲》是20世纪80年代家喻户晓的爱国主义主题作品。1983年，由徐小明执导，黄元申、米雪、梁小龙等主演的电视连续剧《大侠霍元甲》引入内地。一夜之间，大江南北人人争抢看大侠，几乎与中国女排比赛一样成为全国人民共同关注的两大娱乐内容。该剧反映的是民国初年，在军阀混战、列强侵占、山河破碎、民不聊生的背景下，清末著名武术家霍元甲立志练武强身救国的感人故事，生动地描写了霍元甲以高超武艺力克俄国大力士，洗雪"东亚病夫"之耻等为民争气、为国雪耻的情节，塑造了一个具有侠肝义胆、坚持民族大义的民族英雄形象。该剧播出后，激发了中华儿女的民族自信

---

① 张春植、张书野：《爱国美德故事》，吉林人民出版社，2012，第153页。

心、自豪感和爱国主义热情。特别是每集结束后播放的片尾曲《万里长城永不倒》（卢国沾作词，黎小田作曲，叶振棠演唱）让人听后热血沸腾，很快家喻户晓，响彻大街小巷，同时引发了粤语热。歌词如下："昏睡百年，国人渐已醒。睁开眼吧，小心看吧，哪个愿臣虏自认？因为畏缩与忍让，人家骄气日盛。开口叫吧，高声叫吧，这里是全国皆兵。历来强盗要侵入，最终必送命。万里长城永不倒，千里黄河水滔滔。江山秀丽，叠彩峰岭，问我国家哪像染病？冲开血路，挥手上吧，要致力国家中兴！岂让国土再遭践踏，个个负起使命！冲开血路，挥手上吧，要致力国家中兴！岂让国土再遭践踏，这睡狮渐已醒！"

这首歌与女排精神一起，汇聚成振兴中华的交响曲，唱出了民族复兴的时代主旋律。生活在那个时代的人们，都是在霍元甲爱国精神和女排精神的鼓舞下成长起来的。这些精神影响了他们的一生。

《我和我的祖国》同样表达了中国人纯朴深厚的爱国情感。1985年，经李谷一首唱，这首歌立刻响彻大江南北。曲作者秦咏诚幼年时生活在大连，那时新中国尚未建立，他心中对祖国强大的期待给他留下了深深的印记。三十多年过去了，中国已经实现了站起来、富起来的伟大飞跃，正自信地走在强国的路上。这首歌在新中国成立70周年总结伟大成就的时机再次引起国人心中的共鸣，成为国庆电影的主题。

图1-9　1983年，同观看中国女排比赛一样红遍大江南北的电视连续剧《大侠霍元甲》剧照

图1-10 《我和我的祖国》歌曲和70周年国庆电影海报

在中华儿女爱国主旋律的大合唱下，中国女排以体育人特有的方式，用顽强拼搏的实际行动和着时代的主旋律，同样起到了触动灵魂、拨动心弦的作用，成为中华体育精神和新时代中国精神在体育领域的重要体现。

（四）红色革命文化的熏陶

> 革命博物馆、纪念馆、党史馆、烈士陵园等是党和国家红色基因库。要讲好党的故事、革命的故事、根据地的故事、英雄和烈士的故事，加强革命传统教育、爱国主义教育、青少年思想道德教育，把红色基因传承好，确保红色江山永不变色。
>
> **——2019年9月16日至18日习近平总书记在河南考察时的重要讲话**

中国共产党在继承中华优秀传统文化、借鉴西方先进文化成果的基础上，在领导中国人民实现中华民族独立解放和伟大复兴的革命实践中，孕育了具有鲜明红色特征的社会主义革命文化。近代以来，多少仁人志士在民族危亡之际挺身而出，寻找救亡图存的道路。然而，所有救国强国的道路都试过了，都没能走通。俄国十月革命胜利后，马克思主义在中国的传播，让中国共产党看到了民族的希望。他们毅然担负起了反帝反封建反官僚资本主义的历史使命，领导中国人民进行了28年艰苦卓绝的革命斗争，取得了新民主主义革命胜利，让一个满目疮痍的旧中国重新焕发了青春的光彩。

中国共产党不仅开辟了一个崭新的世界，还为人类开辟了一片令人敬仰的精神高地，那就是五四新文化运动时期、新民主主义革命时期、社会主义革命和建设时期创造的内涵丰富的红色革命文化。红色是血与火的象征，代表黑暗中的光明、高涨的革命热情、不怕牺牲的大无畏精神。2021年7月1日，习近平总书记在纪念中国共产党成立一百周年大会上指出："一百年前，中国共产党的先驱们创建了中国共产党，形成了坚持真理、坚守理想，践行初心、担当使命，不怕牺牲、英勇斗争，对党忠诚、不负人民的伟大建党精神，这是中国共产党的精神之源。"中国共产党在百年伟大历程中，铸就了以伟大建党精神为源头，以红船精神、井冈山精神、遵义精神、长征精神、延安精神、西柏坡精神等为代表的上百种感天动地的革命精神谱系，作为红色革命文化的精髓，为千百万革命人民、革命战士提供了坚强的精神支撑，也为世界创造了一笔宝贵的精神财富。值中国共产党成立一百周年之际，也是总结党的革命文化发展成果，梳理党的革命精神谱系的必要之时。庆祝中国共产党成立一百周年活动期间热播的电视剧《觉醒年代》，真实地还原了伟大建党精神形成的历史过程，启发百年后的时代新人新的觉醒。新中国体育人传承了党的红色基因，女排精神作为体育领域党的革命精神的突出代表，是党领导体育工作在精神文明建设方面取得的一个标志性成果。

图1-11　庆祝中国共产党成立一百周年活动期间热播的
《觉醒年代》电视剧广告

　　中国女排在中华优秀传统文化、西方现代奥林匹克文化、中华体育文化和革命传统文化的熏陶和浸润下成长，养成了中国青年独特的气质和风格，赢得了全国人民的喜爱。广大人民之所以喜爱她们，不仅因为她们创造了优异的竞技体育成绩，更是因为从她们身上看到了中国人的精神劲儿，看到了体育人的精气神儿，看到了中国青年的志气、骨气和底气。她们的样子，正是我们想要具有的精神面貌。

02

| 女排精神形成与发展 |

　　女排精神是特定历史时期的产物，它的形成和发展一直与祖国的脉搏同频共振，留下了鲜明的时代烙印，呈现出明显的阶段性特征。根据中国女排自身发展的特点和社会整体发展阶段，可将女排精神的形成和发展划分为四个时期，即：女排精神萌芽时期、形成时期、传承时期和新时代发展时期。

一、女排精神萌芽时期（1964—1981年）

女排精神孕育，最早可追溯至20世纪60年代。1964年，大松博文受邀两次来华指导中国女排训练，带来了"挑战不可能"的理念和魔鬼训练法，塑造了中国女排运动员挑战极限的精神，与当时部队教练员郭兴福总结的练兵方法同时启发了"三从一大"（从难从严从实战出发，大运动量训练）训练指导思想。1965年，女排队员曲培兰成功地挑战滚翻救球500次，就是中国女排挑战精神的突出体现。20世纪70年代可谓女排精神萌芽时期。70年代初建成的福建漳州体育训练基地和70年代末建成的湖南郴州体育训练基地，是女排精神两大萌生之地。萌芽时期的女排精神被称作"竹棚精神"，可以说是女排精神的前身或雏形。

（一）郴州基地和漳州基地：女排精神的孕育之地

在郴州我们既练球又学做人，这对于我的性格意志培养起了很大的作用。

——中国女排第三任队长、原主教练张蓉芳

"娘家"虽然条件比不上其他大城市，但照顾"孩子"一定会倾其所有。

——中国女排漳州训练基地接待科原科长顾化群

女排精神的孕育之地，是被女排姑娘们叫作"娘家"的湖南郴州、福建漳州两大体育训练基地。福建漳州基地建于20世纪70年代初，最早是用毛竹搭起的简易训练棚。它是漳州群众义务劳动用28天突击盖起来的，地面是用细沙、白灰和红土混合而成的"三合土"，下面再垫上煤渣。遇到雨天竹棚漏雨，女排姑娘们在地上救球时，各个练成了"泥猴"。地面的土被一层层磨掉，队员们的腿上、胳膊上经常会被露出来的煤渣划破而流血，细沙嵌入皮

图2-1 中国女排在漳州训练基地训练的场景

图2-2 后期修建的中国女排腾飞馆

肉，队医要用镊子一点点夹出来。

随着国家经济的发展，政府不断增加对漳州基地建设的投入力度。2004年新馆建成后，基地条件和设施有了很大改善。1984年中国女排夺得"三连冠"后，基地竖起了女排"三连冠"纪念碑。1994年修建了中国女排纪念馆，成为爱国主义教育基地，馆内陈列着基地最早的竹棚馆模型。近年来，漳州市文旅局坚持"文体旅融合发展"理念，加大了女排文化和旅游融合的开发力度。2020年，漳州市投资近50亿元启动了"中国女排娘家"基地项目建设，打造系列文创产品，力图将漳州市建成女排精神展示地、女排训练首选地、体育旅游观光地、全民健身聚集地和文体旅融合发展综合示范区。其中，女排群雕有望成为漳州旅游"打卡"地。

图2-3 漳州体育训练基地中国女排
"三连冠"雕像

20世纪70年代末，郴州市体委为支持"三大球打翻身仗"，耗时43天用当地楠竹建起了两个排球训练馆。1979年10月，郴州基地首次迎来了中国女排。此后，女排姑娘们先后七次来此集训。郴州基地为中国女排夺得"五连冠"做出了很大贡献，被称为"中国女排起飞之地"。郴州基地初建时，地板是用从铁路局找来的废弃枕木拼成的。女排姑娘们在带

图2-4 中国女排在郴州训练基地竹棚中训练的场景和竹棚馆模型

刺的地板上翻滚救球，经常练成了"刺猬"。训练结束后，姑娘们还得互相"挑刺儿"。随着经济条件的不断改善，郴州基地后期修建了钢筋混凝土训练馆。

从1979年秋天起，由于中国女排的到来，郴州掀起了"女排热"。女排每次集训时，现场有几千人观看，球迷陪练志愿服务。1981年集训时打过5场教学比赛，累计到场观众2万余人次，占城区人口比例超过10%。女排首次夺冠后，郴州基地一位白发老人开玩笑地说："凤栖梧桐，应该改称凤栖竹棚。中国女排从竹棚腾飞，拿了世界冠军。竹棚有五块场地，一块场地拿一个冠军，五块场地应该拿五个冠军。"①这个良好的祝愿，后来变成了现实。中国女排冲出亚洲后，"女排热"达到高潮。1984年中国女排夺得"三连冠"后，中国排

图2-5 湖南郴州女排训练基地的女排群雕

图2-6 陶瓷浮雕壁画《中国姑娘》部分，嵌贴在湖南郴州女排训练基地新馆大厅（壁画创作：彭本人）

---

① 刘城煦：《从秘密基地起飞——中国女排在郴州》，岳麓书社，1998，第66页。

球协会名誉主席宋任穷为郴州基地题写了"排球之家"四个字。为弘扬女排精神，郴州基地建了"中国女排拼搏史迹展厅"，成为重要的爱国主义教育基地。1984年，郴州基地与湖南省美术家协会、铜官陶瓷研究所合作，制作了全国最大的陶瓷壁画《中国姑娘》；中央电视台、湖南电视台在郴州拍摄了反映女排集训生活的电视剧。1985年，湖南省郴州邮票公司发行了《湖南郴州——中国女排训练基地》纪念张。1987年，中共郴州市委、郴州市政府在北湖公园制作了女排拼搏群像大型雕塑。20世纪90年代，"女排热"逐渐过渡到促进经济和社会发展上来，吸引了很多海外投资。1991年10月，郴州举办中国女排首次荣获世界冠军10周年纪念活动，举办经贸洽谈会，体育搭台经贸唱戏。郴州企业生产了"四连冠"牌香烟、"中国女排郴州训练基地"牌钢笔。1994年，港商投资创办了"五连冠"制衣公司，建成了"五连冠"酒店，等等。女排精神还成了郴州精神的主调：团结、拼搏、创新、图强。

（二）竹棚精神：女排腾飞的秘密武器

竹棚精神决不是哪一个人的私有财产，它是中国女排这个战斗的集体为国争光、为民争气，为实现崇高理想艰苦拼搏的缩影和象征，它是一种具有民族传统特色的精神财富。

——中国女排名将、原国家体委排球处处长周晓兰

郴州训练基地和漳州训练基地，见证了中国女排筚路蓝缕的奋斗历程，孕育了女排精神的前身——竹棚精神。在竹棚训练馆里，紧张枯燥的封闭训练和艰难困苦的磨炼，不仅练就了世界一流的女排队伍，还孕育了女排精神的雏形，郴州人亲切地给女排姑娘的拼搏精神取了个形象化、通俗化的名字——像竹子一样坚韧不拔、艰苦奋斗、自强不息、团结拼搏的竹棚精神。中国女排原教练邓若曾1998年撰文回忆道，女排之所以几次在世界大赛中从逆境中打出来，与连续三年在郴州集训时对思想作风、精神面貌的锤炼和培育分不开，竹棚精神奠定了女排的精神基础。

湖南郴州，本是一个普通城市，却因中国女排屡次夺冠而享誉中外。1979年中国女排首次来郴州训练基地集训时，在郴州市委宣传部负责对台对外宣传

工作的邹云峰撰写了《中国女排的集训生活》的新闻报道，被中国新闻社发表后传到世界各地。1981年、1984年、1986年中国女排夺冠后，邹云峰都对女排集训情况进行了及时宣传和报道。特别是中国女排在美国洛杉矶奥运会上夺冠之前，为满足海外朋友急切探求女排快速成功奥秘的好奇心，中国新闻社向邹云峰约稿《中国女排郴州训练之谜》。女排实现"三连冠"后，美国报刊掀起了宣传中国女排热潮，邹云峰撰写的《郴州——女排起飞之地》在美国洛杉矶《国际日报》全文刊出，产生了很大的国际影响。

关于湖南郴州排球训练基地还有个不为人知的秘密，就是曾被美国之音报道说，中国女排的这个腾飞之地是一个秘密"核"基地，但在1998年出版的《从秘密基地起飞——中国女排在郴州》回忆录中却没有了"核"字，好在从张式成2008年发表的一篇文章里找到了"秘密核基地"的说法。为了一探究竟，我们专门对作者张式成进行了采访。张式成先生当年曾作为湖南郴州基地的工作人员负责跟队服务，亲历了女排"五连冠"时期在郴州基地集训的整个历程。他向我们解开了"郴州秘密核基地"这一说法的秘密。

张式成口述：女排的腾飞之地——郴州秘密核基地解密

中国女排首次夺得三大赛冠军前，其崛起之势已经引起了世界关注。1981年夏天在11届世界大学生运动会女子排球决赛中，中国姑娘以3∶0战胜了两天前以3∶0战胜中国队的古巴队，第一次赢得世界性运动会大球比赛的冠军。1981年10月，也就是在女排首次夺得世界杯冠军之前，"美国之音"惊呼而不失幽默地报道说："中国女排迅速崛起，是由于她们近年来经常到一个'秘密核基地'集训备战，它就是中国南方一个美丽的山城郴州，郴州基地由此有了"秘密核基地"的称号。"[1]这为揭示女排成功的奥秘增加了神秘性。为什么叫秘密核基地呢？因为我国第一颗原子弹的原料就是由郴州郊区的铀矿提供的。……我最早在2001年出版的《天下第十八福地——郴州》一书中提到过"秘密核基地"[2]的说法。

---

[1] 张式成、高湘春：《女排腾飞的"娘家"——记中国女排集训郴州体育基地》，《湘潮》2008年第8期。

[2] 张式成：《天下第十八福地——郴州》，香港天马图书有限公司，2001，第244页。

多年以后，湖南郴州排球训练基地工作人员邓星寿"解密"道，如果说这里有什么"秘密武器"，那就是当时的国家体委主任伍绍祖多次强调的"艰苦奋斗、团结拼搏、无私奉献、立志报国"的竹棚精神。1993年视察基地时，要求认真归纳女排的竹棚精神。他指出，除了艰苦奋斗之外，还应包含无私奉献、团结拼搏、求实创新等精神。三年之后，提出了"祖国至上、敬业奉献、科学求实、遵纪守法、团结友爱、艰苦奋斗"的中华体育精神。可以说，竹棚精神作为女排精神的雏形，也为中华体育精神的提出奠定了基础。

二、女排精神形成时期（1981—1986年）

（一）作家鲁光眼里的"中国姑娘"与"崇高的精神"

> 三十年来她们为走向世界所作的努力，她们代代相沿的为祖国荣誉而拼博的精神，都是值得赞扬和讴歌的……她们追求的目标是世界冠军吗？是的，又不尽然。她们一代代苦苦追求的，是祖国母亲的伟大前程啊！
>
> ——鲁光《中国姑娘》

1981年底，就在中国女排首次夺冠前夕，时任国家体委宣传司教育处处长、报告文学作家鲁光应女排教练袁伟民的邀请，来到郴州基地体验女排姑娘们的集训生活。在对女排姑娘20多天近距离接触和观察之后，鲁光完成了7万字报告文学《中国姑娘》。不久后就听到了女排夺冠的消息，这篇作品随着女排夺冠的消息一起在全国引起了轰动，很快被抢售一空，不得不加印。鲁光以真诚的心和敏锐的目光洞察女排姑娘的真情实感与行动，将女排一桩桩感人的故事用真挚朴实的文字讲述出来，打动了每一个读者。日本以"红色魔女"为书名出版日译本。欧洲一些报刊也相继连载，还拍成了电视连续剧，印成了绘图本图书。1982年，鲁光获第二届全国优秀报告文学奖，《中国姑娘》先后被

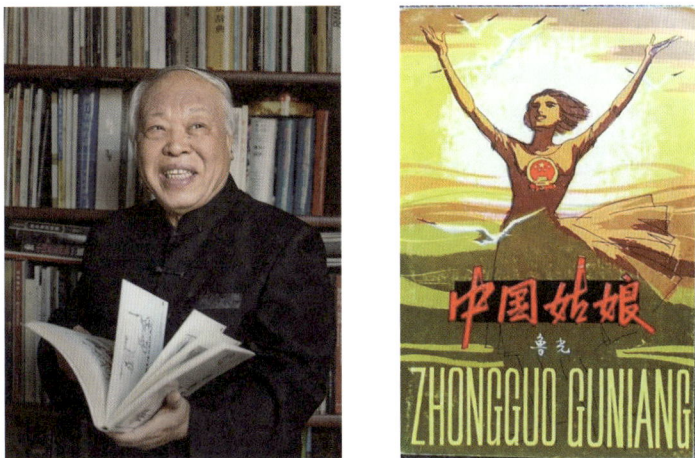

图2-7 作家鲁光和他的获奖文学作品《中国姑娘》

选入大中小学教材、"共和国作家文库"。2021年5月，鲁光先生被中国报告文学学会授予"中国报告文学创作终身成就奖"。

鲁光先生虽然不是提出女排精神的第一人，但他是在中国女排首次夺冠之前从女排精神层面仔细观察、集中报道女排精神的第一人，是女排精神的忠实记录者和深刻思考者。他在报告文学的结尾处写道："深夜里，我躺在床上，耳听着窗外淅淅沥沥的雨声，苦苦地思索着。中国女排创建近三十年，她的成员更迭了不知多少，但有一种崇高的精神，却在每一代运动员中闪闪发光。究竟是一种什么精神呢？啊，那是一种伟大的爱，对我们祖国和人民的深沉的爱。正是这种深沉的伟大的爱，使中国女排新老队员们为此忘我，如此痴情！"[1]鲁光用其善于观察的双眼敏锐地发现了女排身上闪光的精神——深厚的爱国主义精神。而这，正是女排精神的源头。

（二）首次夺冠与女排精神提出

这是一场比思想、比意志、比作风、比战术、斗智斗勇的激烈争夺。

——《人民日报》**1981年11月17日第1版**

---

[1] 鲁光：《中国姑娘》，作家出版社，2009，第77页。

1981年11月16日，对于全国人民来说是一个永远难忘的日子。第三届世界杯女子排球赛在日本东京举行。中国女排代表团成员有：领队张一沛，教练袁伟民，队员孙晋芳、郎平、张蓉芳、周晓兰、陈亚琼、曹慧英、陈招娣、杨希、梁艳、朱玲、张洁云、周鹿敏。国人家家户户围坐在收音机、电视机旁，紧张地收听、观看直播的比赛实况。中国女排在日本大阪战胜了东道主日本女排，首次夺得女排世界杯赛冠军，率先实现了"三大球翻身"任务，实现了贺龙元帅的遗愿。

图2-8　1981年11月15日，日本大阪府立体育馆。中国女排同美国女排进行比赛，以3：2战胜美国队。图为旅日华侨组成的啦啦队在为中国女排助威。黎启榕摄（新华社稿）

从1979年开始，袁伟民带领中国女排队员连续三年在湖南郴州训练基地封闭集训。女排很快夺得亚洲冠军，获得了参加第三届世界杯女子排球赛的"入场券"。1981年在日本大阪府立体育馆，中国队与日本队争夺世界杯女排比赛冠军。当时笔者十几岁，与全国人民一样，跟着兄弟姐妹一起坐在板凳上，观看电视机直播的比赛实况。中央电视台体育比赛著名解说员宋世雄机智雄辩、饱满高亢的解说，随着比赛情节的变化飞进了千家万户。他的解说词连同女排首次夺冠时那激动热烈的历史画面，定格在了上至20世纪30年代、下至70年代出生的国人记忆中。且让我们一起回忆一下那场惊心动魄的比赛。

当时前两局中国女排领先。袁伟民教练和队员们事先已做过估计，按照比

图2-9　1981年11月16日，成都职工观看中日女排决赛。左右两图对比，可见现场观众之多、比赛实况之激烈

赛积分，只要拿下两局，中国队就可以稳拿冠军了。就在提前锁定冠军的情况下，姑娘们开始兴奋了，毕竟从未尝过夺得世界冠军的滋味。兴奋过后，姑娘们的竞技状态有些松懈。赛场形势突然急转直下。日本女排哪肯在自家门口、在同胞面前输掉比赛，即使拿不到冠军也不能输得太惨。她们准备玩命一搏了，结果连扳两局。双方战成2：2！

　　第五局终场之前，日本队领先1分，15：14。日本队一记重扣，球飞过来，如果落地，一切将尘埃落定：中国队虽然赢了冠军，却输了决赛。情况万分紧急！这样大起大落的比赛，姑娘们还是头一次遇到。观众们的心脏似乎也受到了严峻的挑战。曾在比赛现场的国际排联终身名誉主席魏纪中回忆说，当时紧张得让时任国家体委副主任陈先都不敢看了。时任北京新体育杂志社记者何慧娴回忆道，当时大家都在电视机前观看这场比赛，心都要跳出来了。如果日本队一个球落地了，她们就会以16：14赢了；但是，在关键时刻，陈亚琼一个"海底捞月"，把那个看似已被扣死的球"捞"了起来。郎平一记重扣，夺回了发球权，中国姑娘乘胜追击。孙晋芳把球传起，郎平在4号位斜线扣球成功，比分变成15:15。接着，陈亚琼发球，日本队水原理枝子在3号位进攻，中国队周晓兰、郎平双人拦网得分，16:15。陈亚琼再次发球，日本队广濑美代子在4号位扣杀，被孙晋芳、周晓兰双人成功拦在界内。决胜局比分最终定格在17：15，中国队以2分的优势取得了最后的胜利。姑娘们拥抱在一起，流下了激动的泪水。赛后，时任中国女排代表团秘书长魏纪中问陈亚琼，救球时想到了什么。魏纪中猜测，陈亚琼会想到国家和集体荣誉什么的；但是，陈亚琼的回答出乎他的意料。"什么都没想，就是尽全力去救那个球。袁指导一再强调，

图2-10 1981年第三届世界杯女排决赛，中 国女排在决胜局以17:15战胜日本队 首次夺冠

图2-11 中国女排首次夺冠回国后，在机场 受到了热烈的欢迎（王东摄）

救不救得起是一回事儿，你去不去救是另一回事儿"①。

这个世界冠军，中国人民等得太久了，实在是来之不易。在中国女排夺冠当天，北京大学4000多名学生激动得唱起了国歌，敲着脸盆走出宿舍，聚集到操场上，高喊"中国万岁！"

女排夺冠，激起了全国人民的爱国热情。坐在电视机、收音机旁的观众和听众，听到女排夺冠的消息后高兴得欢呼雀跃。在北京，庆祝胜利的人们聚集到天安门广场上，高喊："中国万岁！""女排万岁！"

图2-12 天安门广场上庆祝女排夺冠的人们（李晓斌摄）

---

① 《中国体育界元老魏纪中：我所认识的袁伟民》，新浪网新闻中心。http://news.sina.com.cn/o/ 2004-12-27/14134640797s.shtml

女排夺冠当天，国家体委、中华全国体育总会、全国总工会、共青团中央、全国青联、全国学联、全国妇联分别致电，祝贺女排夺冠。其中，全国妇联在贺电中首次提出"女排精神"，并作出了向中国女排授予全国"三八"红旗集体标兵光荣称号的决定。贺电写道："你们是祖国的骄傲，妇女的光荣。向你们学习，向你们致敬，让'女排精神'在我国四化建设的道路上永放光辉！"①11月17日，《人民日报》第一版整版都是关于中国女排的报道，并刊发评论员文章《学习女排，振兴中华》。文章指出，60年代初，中国乒乓健儿登上了世界冠军宝座。他们的胜利，大大激发了各条战线发愤图强的精神。如今中国女排在三大球上实现了"零"的突破，证明了中国运动员不仅可以在小球上取胜，也有能力在大球上夺取世界冠军，使全国人民进行现代化建设受到了

图2-13　1981年11月17日《人民日报》发表文章《学习女排，振兴中华》

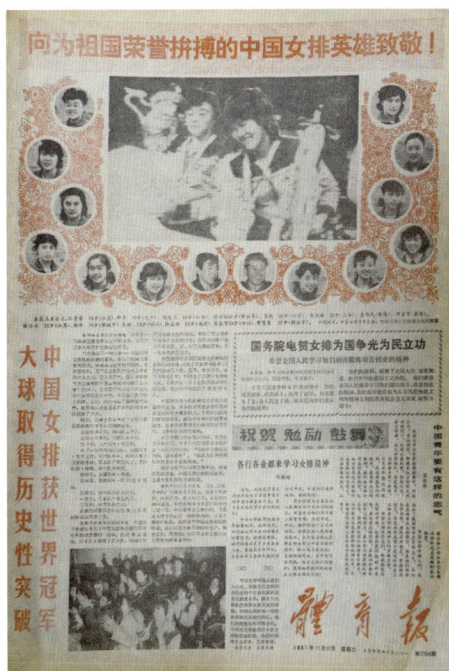

图2-14　同日《体育报》刊登邓颖超署名文章《各行各业都要学习女排精神》，次日由《人民日报》转发

---

① 《体委、体总、全总、团中央、青联、学联、妇联分别致电祝贺中国女排获世界杯冠军》，《人民日报》1981年11月17日，第1版。

极大的鼓舞，最重要的是学习中国女排刻苦训练的精神和顽强的意志，并把这种精神落实到自己的工作中去。"中国女排在体育战线上为国争光，我们就不能在自己的岗位上为祖国多做贡献吗？用中国女排的这种精神去搞现代化建设，何愁现代化不能实现？"①

就在同一天，《体育报》分别刊发了邓颖超、宋任穷的署名文章。邓颖超在《各行各业都要学习女排精神》中写道："她们的胜利是多年来奋发上进、团结战斗取得的，也是和学习各国先进经验分不开的……各行各业的人民群众都会学习中国女排的精神，树立远大的志向，发扬脚踏实地、苦干实干的作风，把自己的工作做好，更快地将我们的社会主义事业推向前进！"②女排精神由此正式提出。宋任穷在《中国青年要有这样的志气》中赞扬了中国女排团结合作、勇猛顽强、坚忍不拔、奋力拼搏的精神，指出这场胜利"是革命意志的胜利，是苦练基本功的胜利，是集体主义的胜利"③，中国女排表现出了我国青年应有的志气。次日，《人民日报》头版转载了邓颖超和宋任穷的文章。

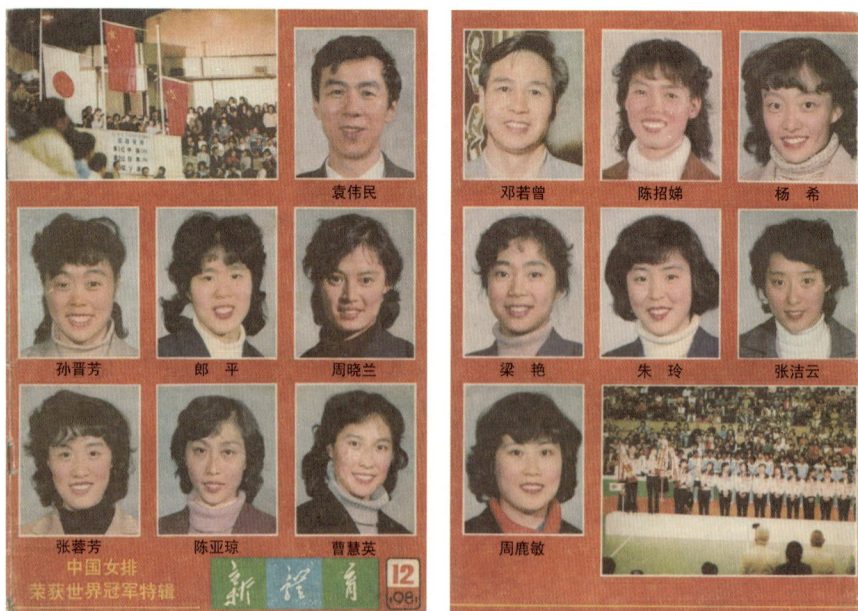

图2-15 中国女排首次夺冠后集体登上了当年《新体育》第12期封面和封底

① 评论员：《学习女排，振兴中华》，《人民日报》1981年11月17日，第1版。
② 邓颖超：《各行各业都要学习女排精神》，《体育报》1981年11月17日，第1版。
③ 宋任穷：《中国青年要有这样的志气》，《体育报》1981年11月17日，第1版。

图2-16 　1981年发行的女排首次夺冠纪念邮票套票和挂历。左图为以郎平为造型的"顽强拼搏"纪念邮票，中图为"为国争光"纪念邮票（李印清设计），右图为《金杯献祖国》彩色挂历（刘仲杰作）

与此同时，时任外交部副部长符浩在日本东京即兴赋诗："扶桑秋光好，水碧叶更丹。岭风知劲草，头白说不完。天人语奇传，乐与神州连。中华好儿女，壮志冲云天。勤学兼苦练，功到力自全。冰雪封不住，登攀万仞山。明日班师去，国门锣鼓喧。"[①]这首诗不仅表达了他个人的心情，也道出了全国人民的心声。全国各地给女排发来的贺信、贺电、纪念品有3万多件。各行各业纷纷表示，要把爱国热情用到本职工作中，在各自的工作岗位上为国争光。

为祖国争得荣誉的中国女排，受到了全国人民的喜爱，成了家喻户晓的英雄和被追逐崇拜的明星，几乎每个中国人都成了大大小小的排球谜。著名物理学家周培源这样的"书虫"也迷上了排球。女排姑娘们收到了3万多封来信和各种各样的礼物，有：湖北的武昌鱼，烟台的苹果，郴州的蜜橘，广东的香蕉。北京大妈给女排拉去一车大兴西瓜，广西一青年工人亲手打造了一把像工艺品的铁榔头送给郎平。她们的形象出现在杂志上、邮票上、报纸上、宣传画中，她们的事迹还被编入了中学课本。著名歌唱家胡松华用墨宝"振兴之锤"四个大字赠送中国女排，感谢女排用"振兴之锤"敲开了世界的大门。

女排首次夺冠后，著名画家刘光夏为女排创作的歌曲《闪光的青春——中国女排的心声》，随着女排红遍了大江南北，在广播电台的《每周一歌》节目

---

① 符浩：《祝中国女排荣获世界冠军并送班师回国》，《人民日报》1981年11月19日，第4版。

光荣的中国女排

拼啦，不拼没有机会了，说什么也要尝尝世界冠军的滋味。
孙晋芳

再累，我也要比哪一场比赛都跳得高，把这个世界冠军拿下来。
郎平

不管怎么疼，我也要顶住！
张蓉芳

我们是一个战斗的集体，今后还要继续战斗下去。
周晓兰

我不退下火线。
陈亚琼

只要能抱回金杯，我这个腰就是断掉，也认了！
陈招娣

我这部"破机器"一定要发动起来，再出一份力。
曹慧英

中国队胜利了，我们更加感到祖国的伟大。
杨希

我们一定要苦练基本功，把技术练得更精，保持荣誉夺取新胜利。
梁艳

夺取冠军不容易，保持冠军更难。
朱玲

听到祖国人民亲切的欢呼声，个个热泪不止，增添了无穷的力量。
张洁云

不是别的，是为了祖国荣誉，是为了振兴中华！
周鹿敏

突破新的难关，付出更艰苦的劳动，向新的目标进军。
邓若曾

图2-17 首次夺冠时的中国女排教练员与队员单人照和经典语句

中反复播放，唱出了女排的心声。歌词是这样写的："有些人的青春在花前月下，我们的青春是在球场上搏杀；紧张而激烈的旋律伴随我们，笑看那心血浇开，浇开了冠军之花。五星红旗升起的时候，祖国母亲啊，你可看见儿女们幸福的泪花？艰苦算什么，为了你，我们甘愿把热汗抛洒。挫折算什么，为了你，我们把困难踩在脚下。用心灵高唱理想之歌，崛起吧，崛起吧，可爱的中华！当我们白发苍苍的时候，将无比自豪地向后代们回答：我们把闪光的青春献给了祖国，为了美好的未来，我们没有虚度年华。啊，闪光的青春啊！"

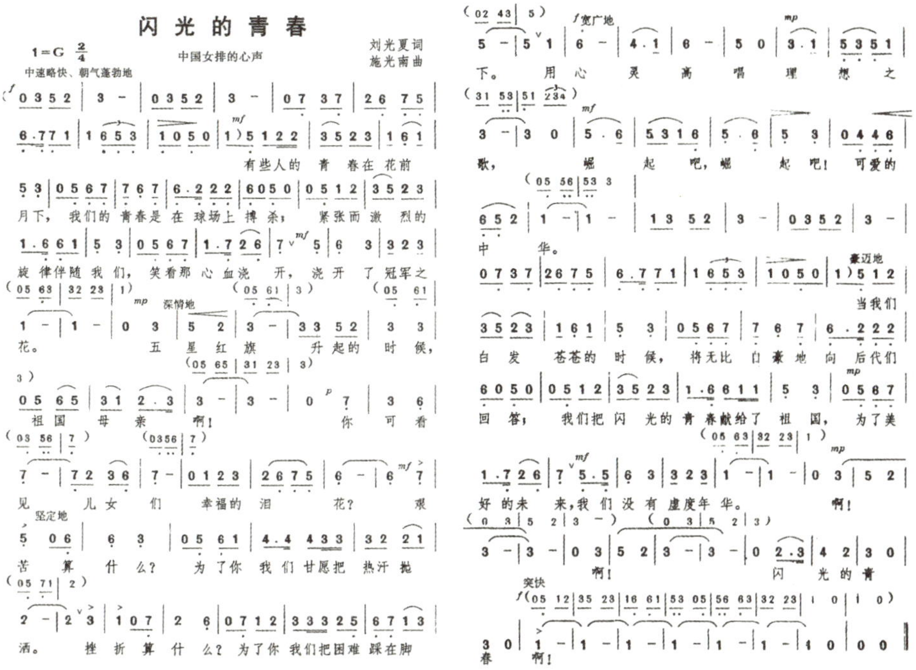

图2-18　歌曲《闪光的青春》

（三）中国女排"五连冠"：女排精神放异彩

　　只有认识了中国女排精神财富的价值，才能真正地认识了中国女排。女排五次夺冠的经验，在一定意义上说，对于我国运动健儿在世界体坛上能够创造什么样的英雄业绩，能在多高的层次上与世界各国争雄，竖起了一个标尺。

——1986年9月15日《中国体育报》第一版社论

　　1981年首次夺冠后，中国女排在6年的时间里，在袁伟民、邓若曾、张蓉芳等教练的带领下，坚持发扬女排精神，创造了"五连冠"的优异成绩。这朵美丽的体育精神之花，在教练员、运动员汗水的浇灌下茁壮成长，绽放出令人炫目的光彩。

中国女排继1981年首次夺冠后，1982年9月再战第九届世锦赛。这时的中国女排身上已经罩上了冠军的光环，成了世界排坛的众矢之的。老队员孙晋芳、周晓兰、陈招娣因伤病，在比赛中状态不好。中国队在小组赛中又遇到了

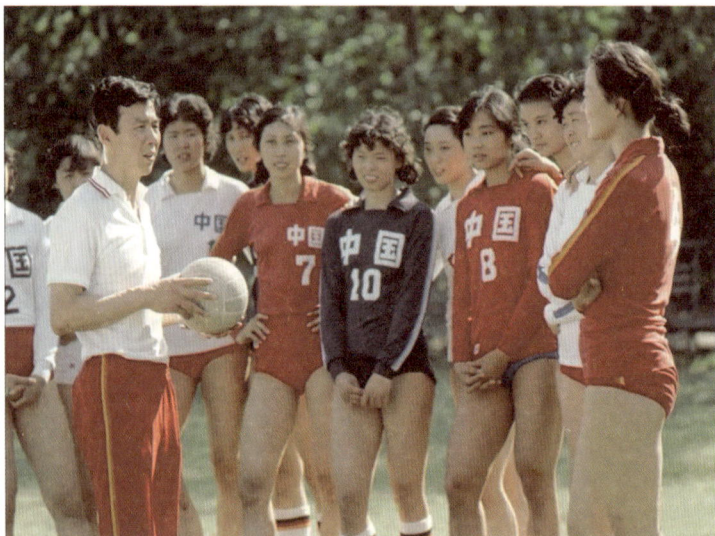

图2-19　袁伟民教练对女排队员们进行指导（1982年）

图2-20　1982年第九届世界排球锦标赛上，秘鲁华侨和外国友人为中国队加油喝彩（官天一摄）

世界强队美国队。美国队的主力队员海曼是世界三大扣球手之一，以弹跳力强、击球点高、扣球凶猛有力而著称，在1981年世界杯赛上被评为最佳扣球手。中美女排之间的首场比赛，吸引了很多观众和国际排球界人士。就连日本队、苏联队、古巴队等的领队和教练都不管自己的队伍了，跑到奇克拉约观战。出人意料的是，中国队以0∶3输给了美国队，把自己逼到了复赛时一局不能输的境地。

　　这时，有的队员要哭。袁指导说，不能哭，哭不是中国人的形象。晚上开会，及时总结了经验教训。会议的中心议题是：振奋精神，奋发图强，团结一致，打好后边几场硬仗，开创新局面。会上谁也没有埋怨，袁伟民教练反思了应对美国队准备工作不足的问题：一是对美国队估计不足；二是自身还背着沉重的冠军的心理包袱，对方拼我们，我们没有放下世界冠军的架子拼人家；三是竞技状态不如美国队。最后，强调如何振奋精神，要承认输但不服输，跌倒了要爬起来，勇敢拼搏。复赛时，袁伟民教练大胆启用郑美珠、梁艳两位新人。事后回忆道，首战古巴队是整个锦标赛中打得最好的一场，"队员们在巨大的精神压力下非常镇静、顽强、勇敢，令人钦佩。古巴队虽然输了，仍很高兴，教练员主动来和我握手，并且说：'我们打得很好，但中国队打得更好！'"[①]接

图2-21　1982年第九届世界排球锦标赛上，中国女排九战八胜再次夺冠
　　　　（韩晓华摄）

---

① 《怎样从一个0∶3到六个3∶0，袁伟民谈中国女排参加第九届世界女排锦标赛情况》，《人民日报》1982年10月8日，第4版。

下来，女排一路闯关战胜了匈牙利队、澳大利亚队，利用"以快制高"的办法3∶0"拿下"实力雄厚的苏联队，最后与秘鲁队一决雌雄，夺得第二个世界冠军，实现了从一个0∶3到六个3∶0的华丽转身。

中国女排遇强不惧、遇挫不馁的精神，又一次鼓舞了全国人民。1982年9月26日，国务院致电祝贺中国女排，指出，女排表现了"遇强不惧、百折不挠、团结一致、顽强拼搏的精神，对全国人民又是一个很大的鼓舞"[①]。中华全国总工会致贺电说："你们发扬高度的爱国主义和集体主义精神，有勇有谋，不畏艰难，不怕挫折，敢于拼搏，团结战斗，打出了中华民族的英雄气魄，鼓舞了全国人民振兴中华的斗志。全国职工一定要向你们学习。"共青团中央、全国青联、全国学联发贺电说："你们在这次比赛中表现出对祖国对人民的高度责任感，注重友谊和团结的高尚体育道德，以及在考验面前毫不气馁愈战愈勇的顽强意志，必将极大地鼓舞全国青年为开创社会主义现代化建设的新局面而奋斗。"全国妇联发贺电说："你们在党的十二大精神鼓舞下，以胜不骄、败不馁的拼搏精神，英勇奋战，克服了各种困难，打出了风格，打出了水平，再次为祖国为人民为妇女争了光。你们是祖国的骄傲，是中国妇女的光荣。"[②]10月15日，《人民日报》刊登了一首献给女排的诗歌，道出了全国人民欢欣鼓舞的心情和对女排姑娘的赞美：

> 亿万双眼睛，望着大西洋，亿万对耳朵，聆听着南美洲；
> 望着、听着中国的姑娘，打出的每一个球。
> 逆风险恶，惊涛骇浪，每一局的变化，都牵动，
> 祖国的肺腑心肠：期望、焦虑、信任、意外，
> 缠绕、翻腾在每个人心上。
> 面前，不仅是各国的女中英杰，而且是世界的强中强手。
> 一个飘球飞过网，震撼东西两半球。
> 殷切的盼望，多种的假想，十几个夜里，几人曾睡熟。
> 梦中寄语：沉着镇定，捏碎艰险敢拼斗。

---

① 《国务院热烈祝贺中国女排为祖国为人民争得了荣誉》，《人民日报》1982年9月27日第1版。
② 《国家体委、全国体总和工青妇学组织 电贺中国女排获世界锦标赛冠军》，《人民日报》1982年9月27日，第4版。

相信能再把世界杯，夺在叫母亲心疼，贴满胶布的二十四只手！

闯过严寒，红梅花更艳，

迎风开放，俏丽惊五洲：给前届冠军以三比零，

叫八次冠军再靠后，决一死战，奉陪到底，

看亚洲姑娘，数谁家的秀。

中国，一路复赛三比零；中国，一路半决赛三比零，

报分牌上的中国，势如破竹无对手。

九月第四个星期天，公休的中国无公休：

花径、湖畔行人少，荧光屏前人如潮。

老人笑赞孙晋芳，青年高呼"铁榔头"，

大娘忙找陈亚琼，这是福建姑娘，那是四川"黑子"，

憨态可掬的是阿毛毛！

欢声，回旋磴面坑道，欢笑，荡漾秋田花洲。

万里江山，千路征旗，齐看女排走在最前头！

夺得冠军真不易，败不气馁更难求。

成绩，从来不实行终身制；胜利，自古到今无专利。

留献女排一束花：一切都得从零开始！①

北京男排教练胡广礼观看比赛后，从精神层面进行了总结："两强相遇勇者胜，这是强调在两军对垒中精神力量的作用。在世界比赛中，各强队之间实力相差无几，谁能在精神上首先压倒对手，就会给对手造成很大压力。"②排球竞技要想制胜，不仅要有勇，还要有谋。女排队队长孙晋芳从创新精神方面总结说："现在排球运动发展很快，没有新技术、新招数就很难取胜。只有不断创造，才会立于不败之地。"③女排心中一直装着全国人民的希望和嘱托，她们不仅肩负着十亿国人的殷殷期望，来到国外又时刻感受到广大侨民的热情支

---

① 阮章竞：《献给女排一束花　祝中国女排再次荣获世界冠军》，《人民日报》1982年10月15日，第1版。

② 《精神·策略——中国女排对美、古、苏比赛观感》，《人民日报》1982年9月25日，第8版。

③ 《孙晋芳谈参加世界女排锦标赛体会　不断创新才能立于不败之地》，《人民日报》1982年9月28日，第7版。

持，每一个生活细节上都得到了无微不至的关怀。9月26日，中国排球代表团团长陈先对新华社记者感慨道："中国女排球队取得的胜利来自志气，来自人民……女排这支队伍是在全国人民抚育和培养下成长起来的，这一点我们永远不会忘怀。"①10月5日，国家体委和中华全国体育总会在人民大会堂举办了"学女排精神开创新局面"的庆贺中国女排再次夺魁茶会。宋任穷说："女排两次带头冲上去，对全国人民干四化是个很大的鼓舞和推动。各条战线的人们都在思考：女排能够攀上世界高峰，我们为什么不能把自己的工作搞上去？女排能够排除艰难险阻夺取胜利，我们为什么不能发愤图强，全面打开社会主义现代化建设的新局面？现在，全国人民在庆贺女排胜利的同时，都在认真学习女排奋不顾身，为祖国荣誉而英勇拼搏的爱国主义和革命英雄主义精神；学习她们自力更生、艰苦奋斗、脚踏实地战胜各种困难的苦干实干精神；学习她们越是形势险恶，越是团结战斗的集体主义精神和优良风格。女排精神必将在我国四化事业中，在人民心坎中，开花结果！"②10月7日，袁伟民教练在首都各界群众汇报会上总结道，中国女排之所以第二次夺冠，主要有三个原因："一靠拼搏精神，靠平时党的教育下树立起来的为国争光的荣誉感、坚定的事业心、顽强的意志和献身精神……二靠苦练练出的过硬功夫，靠物质基础……三靠各级党组织的关怀，全国人民的支持，排球界的支持和许多无名英雄的辛勤劳动……胜利靠技术也要靠思想和意志。"特别是和东道主秘鲁队争夺冠军时，袁伟民教练的体会是，"胜负的关键就在于思想，在于意志，在于怎样对待疯狂的秘鲁观众。当然技术也起作用，意志起了很大的作用。"③

两次夺冠后，中国女排能不能拿到奥运冠军？这既是全国人民的美好心愿，更是女排面对的一个更严峻的挑战。迎接1984年洛杉矶奥运会的，是换掉三分之二老队员、成立不到两年的新队伍。两年后在小组赛中再次与美国队相遇，在四局领先的情况下以1∶3输了比赛。半决赛时以3∶0战胜日本队，

---

① 《我国排球代表团团长、女排教练发表谈话 中国女排的胜利来自志气来自人民》，《人民日报》1982年9月27日，第6版。

② 《学女排精神开创新局面，国家体委和体总茶会庆贺中国女排再次夺魁》，《人民日报》1982年10月6日，第1版。

③ 《怎样从一个0∶3到六个3∶0，袁伟民谈中国女排参加第九届世界女排锦标赛情况》，《人民日报》1982年10月8日，第4版。

得以跻身决赛。8月7日，与美国队再次相遇决一胜负。

图2-22 北京射击运动学校的运动员和教练观看1984年洛杉矶奥运会中美女排决赛实况转播

这时的郎平，早已成了全世界女排研究和盯防的对象。她在半决赛后总结道，情绪不稳定影响了技术水平发挥，不稳定的主要原因是"求胜心太切，领先时急于求成；同时又不够自信，人家追了几分，在打法上就不果断了"[1]。她克服了巨大的心理压力，率先调整好自己的心理状态。中国女排决赛时以3：0战胜美国队，从而实现了"三连冠"，为中国代表团争得了第14块金牌。

经历过"三连冠"的老队员张蓉芳、郎平，因为为之奋斗了八年的理想终于实现而激动得落泪。第一次作为场上灵魂的二传手杨锡兰，因为自己艰难的蜕变也感动得流下了热泪。她向记者坦言道，在女排这个光荣的集体里，最深的感受是，"它使我认识到，每一场球都关系到祖国荣誉"[2]。看到中国女排在奥运会上夺冠，很多华侨感到扬眉吐气。杨锡兰也为自己是一名中国人而骄傲，为自己是女排的一员而骄傲。《人民日报》发表点评说，事实证明，"中国女排是一支勇于拼搏、奋勇进取的队伍。目标明确，不畏艰难，不怕挫折，勇往直前，同心协力，团结奋战，夺取胜利，这就是中国女排从实战中形成的战

---

① 《郎平在奥运会女排半决赛后谈 中国女排是怎样扭转战局的》，《人民日报》1984年8月7日，第3版。

② 《"对我，这仅仅是开始"——访女排二传手杨锡兰》，《人民日报》1984年8月9日，第3版。

图 2-23　1984 年中国女排在第二十三届美国洛杉矶奥运会上夺冠，
实现"三连冠"（新华社记者黄景达摄）

斗作风和进取精神。"①

　　女排获胜的第二天，国家体委、总政治部、全国总工会、全国妇联、共青团中央等纷纷致电女排，祝贺中国女排成为世界上第三个连续夺得世界杯、世锦赛和奥运会冠军的队伍。8 月 11 日，邓颖超给中国女排写信说："你们高超的球艺、顽强的斗志、拼搏的精神，把我紧紧地吸引住了……你们这次夺得冠军，实现了你们'三连冠'的愿望，为国争了光，为中华民族争了光……当你们站在受奖台上，祖国的五星红旗慢慢升起的时候，场上观众挥动着五星红旗，欢呼和喜悦，兴奋动人的情景，使国内外所有关心你们比赛的人们都感到做一个中国人无上光荣和自豪。"②

　　中国女排"三连冠"的消息在国际上也引起了不小的轰动。各大通讯社纷纷进行报道，认为中国女排的胜利，表明"中国队是世界最强的队"，用无懈可击的表现和绝对的优势"登上了名副其实的世界第一的宝座"，"确实向世人证明了她们真正是世界第一"。泰国华文报纸《新中原报》认为，"中国女排高

①　《胜利属于勇敢的进击者——祝贺中国女排荣获奥运会金牌》，《人民日报》1984 年 8 月 9日，第 3 版。
②　《邓颖超同志写信赞扬中国女排》，《人民日报》1984 年 8 月 18 日，第 2 版。

度发扬了胜不骄败不馁和勇于拼搏的传统精神"[1]。1984年10月1日是新中国

图2-24　1984年10月1日，夺得"三连冠"的中国女排姑娘登上国庆35周年彩车通过天安门广场

成立35周年庆祝日，中国女排夺得"三连冠"和许海峰实现中国奥运金牌"零"的突破，可谓整个体育战线给祖国母亲献上的两份厚厚的大礼。奥运冠军们站在体育游行方阵的花车上，成了全国人民瞩目和崇拜的精神榜样。

那么，这位带领中国女排摘取"三连冠"的功勋教练是一位怎样的人呢？中国体育界元老魏继中评价说："袁伟民给我的最大印象是称职，不但狠抓技术问题，还特别会做思想工作，特别强调比赛作风。赛前他都会找队员开会，但他既不讲大道理，也不开大会，而是针对性地开小会，开诚布公地谈，关起门来谈问题、谈不足，不伤姑娘们的自尊心。"[2]

2019年10月，女排精神研究团队有幸采访了功勋教练袁伟民。提起38年前首次夺冠的情景，这位功勋教练仍对那场紧张的中日女排决赛记忆犹新。中国女排代表团回国刚下飞机，就有人告诉他，北京有几个退休干部昨晚观看女

---

① 《国际舆论盛赞中国女排》，《人民日报》1984年8月10日，第4版。
② 《中国体育界元老魏纪中：我所认识的袁伟民》，新浪网新闻中心。http://news.sina.com.cn/o/2004-12-27/14134640797s.shtml

排决赛时紧张得心脏病复发，不幸去世。由此可见当时比赛的激烈程度。真是一球牵动十亿心！

图 2-25 2019 年，女排精神研究团队对功勋教练袁伟民进行访谈

1984 年下半年，袁伟民教练升任国家体委副主任，他的老搭档邓若曾升为女排主教练。1985 年 11 月 10—20 日，第四届世界杯女子排球赛在日本东京举行。经过 10 天的激烈角逐，中国女排七战全胜，以 3 : 1 的优势战胜了强劲的古巴女排，第四次夺得世界冠军。古巴队是一支独特的排球劲旅，她们普遍弹跳好，爆发力强，素有"加勒比黑色橡胶"之称，崛起的势头很猛。米雷利亚·路易斯作为古巴女排的核心人物，以其弹簧一样的超强弹跳力、在制高点上有力的扣杀能力而崭露头角。虽然古巴队整体经验不足，但路易斯本人获得

图 2-26 1985 年中国女排在第四届世界杯排球赛上七战全胜，实现"四连冠"

了"最佳扣球奖""优秀选手奖"。此后，她带领古巴女排取得了奥运"三连冠"、总体"八连冠"的优秀战绩。然而，中国女排不畏强手，沉着冷静，最终使刚刚还给国际排联的冠军奖杯重新回到了郎平队长手中，中国女排成为当时世界上第一支连续四次夺得世界大赛冠军的队伍。在1985年底召开的全国优秀运动队训练工作会议上，邓若曾主教练介绍了中国女排的经验。他认为，要攀登世界体育运动的高峰，具有坚定的事业心和明确具体的奋斗目标是关键，"有了远大理想和明确的目标，运动员思想才能开阔，在技术上也会有新突破、新发展"①。

1986年9月，第十届世界女排锦标赛在捷克斯洛伐克举行。这次比赛，具有威慑力量的郎平是以女排教练身份参加的，主教练是经历了"三连冠"的原女排队长张蓉芳，领队是老女排退役队员杨希，唯一得过"五连冠"荣誉的老女排队员梁艳成为副队长。9月4日，中国队3∶0战胜苏联队获得小组出线。9月8日，中国排协名誉主席宋任穷看望即将出征的男排队员时讲道："你们要学习女排那股劲，在对苏联队4∶11落后时不气馁，结果以15∶11拿下这一局。"②9月9日，中国队3∶0战胜日本队进入半决赛。半决赛时，中国队与秘

图2-27　1986年中国女排在第十届世界排球锦标赛上八战八胜夺冠，实现"五连冠"

---

① 《谈夺魁体会 愿万马奔腾——中国乒乓球、女排等队教练介绍攀登世界高峰的经验》，《人民日报》1985年12月8日，第3版。

② 杨玛琍：《宋任穷为中国男排壮行"你们要学习女排那股劲"》，《体育报》1986年9月10日，第1版。

图 2-28　为国争光、为民族振兴而拼搏的中国女排，受到群众热烈欢迎

鲁队两支上届大赛的冠亚军再度交锋。9月13日，中古女排展开了激烈的角逐。中国队沉着应战，以3∶1战胜古巴队，第五次摘取了世界桂冠，创造了世界排球史上的奇迹。

9月15日，《体育报》首版报道了这一消息，同时发表了社论《认真研究

图 2-29　《体育报》关于中国女排实现"五连冠"的报道

女排经验》[1]。社论指出，中国女排从弱小到强大、盛而不衰的成功之道给我们丰富的启示，这是一笔闪光的不可多得的精神财富。只有认识这些精神财富的价值，才能真正地认识中国女排。包括如何将最大限度的主观能动性和高度的科学性结合起来，不断的技战术创新和独特的技术风格，以及成功的思想政治工作打造出充满爱国主义热情、无私奉献精神和集体主义思想的团结战斗的先进集体，等等。《体育报》编辑部收到了来自全国各地的电报、电话。冶金工业部90位赴四川讲师团的同志表示，"中国女排的拼搏精神将激励我们完成支教任务"[2]。

三、女排精神传承时期（1987—2012年）

（一）从兵败汉城到世界第七：低谷中徘徊的中国女排

> 中国地大物博，人才济济，而女排还需要我，说明我还有价值。我心里明白，人活着，被人需要，是一种幸福；能被国家需要，是更大的幸福！
>
> ——郎平

1986年，李耀先接过中国女排的教鞭后，面对的是郎平、张蓉芳等主力队员退役，新队员尚未培养成熟的状况。在1988年汉城奥运会上，中国女排作为卫冕冠军在小组赛中先是以3∶0胜了美国队，接着以2∶3负于秘鲁队，战胜巴西队后闯进半决赛。与苏联队相遇后，首局比分0∶15，第一次遭遇"零封"；第二局以9∶15败北；第三局以2∶15输给苏联队。昔日的"五冠

① 体育报社：《认真研究女排经验》，《体育报》1986年9月15日，第1版。
② 《各地读者纷纷致电本报编辑部，交口称赞女排姑娘，期望她们再接再厉》，《体育报》1986年9月17日，第1版。

王"未能延续辉煌，获得季军。面对记者的提问，李耀先教练分析说，中国队夺得"五连冠"后精神包袱太重，心理压力过大，自信心也不够。队长杨锡兰也认为，精神状态影响了竞技水平发挥。一些读者也深有同感，精神负担重的背后是实力的支撑，训练的系统性，人才的梯队培养，这都是导致女排比赛成绩滑坡的因素。不过，这也体现了事物发展低潮、高潮交替的规律①。

1989年，胡进执教中国女排，开始了艰苦的训练。那段时间，女排是国家体育总局各项目中训练时间最长的队伍。当年7月，参加苏联举办的"奇尼林杯"排球赛时打败东道主苏联队，报了"一箭之仇"。1989年的世界排坛，被世界排联副主席松平康隆称为古巴选手的天下。已成为世界最强扣球手的路易斯率领古巴女排获得了第五届世界杯赛冠军，中国女排获得季军。

1990年9月，第十一届世界排球锦标赛在中国举行。在意大利的郎平，听从祖国的召唤，毫不犹豫地回国，重新恢复中断了四年的系统训练。"五连冠"时期受身边无数敬业奉献的感人事例的影响，女排精神对她产生了深刻的影响。她没有辜负祖国的期待，每天拖着肿胀的右腿，打着针、抽着积液，坚持参加训练和比赛。中国女排获得了亚军，郎平为此遗憾地哭了；但是很多人都看到了女排的明显进步。《人民日报》记者报道说："她们技术全面，战术灵活，攻守平衡，尤其是她们在比赛中所表现出的团结协作、每球必争、顽强拼搏的精神面貌和比赛作风，给观众们留下美好的印象。"②郎平把自己身上顽强拼搏的女排精神留在了队伍里。这颗种子悄悄地埋进了年轻一代队员特别是当时刚入队的赖亚文（后成为郎平"大国家队"教练组的得力干将）的心灵。1991年，胡进率领中国女排参加第六届世界杯赛。在与苏联队的对抗中，女排队员们人人奋勇、斗志昂扬、情绪稳定，最后以3∶1的比分战胜苏联队，总积分仅次于古巴而获得亚军。

1992年奥运会和1994年世锦赛上，中国女排的竞技成绩跌至最低谷。在1992年巴塞罗那奥运会上，中国女排在小组赛上连负三场未能出线，名列第七，获参加奥运会以来的最差成绩。赛后，胡进教练在记者会上总结了失利的

---

① 邱镇祁、黄稚文：《深刻反思　走出低谷》，《中国体育报》1988年9月30日，第1版。

② 李北大、郑红深、刘刚：《第11届世界女排锦标赛印象》，《人民日报》1990年9月3日，第4版。

原因，如：对比赛的残酷性认识不足，思想上过于乐观；新手经验不足，同巴西对阵时思想压力过大，体力不支时缺乏老女排的"拼命三郎"精神[1]。中国女排回国后，邀请首都媒体记者参加总结会，反思道："本次奥运会的比赛成绩跌至20年来最低点，既有没有继承老女排的拼搏精神、队伍作风不过硬的原因，也有训练指导上的偏差。"[2]1994年第十二届女排世锦赛上，中国女排跌至第八名，变成了二流球队。

中国女排发展陷入低潮，这有一个重要的技术背景：世界女子排坛出现了技术男子化趋势，很多男排的技术动作被引入了女排赛场，技战术理念及时更新显得愈发重要。而冠军队伍的思想政治教育和日常管理，也是技术之外影响训练的一个大难题。

看着中国女排跌入最低谷，郎平难过得流泪。她再次临危受命，毅然解除了国外的执教合同，放弃在美国的高薪回国执教。时任国家体育总局局长袁伟民在与郎平谈话时说，女排最缺乏的是一种精神，是教练的凝聚力，要用一种人格的力量来调动运动员。有记者问："你有一个两岁零八个月的女儿，孩子此时最需要母亲的照顾。你的爱人在美国也很忙。在回国执教的问题上，你们是怎么商量的？"郎平答道："要干成一项事业，不可能什么都得到，一定要牺牲一点东西。我现在把女儿放在美国，得到家人支持。回国执教，牺牲一点也是值得的。"[3]在问及新老队员的优势和劣势时，郎平强调思想作风的重要性，"我主张精神方面的东西要多一点，因为有追求的目标，才能克服更多的困难。在训练方面，'三从一大'的方针是永远不会过时的。不能靠运气，松散的队伍是不可能夺取世界冠军的，尤其是集体项目，更应该强调集体主义精神和献身精神。"[4]在郎平的执教下，中国女排从二线队伍回到了一线队伍。1995年，女排在世界杯赛上获得季军。1996年，在亚特兰大奥运会上获得亚军。这期间，由于过度劳累，郎平曾突然晕倒，但仍坚持到比赛结束。1998年，

---

[1]　肖梓树：《胡进教练谈中国女排失利》，《人民日报》1992年8月6日，第4版。

[2]　缪鲁：《不负广大球迷厚望　立志恢复昔日形象　中国女排痛定思痛总结教训》，《人民日报》1992年8月15日，第3版。

[3]　《脚踏实地　挑起重担　再造女排——"铁榔头"答记者问》，《人民日报》1995年2月17日，第8版。

[4]　同上。

在世锦赛上再夺亚军，郎平帮助中国女排重回世界一流位置。执教合同到期后，郎平离开了中国女排回到美国。

1999年，中国女排在世界杯赛上获第五名。2000年悉尼奥运会上，女排开局"三连败"，最后获第五名。中国女排的整体实力，再次跌回二线水准。

（二）中国女排"黄金一代"：女排精神的继承者

> 《爱拼才会赢》是一首传唱很久的闽南语民间歌曲。我相信，面对艰险、身处逆境、立志拼搏之人，都会喜欢这首歌。因为它能劝人面对现实，催人奋进。
>
> ——赵蕊蕊

2001年，多年担任老女排陪练、多任助理教练的陈忠和执掌教鞭。面对关于陈忠和能力的质疑声，在重建女排队伍之初，考虑到队员多为独生女，身上多少有点骄娇二气，陈忠和上任第一周抓的不是技术训练，而是思想作风。根据当时排球管理中心副主任张蓉芳的建议，把组建队伍的地点选在湖南郴州排球训练基地，这与主任徐利的想法不谋而合。徐利在集训动员会上对新一代女排姑娘说："队伍拉到郴州来组建，就是要让你们在老女排拼搏腾飞的地方，亲身感受他们艰苦创业的过程，学习她们勇攀高峰的精神。"[1]陈忠和教练把组队的指导思想定为继承和发扬老女排团结拼搏、艰苦奋斗，吃大苦、耐大劳，无私奉献、为国争光的精神，以此统一思想。接着，在队内制定了27条规定，包括不能烫发、不能染发、不能涂指甲油、不允许穿吊带，等等。对于违反规定者，处罚办法很多。队员们交了几笔罚款后，变得格外小心翼翼。此外还选了队歌，陈指导最喜欢唱《爱拼才会赢》，女排姑娘们唱的是《阳光总在风雨后》。在副攻赵蕊蕊的眼里，陈指导是一个对队员作风、精神面貌要求非常高的人，不管你赢球还是输球，精神面貌和作风要有严格要求。之所以进行军事化管理，制定27条队规，就是要求大家有一个崭新的精神面貌。陈忠

---

[1] 张式成、高湘春：《女排腾飞的"娘家"——记中国女排集训郴州体育基地》，《湘潮》2008年第8期。

和将女排的思想作风建设带上了一个新的台阶，全队思想实现了统一，开始了"早八晚五"的严格训练，当年就摘取了排球大冠军杯的桂冠。然而，2002年第十四届排球世锦赛上，中国女排未能进入前三名，取得第四名的成绩。姑娘们抱头痛哭，回国时悄悄从首都机场侧门走出。陈忠和教练顶着巨大舆论压力，进行了很长一段时间反思。女排姑娘们在陈指导过生日时，用热烈的祝福传递了敬爱与信任。这让陈忠和增添了继续奋斗的信心和决心，带领女排度过了那段艰难的低谷时期。

（三）17年后重回巅峰，续写女排精神新篇章

从指导思想以及意志品质培养和作风要求上，现在的中国女排延续了老女排的传统，可以说是一脉相承。

——陈忠和

陈忠和教练率领的新一代中国女排渡过了人才断档的难关，继续发扬老女排队员顽强拼搏、团结协作的精神，卧薪尝胆，重振雄风，在女排夺得"五连冠"17年后重新摘取了世界杯和奥运会两大桂冠。

2003年非典疫情期间取消了不少比赛，中国女排充分利用这段时间完成了120天封闭集训。长时间超负荷的训练，让陈忠和和队员们练到了"一进球场就想吐"的地步。女排在集训期间做足了功课，搜集到所有对手的资料，逐个对手地进行针对性分析和训练，可谓"知彼知己，百战不殆"。当年11月15日，中国女排在第九届世界杯赛上首战巴西队时，首场因未做到心态平和而败下阵来。陈忠和教练始终露出灿烂悠闲的"陈式微笑"，在比赛暂停时与队员们幽默的对话，很快平复了队员们的心情。中国女排连扳三局，打了一个"开门红"。面对2002年世锦赛上淘汰过自己的对手意大利队，女排姑娘们敢打敢拼，最终以3∶0完胜意大利队。在与美国队的比赛中，女排在1∶2落后的情况下不急不躁、团结拼搏，最后以3∶2赢得了这场胜利。最后在决赛时，中国女排以3∶0战胜东道主日本队，时隔17年后重登世界冠军宝座。时任国务委员陈至立致电表示祝贺，贺电中说，"这次成绩的取得来之不易，是你们继承和发扬中国女排的光荣传统和作风，长期坚持不懈，努力奋斗，刻苦训练，

勇于改革创新的结果"①。在欢迎会上，主教练陈忠和简单回顾了冲击冠军的过程。他说："之所以能够取得比较好的成绩，是赛前工作做得扎实，从对手、轮次都有针对性的准备，赛前队员们对这次的胜利都充满了信心。另外，在比赛中，队员们始终保持着一颗平常心，以良好的心态去拼每一场球。"②队长冯坤也代表队员发言，她说："是全国人民的关注和热爱，给了我们很大的勇气。所有的运动员都谨记着祖国的荣誉、女排的精神，才能在最困难的时候，取得最终的胜利。"最值得庆贺的是，人们从新女排身上看到了老女排的影子，她们找回了坚韧不拔、不屈不挠、团结拼搏、艰苦奋斗的老女排精神，并让老女排精神焕发了青春。中国女排重夺桂冠，是老女排精神在新时期继承和发扬的结果。

11月16日，陈忠和接受《人民日报》记者采访时总结道："从最早的袁伟民指导到胡进、郎平，中国女排从未放松过对意志品质的要求。我有幸作为陪练和副手，耳濡目染了他们的执教过程，从中汲取了精华，并把这些精华的东西运用到我执教的工作当中。所以我觉得，目前这支中国女排是新时期下对老女排拼搏精神的一种延续。"③

昔日女排宿将张蓉芳对新一代女排的评价是，"这一批女排队员的条件真好。她们现在平均身高1米84，比我们那一代高了将近5厘米。而且身体素质、速度、力量、弹跳等都超过了我们。"④11月17日，全国妇联也致电表示祝贺。11月18日，中华全国总工会决定，授予中国国家女子排球队全国五一劳动奖状，希望中国女排全体队员继续保持和发扬女排精神，为体育事业作出更大贡献。11月20日，国务委员陈至立在中国女排座谈会上指出，上个世纪80年代中国女排"五连冠"的辉煌成绩和"团结拼搏，勇攀高峰"的女排精神，为鼓舞全国人民投身改革开放，建设社会主义现代化发挥了积极作用。今天女排再次夺冠，必将推动全民健身和竞技体育发展，鼓舞人民团结一致为全面建设小康社会而奋斗。希望广大运动员、教练员和体育工作者要继续发扬女

---

① 《陈至立致电祝贺中国女排夺冠》，《人民日报》2003年11月16日，第4版。

② 杨玛琍、王向娜：《中国女排重返世界之巅》，《中国体育报》2003年11月17日。

③ 陈晨曦：《"金牌属于她们"——中国女排主教练陈忠和访谈》，《人民日报》2003年11月16日，第4版。

④ 许立群、陈晓伟、孙文志：《女排归来》，《人民日报》2003年11月17日。

排精神，全力备战奥运，争取良好的运动成绩，为成功举办2008年奥运会奠定良好的基础。①

图2-30　2003年11月15日，中国女排夺冠后将主教练陈忠和抛起，庆贺胜利（新华社记者冯武勇摄）

图2-31　第九届世界杯赛上，中国女排十一战全胜，时隔17年后重新夺冠，第六次夺得世界大赛冠军

　　2004年备战雅典奥运会时，中国女排遇到一个不小的挫折。"亚洲第一高度"赵蕊蕊"疲劳性骨折"，打乱了整套备战战术。全队暗下决心，抓紧训练，每人提高一点点，弥补失去的高度。新队员张萍准备挑起重担。随队的赵蕊蕊首战俄罗斯队时再次骨折，中国队0：3败给俄罗斯队。8月29日，雅典奥运会女排决赛上，中俄两队再次相遇。主教练陈忠和依然带着特有的"陈式微笑"在场边悠闲踱步。俄罗斯女排充分发挥身高优势高举高打赢下首局，第二局又变换快攻技术，连续领先两局。但是，陈忠和教练带领的女排队员依然面带自信的笑容，外国记者很不理解。第三局，中国女排坚持拼发球，扳回一局。第四局打到21：23生死攸关的时刻，陈忠和果断叫了暂停，之后中国队追回2分变成23：23；接下来，张萍和冯坤拦网成功，杨昊强攻得手，中国女排又扳回一局。赛局出现了转机，双方队员的心理发生了变化：俄罗斯队士气下降，中国队心理优势不断增长。陈忠和教练依然在场边微笑着踱步。这微笑给观众留下了太深刻的印象，好一派沉稳的大将风度！第五局，中国队11：8领先，俄罗斯队追到11：12。紧接着，张萍快攻打成13：11，中国队三人拦

---

① 《陈至立在与中国女排座谈时强调　发扬女排精神大力推进全民健身和竞技体育的发展》，《人民日报》2003年11月20日，第8版。

网拿到赛点，俄罗斯队又追回1分。陈忠和再次叫了暂停，安排张萍快攻。最后一球太难打了，中国队多次进攻都被对方拦回。杨昊在关键时刻把球救起，冯坤坚持传给老将张越红，张越红把球扣死在对方场地上。就这样，中国队在先失两局的被动局面下连扳三局，实现了惊天大逆转，时隔20年后重登奥运会冠军宝座。姑娘们流下喜悦的泪水，陈忠和笑得更灿烂。中国观众也激动得流泪。一位希腊华人说，这是他到希腊两年来最开心的一天，是他看到的最好、最激动、最让人难忘的一场比赛，让华人在异国他乡看到了中国的强大。决胜局比赛时，在前线解说的郎平激动得嗓子都快喊哑了。9月2日，陈忠和接受记者采访时表示，"20多年来，中国女排不变的是奋发向上、顽强拼搏的精神"①，当然技术上有了改变，训练方法和手段也进行了创新。

图2-32　2004年中国女排在雅典奥运会上夺冠，第七次夺得世界大赛冠军

8月30日，中国排球协会名誉主席宋任穷致电表示祝贺。他表扬中国女排说："中国女排继承和发扬了老女排的精神，团结奋战，顽强拼搏，勇夺阔别20年的奥运会冠军，为祖国赢得了荣誉。"②

这场激烈的冠军争夺赛告诉我们，运动队的精神对于制胜至关重要。2004

---

① 朱峰、曾志坚：《陈忠和比较新老女排——不变的是精神，改变的是技术》，《人民日报》2004年9月3日，第12版。

② 《中国排球协会名誉主席宋任穷致电 祝贺中国女排夺冠》，《人民日报》2004年8月30日，第10版。

年9月24日，女排队长冯坤在中国体育代表团报告会上汇报了自己的体会。她说，中俄女排决战，中国女排能在0∶2落后的情况下连扳三局，是因为队员们始终坚信能够拿下比赛。"20年来，全国人民都在期待这一刻，期待中国女排精神的弘扬和荣誉的回归。这种精神，就是'团结协作，顽强拼搏'的老女排精神；这个荣誉，就是一枚沉甸甸的奥运金牌。今天，人们通过这场比赛终于做出了评价：奥运金牌与女排精神都回来了。"[①]

此后，中国女排又遭遇了老队员伤病缠身、新队员尚不成熟的人才困境。在2008年北京奥运会上，中国女排在小组赛中被古巴队和美国队逆转，半决赛时不敌巴西队，并输给了郎平执教的美国队。虽然没能拿到金牌，但在中俄、中古比赛中，中国女排队员们英勇顽强，守住了铜牌，让国人看到了坚持到底不服输的女排精神。

四、女排精神新时代发展时期（2013年至今）

（一）新时代体育强国建设加快进程

坚持以人为本、改革创新、依法治体、协同联动，持续提升体育发展的质量和效益，大力推动全民健身与全民健康深度融合，更好发挥举国体制与市场机制相结合的重要作用，不断满足人民对美好生活的需要，努力将体育建设成为中华民族伟大复兴的标志性事业。

——《体育强国建设纲要》（**2019年8月10日**）

党的十八大以来，中国特色社会主义进入新时代，各个领域加快了强国建设的步伐。现代化强国，各方面都要强，各行各业陆续出台了强国计划。2016

[①] 冯坤：《"女排精神"再塑辉煌》，《人民日报》2004年9月20日，第12版。

年7月颁布的《国家信息化发展战略纲要》提出了网络强国建设，10月颁布的《"健康中国二〇三〇"规划纲要》提出了健康中国建设。2017年10月，党的十九大报告中提出了教育强国、科技强国、文化强国建设。2019年9月颁布的《新时代体育强国建设纲要》，为体育强国建设战略进行了详细规划。

随着全面深化改革的不断推进，体育领域也迎来了改革创新的春天。《新时代体育强国建设纲要》将体育上升为中华民族伟大复兴的标志性事业，提出落实全民健身、助力健康中国，提升竞技体育实力、增强为国争光能力，促进体育文化繁荣、弘扬中华体育精神等战略任务。2020年10月，党的十九届五中全会通过的《中共中央关于制定国民经济和社会发展第十四个五年规划和二〇三五年远景目标的建议》提出，党的十九大对实现第二个百年奋斗目标做出了分两个阶段推进的战略安排，即到2035年基本实现社会主义现代化，到本世纪中叶把我国建成富强民主文明和谐美丽的社会主义现代化强国。2035年将建成文化强国、教育强国、人才强国、体育强国、健康中国，国民素质和社会文明程度达到新高度，国家文化软实力显著增强，意味着把建成体育强国从2050年提前到2035年，体育强国建设的步伐不断加快。

（二）伦敦失利，郎平归来

> 我会站好这最后一班岗，继续书写我们那一代人的历史。我相信，你会在天堂看到女排在不久的将来再次焕发出夺目的光彩。
>
> ——郎平对陈招娣许下的心中诺言

中国女排每次陷入低谷，都会让爱女排深切的郎平流泪。2012年伦敦奥运会上，郎平受邀做女排比赛解说。自2009年陈忠和离任后，中国女排三易教练，"黄金一代"队员们也相继退役，女排仿佛又走进了20世纪80年代后期的怪圈。郎平在现场看着中国女排止步四强，在比赛直播间难过得直掉泪。在小组比赛中，中国队好不容易获得了出线权。在同日本队打淘汰赛的时候，双方争夺很激烈。比赛拖到决胜局，郎平在演播室里时而激动、时而懊恼，时而挥拳、时而颤抖，紧张得几乎要犯心脏病。最后，中国队以2分之差惜败给日本队，跌入世界第五。中国姑娘们在赛场上哭作一团。记者采访郎平时，郎平抑制不住难过的心情，为女排姑娘们未抓住制胜的机会而感到惋惜，伤心得一句话也说不出，不停地擦眼角的泪水，只好放弃了采访。过后，她在微博中留言道，中午没吃饭，看球又紧张，胃疼得厉害；这几天的心情一直跟着中国女排的赛况起起伏伏，在为女排感到心痛的同时也相信女排会重头再来。俞觉敏退出女排帅位后，新一任女排主教练"难产"。当国家体育总局领导问郎平能否回来时，她心里在打鼓，一是担心自己的身体承受不了每天14小时的工作强度，二是自己正在广东恒大女排执教。2013年4月，朝夕相处的老女排战友陈招娣因病去世。郎平参加完追悼会，看到许多普通球迷去向陈招娣遗体告别，思想上很受震动，一股强烈的责任感油然而生。老女排名将杨希也感叹道："这么多年过去了，大家一直在说和女排精神一起成长，我觉得社会需要这种信念。"①面对老领导袁伟民教练的关心，郎平回答道："我还是拼一拼吧。您手下这拨人，现在就剩我一个了。我就站好这最后一班岗吧。"直至排球运动管理中心主教练竞聘会当天早晨，郎平终于战胜了激烈的思想斗争，再次听从祖国的召唤，重新回到中国女排执教。

（三）11年后再崛起，女排精神绽放新时代光芒

　　广大人民群众对中国女排的喜爱，不仅是因为你们夺得了冠军，更重要的是你们在赛场上展现了祖国至上、团结协作、顽强拼搏、永不言败的精神面貌。女排精神代表着一个时代的精神，喊出了为中华崛起而拼搏的时代最强音。

——2019年9月30日习近平总书记会见中国女排代表时的讲话

　　郎平主教练带来了"大国家队"管理理念，组成了包括安家杰、赖亚文、袁灵犀、美国教练在内的大团队，率领"白金一代"女排队员，以更加国际化的视野不断丰富女排精神的内涵，于11年后再创辉煌，摘取了世界杯、奥运会两大桂冠，重回世界之巅。

---

① 宋元明：《阳光总在风雨后》，人民出版社，2018，第133页。

2015年，女排世界杯比赛在日本举行。12支球队参赛，前两名直接获得2016年里约奥运会的入场券。在去日本之前，女排队长兼第一主攻惠若琪突然被查出患心脏疾病需要动手术，未能成行，给球队带来了巨大挑战。比赛中，在主攻手朱婷脚部受伤的情况下，刘晓彤和张常宁敢打敢拼，表现出色。中国队虽然输给了美国队，但是其余各场都保持完胜，而美国队输给了塞尔维亚队和俄罗斯队。最后一场比赛是中国队对日本队，中国女排以3：1力克东道主日本女排。最后时刻，朱婷一记重扣，一锤定音。中国队按照总积分排在首位，第四次夺得世界杯赛冠军。张常宁成为中国女排历史上第一位不满20岁就作为主力队员夺得世界冠军的主攻手。

2016年里约奥运会，被郎平说成是经历了一次大冒险，或曰玩了一场"过山车"。小组比赛时被分到了"死亡小组"。首场比赛时就输给了荷兰队，继而以0：3完败于塞尔维亚队，接着1：3败给美国队。四分之一决赛时的对手是卫冕冠军东道主巴西队。与巴西队比赛的头天晚上，郎平做好了输球的心理准备。毕竟中国女排对阵巴西女排时，有过八年十八连败的惨痛纪录。第二天，巴西女排队员和观众像打了兴奋剂一样满场沸腾，靠着历史战绩和主场心理的双重优势连赢两局，开始得意洋洋。这时，郎平发现了潜在的转机。中国队死死"咬"住巴西队，扳回两局。在决胜局赛点时刻，郎平向朱婷布置了后攻战术。一记重扣，尘埃落定，险些被淘汰的中国队战胜了卫冕冠军巴西队。

图2-33 2015年中国女排夺得第十二届世界杯赛冠军。这是中国女排第八次夺得世界大赛冠军

半决赛时冤家路窄，又遇荷兰队，中国队绝地重生。决赛时再遇塞尔维亚队，劫后复生的中国队在崛起态势的鼓舞下，拉长战线，在最后比分23∶23的关键时刻，郎平叫了暂停，部署新队员张常宁发球。队长惠若琪一个探头球，把球扣在了对方场内。中国女排时隔12年后，再次夺得了奥运冠军。郎平成为排球史上唯一一位既得过奥运冠军的运动员，又是一位得过奥运冠军的排球教练。

图2-34　2016年里约奥运会上，中国女排第九次夺得世界大赛冠军

中国女排12年后重获奥运会冠军，再次激发了国人的女排情结。当中国女排凯旋回国时，北京大学学生打出了"团结起来，振兴中华"的标语，广大球迷自发到机场迎接。习近平总书记在会见里约奥运会中国体育代表团时，对顽强拼搏的女排精神给予了高度的肯定。他说："中国女排不畏强手、英勇顽强，打出了风格、打出了水平，时隔12年再夺奥运金牌，充分展现了女排精神，全国人民都很振奋。"

2019年9月29日，中国女排与阿根廷女排争夺第十三届女排世界杯赛冠军，适逢新中国七十华诞，祖国人民用宏大的盛典向世人展示新中国成立以来特别是改革开放以来取得的举世瞩目的成就，展现了中国正在崛起的姿态。此时，同样在日本大阪，中国女排时隔38年后第五次夺得世界杯赛冠军。这是中国女排历史上第十次夺得世界大赛冠军，再次成为中国崛起的象征。

的确，女排夺冠总是踏着时代的节拍，蕴含深厚的象征意义，越来越成为国人的精神图腾。正如1981年夺冠一样，女排的胜利不仅意味着体育领域的成就，而且像是在国庆绚丽的礼花中升起的一颗信号弹，预示着中国的崛起，更加坚定了中华民族走向复兴的步伐。

如果说1981年中国女排吹响了振兴中华的进军号角，那么2019年中国女排再次吹响了向体育强国进军的集结号。

图2-35　2019年日本第十三届世界杯赛上，中国女排以十一战全胜的战绩夺冠

图2-36　中国女排第十次夺得世界大赛冠军，为新中国七十华诞献上了一份丰厚大礼，再次登上"祖国万岁"游行花车

夺冠当天，习近平总书记发来贺电："你们在比赛中不畏强手、敢打敢拼，打出了风格、赛出了水平，充分展现了团结协作、顽强拼搏的女排精神。"①首次将女排精神概括为"团结协作、顽强拼搏"，道出了女排精神的实质和精髓。

2019年9月30日，也就是女排夺冠的第二天，习近平总书记邀请刚刚获得2019年女排世界杯赛冠军的中国女排队员和教练员代表，参加庆祝中华人民共和国成立70周年招待会，并在会前亲切会见女排代表，发表了重要讲话，用16个字完整地概括了女排精神，在"团结协作、顽强拼搏"的基础上，增加了"祖国至上、永不言败"。总书记说："在第十三届女排世界杯比赛中，你们以十一连胜的骄人成绩夺得了冠军，成功卫冕，为祖国和人民赢得了荣誉。你们不畏强手敢打敢拼，打出了风格，赛出了水平。中国女排夺得了第五个女排世界杯冠军，第十次荣膺世界排球三大赛冠军，激发了全国人民的爱国热情，增强了全国人民的民族自信心和自豪感。"②总书记又说，本届女排世界杯比赛期间，全国人民都在关注你们，每一场比赛都有亿万人民为你们加油……平凡孕育着伟大，你们天天坚持训练，咬牙克服伤病，默默承受挫折，特别在低谷时，有一批人默默工作不计回报。正是因为有这么一批人，才有了中国女排今天的成绩。

习近平总书记还强调，全面建设社会主义现代化强国，需要在各方面都强起来实现体育强国目标，要大力弘扬新时代的女排精神，把体育健身同人民健康结合起来，把弘扬中华体育精神同坚定文化自信结合起来，坚持举国体制和市场机制相结合，不忘初心、持之以恒，努力开创新时代我国体育事业新局面。

再好的编剧也写不出女排比赛千回百转、于绝境中逆转的曲折情节。看女排比赛，总是场场惊险，充满悬念。女排姑娘们把竞技体育的魅力演绎得淋漓尽致。中国女排为什么能够绝地反击、翻盘逆转，把不可能变为可能？

---

① 《习近平致电祝贺中国女排夺得2019年女排世界杯赛冠军》，《人民日报》2019年9月30日，第3版。
② 《习近平会见中国女排代表》，《人民日报》2019年10月1日，第1版。

今天，我们来试图解开中国女排屡次翻盘逆转的"密码"。这个"密码"正像杨澜在采访郎平时所说的那样，里约奥运会上演绝地反击、惊天逆转的秘密武器，正是20世纪80年代老女排开创并一代代传承下来的精神基因——女排精神。下面，我们就从女排精神的产生、女排精神的内涵、女排精神的价值等方面来解读女排精神基因的遗传密码。

第三章 **03**

女排精神内涵解读

一、祖国至上：女排精神的核心

> 要是为了钱，我就不回来了。我们打的不是利益，而是一种人类的精神，这是一种在困难和挫折面前不放弃的精神……只要穿上带有"中国"的球衣，就是代表祖国出征。每一次比赛，我们的目标都是升国旗、奏国歌！
>
> ——郎平

"祖国至上"表达了中国女排的爱国主义精神，是女排精神的核心内涵。因为爱国，所以奉献；因为爱国，所以顽强拼搏、团结协作、刻苦训练，这是女排多年来宠辱不惊、百折不挠、勇攀高峰的源动力。爱国不是挂在口头上的华丽词藻，而是靠甘于奉献、拼搏自强、团结协作、求实创新的精神来展现和诠释，更要靠场上场下的实际践行来体现。

爱国，就要体现在甘于奉献上，全身心地投入到体育强国建设事业中，投身于汗水与血泪交织的训练场上，和紧张激烈的比赛场上；体现在"重伤"不下火线，舍利取义、舍小家为大家的实际行动中。中国女排四十年来起起伏伏，几经低谷，屡创辉煌，靠的正是为国争光、甘于奉献的爱国热忱。

爱国主义是中华民族千百年来最核心的民族精神，是理智和情感、观念与行为相统一的一种文化现象。它源于个体对自己故土家园、种族文化的归属感、认同感和荣誉感，是"家国同构"的中华传统文化孕育而生的精神产物。中国自古就有"先天下之忧而忧，后天下之乐而乐"的家国情怀，有"位卑未敢忘忧国"的爱国情操，有"天下兴亡，匹夫有责"的担当气概，有"苟利国家生死以，岂因祸福避趋之"的英雄风范。和平年代里，爱国或许无需"黄沙百战穿金甲，不破楼兰终不还"，不用"青山处处埋忠骨，何须马革裹尸还"，仍需要为了祖国的荣誉抛洒汗水和泪水，牺牲个人利益和家庭幸福，甚至为国家的安全和一方百姓的平安献出自己宝贵的生命。

爱国主义精神是激发奉献精神的动力，要问爱得深不深，爱得真不真，首先要看舍不舍得付出；爱国主义精神是调动团结协作精神的方向标，祖国利益高于一切，个人利益至上的团队形不成强大的集体力量。爱国主义精神还是振奋拼搏创新精神的推进器。为祖国荣誉而战，是以爱国主义为核心的中华民族精神在竞技体育领域的具体体现，是女排人的初心和使命。中国女排用实际行动做出了最好的诠释，极大地鼓舞了社会各界人士在各自领域放大自身的个人价值。

（一）女排人的初心：为祖国荣誉而战

1. 从祖先文字悟"初心"

中华民族历史悠久，文化博大精深，我们祖先初创的文字里蕴藏着民族文化的基因图谱，从中能够领悟到中华民族文化缔造者的初心。甲骨文的"初"字左侧是一件衣服，右侧是一把刀，合起来是刚做好的衣服第一次穿，引申为开始[1]；"心"字是一颗心脏的象形，表示思想活动和情感等心理活动[2]。东晋史学家干宝著录的笔记体志怪小说集《搜神记》中曾使用过"初心"一词，后在佛教中使用，指初发的心愿或最初的心意。

图3-1　甲骨文"初心"二字的构造

初心回答为了谁的问题。共产党人的初心是为民族谋复兴，为人民谋幸福。这一初心源自共产党人真挚的人民情怀，决定了我们党的宗旨是为人民服务，一个是出发点，一个是落脚点。这是中国共产党在中华民族的文化基因里注入的红色基因。红色的初心引领中国共产党在民族危亡之际找到了马克思主义的思想武器，挽救了灾难深重的旧中国。中国共产党继承了中华民族的优秀基因，它领导中国人民进行了28年的艰苦卓绝的革命斗争，以它改天换地的革命气魄，推翻旧社会、建设新世界的雄心壮志，还有一不怕苦、二不怕死的革命英雄主义气概，重新塑造了中华民族的伟大形象，使中华民族重新屹立在

---

[1] 焦永超：《子根论——甲骨文形意说解》，三秦出版社，2012，第239页。
[2] 同上书，第245页。

世界之林。

体育人传承了中国共产党人的红色基因，给中国特色社会主义体育涂上了鲜明的红色底色，那就是人民体育为人民，发展为人民的体育。国家队作为竞技体育战线的先锋队和排头兵，除了具有体育人初心的共性，还有着自己的特性。悉尼奥运会期间，有一位三次获得奥运会金牌的美国体操运动员发现，中外选手在同一赛场上竞技，虽然大家的夺冠目标一样，但是在为什么而战这个问题上却大有不同。他感叹道："美国人和中国人的差距是，中国人尽全力不是为了挣钱，不是为了履行合同，而是为国争光。"①其实就是初心不同。国家队的初心是为祖国荣誉而战，为国争光。这是我们组建国家队的初心，每个人入队的队员都懂得，自己应比其他体育人拥有一颗更火热的初心，祖国培养意识是为国争光的力量源泉，而中国特色的"举国体制"，正是祖国培养意识的制度基础。

2. "举国体制"是基础，祖国意识是源泉

中国体育事业走了一条完全不同于西方的发展道路，有着与西方完全不同的发展制度和文化。我国体育事业发展的基本制度是社会主义，即举国体制，举全国之力发展体育事业，就像抗洪救灾、抗击疫情一样，全国一盘棋统筹调度。新中国成立之初，一切百废待兴，中国面临政治孤立、外交封锁的重重困境。在这种内外交困的情况下，体育上的突破被赋予了突出的战略意义：既可摘掉"东亚病夫"的帽子，又能提升文化软实力，达到振奋人心、鼓舞民众的目的。因此，体育受到了党和国家领导人的高度重视。在毛泽东、周恩来、朱德、贺龙、陈毅等人的亲切关怀下，体育事业取得了快速发展，人民体质得到增强。经过长时间的探索，中国体育逐渐选择了一条符合本国国情的发展道路——"举国体制"，即举全国之人力、物力和财力，以国家利益为最高目标，以最快速度整合国内资源，建立专门的竞技体育人才选拔体系，解决运动员的后顾之忧，让他们全身心投入训练和比赛，培养为国征战的优秀运动员。在这样的体制下，每个国家队运动员的成长都离不开国家的精心培养，从训练场馆设施到高水平教练的配备，再到无微不至的后勤保障，包括个人的生活消

---

① 李庚全主编《弘扬体育精神 涵养体育道德》，群言出版社，2015，第64页。

费等，都是由全国人民的税收承担的。"举国体制"实施以来，1984年实现了中国体育史上奥运金牌"零"的突破，2008年成功举办了北京奥运会，获得奥运金牌榜第一名和奖牌榜第三名的优异成绩，2022年成功举办了北京冬奥会。一个个里程碑式的进步和成就，彰显了"举国体制"集中力量办大事、整体谋划、行动一致组织高效的制度优势。

"举国体制"为许多拥有体育梦想的人提供了发展通道，也让一些人拥有了改变自己命运的机会。郎平曾说："要想在国外成为一名优秀的运动员是特别难的，因为小时候要学习运动科目就得花很多钱找教练，去运动场参加俱乐部。对于一个一般家庭的孩子，这笔费用是很难支付。而我国不同，只要你有培养前途，不用自己花一分钱，我就是这样被培养出来的。我从14岁开始打球，27岁出国，国家把我培养成为世界冠军，我家没花一分钱。"[1]朱婷进入国家队的经历也是如此，改变了她因家中生活拮据而将辍学打工的命运，成长为MVP（Most Valuable Player，最有价值球员）。正是在这样的体制下，优秀运动员不断涌现。他们深感国家培养不易，懂得感恩回馈祖国，明白肩上担负的使命和责任，国家之所以花大力气、费财力物力培养他们，是为了让他们在世界体坛上展示良好的国家形象和民族精神面貌，为祖国争得体育地位。从理性上讲，中国人都讲滴水之恩当涌泉相报，那么怎么报答？那就要清楚自己作为国字号运动员，是国家在体育领域的形象代言人，出去代表的不是自己，而是国家，你就是中国，中国就是你。从感性认识看，祖国培养会唤起运动员更深厚的爱国情感，他们与祖国母亲更贴心，与祖国母亲的脉搏同频跳动，更理解国家的苦处，更急切地盼望祖国好。就像《我和我的祖国》那首歌唱的那样，"我的祖国和我像海和浪花一朵……我分担着海的忧愁，分享海的欢乐"。有一首献给老一辈科学家的歌叫《共和国之恋》，歌中的"我"换成运动员，我觉得非常适合。歌中唱道：纵然是凄风苦雨，我也不会离你而去，当世界向你微笑，我就在你的泪光里……你就是我，我就是你……纵然我扑倒在地，一颗心依然举着你，晨曦中你拔地而起，我就在你的形象里。这首歌唱出了女排人的爱国心声。郎平在自己的日记中写道："我们的排球水平和我们这样一个地大物博、人口众多的国家很不相称，为什么不能向世界先进水平进军哩！我

---

① 郎平、陆星儿：《激情岁月——郎平自传》，东方出版中心，1999，第81页。

一定要用自己的青春换取排球胜利的到来。"①

女排人的祖国培养意识，化成了姑娘们对祖国母亲深沉、真挚的爱。1981年春，时任《体育报》记者的作家鲁光对女排姑娘首次夺冠前进行了20多天的近距离接触观察后，完成了报告文学《中国姑娘》。其文章末尾写了这样一段话："中国女排创建近三十年了，她的成员更迭了不知道多少，但有一种崇高的精神，却在每一代运动员中闪闪发光。究竟是一种什么精神呢？啊，那是一种伟大的爱，对我们祖国和人民的深沉的爱。这是这种深沉的伟大的爱，使中国女排新老运动员们为此忘我，如此痴情！"②正是这种深厚的爱国情怀，使女排的心与祖国的脉搏一起跳动，时刻感受到祖国的需要和时代精神的呼唤。

2019年7月，我带领女排精神研究团队对作家鲁光进行了深度访谈。他向我们讲述了中国女排1977年在第二届世界杯排球赛上一段刻骨铭心的难忘经历。

鲁光口述：中国人不该站在地板上挥舞黄手绢

老女排冠军们对1977年第二届排球世界杯记忆犹新。在日本大阪，中国女排第一次参加世界比赛就取得了1953年成立排球队以来获得的最好成绩。本是一件值得庆贺的事，起初大家还欢呼雀跃，但颁奖时却变了味儿：因为是第四名，无法站到领奖台上，只能站在领奖台旁的地板上，听着日本的国歌响起，看着日本、古巴、韩国的国旗升起，还要按规定向获胜者挥舞黄手绢表示祝贺。这时姑娘们才真正意识到，自己不是普通的运动员，而是代表着祖国人民。中国人不应该站在地板上，这与我们的民族形象、大国地位很不相称。想到这，胸前的"中国"二字和闪光的国徽仿佛变成了两团火，烧得姑娘们浑身发烧，脸发烫。回到休息室，大家不约而同地唱起了歌剧《洪湖赤卫队》中韩英在狱中演唱的片段"没有眼泪，没有悲伤……"姑娘们暗下决心，为了祖国的荣誉，一定要奋力拼搏。1979年亚洲女排锦标赛上，首次挫败了当时的亚

---

① 刘成煦：《从"秘密基地"起飞——中国女排在郴州》，岳麓书社，1998，第71-73页。
② 鲁光：《中国姑娘》，作家出版社，2009，第77页。

洲冠军和世界冠军日本女排，成为中国女排历史上的重要转折。

郎平作为一位母亲，为了排球再辛苦也毫不在意。对她来说，最大的困难和最大的痛苦，是割舍女儿。女儿浪浪是郎平心里的另一只"排球"。在她生命的天平上，该怎样掂量女儿和排球的分量？

1995年，郎平在"祖国需要你"的召唤下回国执教，不得不让年幼的孩子从小体会母亲不能陪伴在身边的痛苦。作为一个母亲，郎平执教期间的每个假期，都要接女儿浪浪回国。这是能够弥补孩子、陪伴孩子的唯一时间，郎平格外珍惜。但女儿的假期又正是女排队伍冬训或夏训最忙最累的时候。每天晚上，浪浪总是缠着要跟妈妈睡，郎平却很为难。因为女儿睡觉不老实，又踢又蹬。作为母亲，害怕她被蚊虫叮咬，害怕她蹬被子会感冒，根本无法睡踏实。白天的训练使郎平格外劳累，加上心脏又不好，若晚上再睡不好会影响第二天训练。她只好狠心又愧疚地拒绝女儿。身边的朋友们劝郎平，你在美国安安稳稳过你的日子算了。女儿那么小，从小没有母亲陪伴怎么办？但是，郎平说，总是要牺牲、要付出。好在孩子小，还不懂事。曾经执教男排的汪嘉伟谈到郎平时，坦率直言："我认为郎平不应该回来。她是个女同志，顾不了身体，顾不到孩子。这么干，女同志就没有这个必要。"郎平开玩笑地跟汪嘉伟说，国家的需要，大概是不分男同志和女同志的。[①]母爱是世界上最伟大的情感，可是在郎平那里，血肉亲情到底还是让位于祖国需要。她选择走出家庭，回到中国女排。对，还是不对？值得，还是不值得？她用多年的坚持给出了坚定的答案。

的确，即使郎平的心中满是愧疚，也无法忽视国家对她的需要、球迷对她的期望。世界锦标赛、亚运会，完成这些比赛，才是一个相对完整的过程；完成这些比赛，她才能无愧于国家。郎平的心中始终希望有一天浪浪（郎平的女儿白浪）能理解，为什么她仍然难以在女儿和排球之间决断地做出选择。她在自传中写道，被人需要是幸福的，能被国家需要是更大的幸福。这句话很有哲理，道出了人生价值的本质，揭示了人生价值的真谛：所谓价值就是被需要，如果你在一个群体中（大至世界，小至家庭）不被任何人需要，能有什么价值

---

① 郎平、陆星儿：《激情岁月——郎平自传》，东方出版中心，1999年版，第56页。

可言呢？当别人或者集体需要你发挥积极作用的时候，正是个人价值的最好证明。

"举国体制"帮助我国竞技体育成功实现了追赶目标，为体育发展作出了巨大贡献。而且在新的市场经济条件下与时俱进，实现了"举国体制"与"市场机制"的有机结合。目前，我国正逐步完善竞技体育的举国体制，改变政绩观，逐步形成国家办与社会办相结合的竞技体育管理体制和评估体系。党的十八大以来，习近平总书记高度重视体育工作，关于体育的重要讲话、批示、指示多达190多次。体育工作重心逐渐从竞技体育转向群众体育，2014年将"全民健身"上升为国家战略，《"健康中国2030"规划纲要》把人民健康放在优先发展的首位。"举国体制"依旧是涵养爱国主义精神的制度基础。那些有能力、有热血、有抱负的体育人，经过层层选拔进入梦寐以求的国家队，冲在中国竞技体育事业建设的最前沿。他们披上国家队的战袍，肩负起为国争光的光荣使命，扛起民族的希望。

3. 义利两权难相兼，为祖国荣誉而战

义利问题是贯穿于中国文化的一个基本问题。义利关系的实质是道德义务与个人利益的关系。中华民族自古以来崇尚"重义轻利""先义后利"的义利观。以儒家为代表，主张"义以为上"，利服从义。孔子曰："君子喻于义，小人喻于利。"[1]孟子曰："生，亦我所欲也，义，亦我所欲也，二者不可兼得，舍生而取义也"[2]。上述思想成为中华民族千百年来一直遵循的道德准则和行为规范。党的十八大以后，习近平总书记提出了新时代的义利观。2013年访问非洲期间首次提出正确义利观，此后在公开讲话和文章中提及40余次。例如强调"中国在合作中坚持义利相兼、以义为先……主张多予少取、先予后取、只予不取，张开怀抱欢迎非洲搭乘中国发展快车。"[3]"坚持正确义利观，做到义利兼顾，要讲信义、重情义、扬正义、树道义。"[4]等等。新时代的义利

---

① 张岱年：《中华大辞典》，吉林人民出版社，1991，第892页。
② 许慎：《说文解字》第6卷，丁焕朋编，红旗出版社，2015，第1948页。
③ 习近平：《携手共命运 同心促发展——在二〇一八年中非合作论坛北京峰会开幕式上的主旨讲话》，《人民日报》2018年9月4日，第2版。
④ 人民日报理论部：《深入学习习近平同志重要论述》，人民出版社，2013，第185页。

观主张义利平衡实现合作共赢，重义轻利凸显了大国担当，成为指导中国特色社会主义外交工作的重要遵循。

中国女排深受中华民族传统义利观的影响，始终将集体利益、国家利益放在首位，个人利益服从、服务于集体利益，甚至必要时牺牲个人利益，在"五连冠"老女排队员的字典里，"祖国的需要"有着千钧的重量。在赛场上为祖国争得荣誉，是女排人幸福快乐的最大源泉。第三任队长张蓉芳在日记中写道："一个运动员最大的幸福，莫过于为祖国争得荣誉。但一个运动员最大的痛苦，也莫过于需要你为国争得荣誉而争不到。"[1]周晓兰说："当祖国需要我们时，我们能够为祖国、为人民争得荣誉，这就是我们运动员最大的幸福，最大的快乐！"[2]18岁的郎平在自己的训练日记扉页中写道："为祖国争取荣誉，是我一生中最大的快乐和幸福！"[3]运动员经过层层选拔，最后站在竞技舞台上代表自己的国家参赛，每个人都是国家的一张张名片。他们展示的不只是个人的竞技力量，还有国家的实力和民族的形象，他们的一言一行关乎国家认同和民族情感。他们将为祖国荣誉而战视为奋斗的初衷，希望能够取得好名次，同时带给国人激情澎湃的荣誉感和自豪感。

1981年第三届世界杯女子排球赛中日之间的那场决赛，使女排姑娘受到了深刻的教育，经受住了义利的考验。当时全国人民看女排比赛，中国女排一路告捷，先后以3∶0的成绩战胜了巴西、苏联、韩国、保加利亚、古巴队，又以3∶2的成绩战胜美国队，取得了前六轮全胜的优异成绩。按照当时的比赛规则，中国女排18局胜利获积分12分，日本女排17局胜利获积分11分。这场比赛，只要中国女排能够获得至少两局的胜利，冠军就属于中国了。女排姑娘们从来没尝过夺得冠军的滋味，迫切地想拿下世界冠军。这种发自内心的渴望让她们一上场就如同猛虎下山，在气势上压倒了日本队，连下两城，中国队胜利了！队员们沉浸在夺得冠军的喜悦中，然而接下来的场面却紧张得令人窒息。

在永春"女排精神·陈亚琼故事馆"，当年的老女排冠军队员陈亚琼为我

---

① 鲁光：《中国姑娘》，作家出版社，2009，第184页。

② 周晓兰：《女排英雄的心声》，《人民日报》1981年11月19日，第4版。

③ 马信德：《走向世界——中国女子排球队的故事》，中国青年出版社，1982，第93页。

们讲述了这段令她终身难忘的历史时刻。陈亚琼是华侨之家出身，父亲陈义桐原是印度尼西亚华侨，母亲林玉慎是马来西亚华侨。父母、哥哥、姐姐、妹妹

图 3-2　2019 年夏天，女排精神研究团队一行七人去福建泉州永春县参观"女排精神·陈亚琼故事馆"，有幸采访到陈忠和教练和女排首次夺冠的七位"五连冠"功勋队员，特别是陈亚琼女士

也早就都移居香港，本来也要带陈亚琼一起走，可是陈亚琼却坚定地要留下来打球。父母很支持她的选择，父亲鼓励她说，既然要留在国内干这一行，那就要干好，"过去我们华侨在海外被人家瞧不起，叫'东亚病夫'。为什么华侨中那么多人爱好运动，是不甘心被外国人那么叫嘛。""你现在是国家队队员，你的思想和技术就一定要能够代表国家，要为祖国争气"①。

陈亚琼口述：这场球你们不要，全国人民要！

世界冠军已经拿到手了，我们觉得接下来打不打赢没关系了，反正已经是冠军了。之前毕竟没拿过冠军，心里开始骄傲兴奋起来，脑袋发热，教练的话也听不进去了，很快我们就输了两局，变为 2∶2。中间休息的时候，袁伟民教练半天没说话，表情非常严肃。我们一看，心里都紧张起来。接下来他用沉重的语气说道："我们是中国人。你们代表的是中华民族。祖国人民在电视机前看着你们，要你们拼，要你们博，要你们全胜！这场球不拿下来，你们会后悔一辈子！这场球你们不要，全国人民要！这场球要是输了，你们就不是真正的世界冠军！"我一看，问题严

---

① 刘城煦主编《从秘密基地起飞——中国女排在郴州》，岳麓书社，1998，第129页。

重了。第一次看袁教练眼睛都红了，以前从来没见过他这样。直到现在我对袁教练的这句话还记忆犹新，所以我把它挂在了故事馆的门口。袁教练来过两次，每次看到这句话都激动得落泪。

图3-3 女排首次夺冠时袁伟民在关键时刻说的那句话，一直挂在
　　　"女排精神·陈亚琼故事馆"的门厅里

郎平也在日记中记下了那一刻的心理活动："一个个兴奋得脸涨得通红，我们毕竟没有拿过世界冠军啊！"[1]袁伟民在自传中回忆道："由于太激动，我眼睛都红了，说话时连嘴唇都有些颤抖。这语气，这表情，也许姑娘们从来没有见到过。她们呆呆地望着我，一个个好像突然醒过来一样，这才意识到问题的严重性。"[2]女排姑娘们这时才真正明白全胜的意义：只有全胜，才能展现中国排球崛起的实力，赢得国际社会的尊重。祖国需要的不仅是胜利的奖杯，更要展示中华民族的积极形象。

重新回到赛场的姑娘们重新振奋起精神。但是日本队越打越疯，大有拿了亚军也要打赢冠军的气势。一直打到14∶15，日本队领先，如果再扣球成功她们就赢了。球马上就要落地，在这千钧一发之际，陈亚琼力挽狂澜，将这个看似已经被扣死的球神奇地救了起来，郎平一记重扣夺回了发球权。中国姑娘

① 郎平：《郎平日记与书信》，人民体育出版社，1986，第64页。
② 袁伟民：《我的执教之道》，人民体育出版社，1988，第134页。

乘胜追击，最终没有辜负全国人民的期盼，率先带领三大球实现了"零"的突破。所有人都屏住了呼吸，从电视机、收音机中传出解说员宋世雄激动的声音。

2019年7月陈亚琼接受课题组采访时说，一想起那次惊险救球，都会感到后背发麻，很是后怕。"要不是袁伟民教练平时千百次严格苛刻的起球训练，我不可能把这么危险的球救起来。"11月21日，袁伟民在全国总工会举行的欢迎茶话会上介绍带队比赛的情况时总结道，这场球是争气球，一定要赢！一定要在这个关键时刻为国家争得荣誉。最后终于赢了，虽然带有一定的偶然性，但是和精神状态不无关系，确实体现了女排队员们把祖国的荣誉看得高于一切的爱国主义精神。

关于中国女排的初心，中国女排第三任队长张蓉芳也给出了响亮的答案："作为国家队队员，我们的目标和愿望就是要拿世界冠军，打出好名次，为祖国争光。"[①] 以"拼命三郎"著称的陈招娣更是以实际行动践行了中国女排"为祖国荣誉而战"的初心。

2019年7月，我带领女排精神研究团队访谈作家鲁光时，他向我们讲述了中国女排首次夺冠时"拼命三郎"陈招娣的感人故事。

鲁光口述：祖国荣誉是最好的"止痛剂"

1981年中国女排首次夺冠那场比赛过程中，陈招娣和孙晋芳抢传排球时相撞，腰部的老伤犯了，几乎动弹不得；可是此时冠军在望，她只能咬紧牙关坚持，心中只有一个念头：拼了！只要能抱回金杯，我这个腰就是断掉也认了！然而她却力不从心，眼看着球从身边飞过，冲不上去也救不下来。第三局袁教练将她换下。在这火急火燎的时刻，她急切地想要恢复腰伤继续上场。第四局比分落后时，袁教练把她叫到跟前，问道："你上，行不行？"陈招娣点了点头："行！"可是拼了几个球又不行了。袁教练生气地责备她，"以为世界冠军到手了，就不拼了，是吗？"面对袁教练的指责，陈招娣一声不吭，只是哗哗地流泪，听从教练的话去场外热身，准备再上场，直到坚持完成比赛，陈招娣提着的一口气放松下来。这时，腰上

---

① 张蓉芳：《女排英雄的心声》，《人民日报》1981年11月19日，第4版。

的疼痛瞬间袭来，疼得她连腿都抬不起来，最后靠队友背着她站在台上，完成了渴望已久的领奖仪式。当夜，袁伟民来到她的床前，很不安地问她："招娣，你为什么不说呢？"招娣含泪答道："指导，我怕说了，影响你指挥呀！"袁伟民听了内心十分感动，心想：伤成这个样子，还坚持比赛，错怪了她，她也没有半句怨言。为了祖国的荣誉，她们真是忍受了一切啊！他对陈招娣说："招娣，我错怪你了，委屈你了！"陈招娣听了泣不成声："指导啊，你不要这样说。你骂过我，尅过我，'整过我'，也委屈过我，但今天都一笔勾销了。不是你平日里的严格要求，这次我能顶下来吗？"①

郎平三次放弃国外优厚的待遇毅然回到中国女排，不是为了钱，而是为了中国女排能够站在世界前列。她很清楚，在商品经济大潮的冲击下，人世间还有很多比金钱更宝贵的东西！她对中国女排的热爱是无法用金钱衡量的。1994年，郎平在八佰伴世界明星队做教练，年薪20万美元。回国前的优厚待遇引起了人们的兴趣：郎平回国执教究竟挣多少钱？要是按国外标准支付，那可是一笔不小的数字。然而郎平并不关心待遇问题。在带队训练期间，国家体委训练局副局长张稚涛同郎平提到过工资报酬，说现在有关方面还正在研究，准备让她和她同时代的老队员基本一样。郎平笑着连连摆手："怎么安排都行，我没意见，也顾不上……"郎平回国执教，风险大、压力大，工作也特别辛苦，已签订的多项合同（被迫）取消，丰厚的待遇和优裕的生活条件都没有了。面对同丈夫、女儿两地分居之苦，算上各种补助在内，每月的工资收入仅折合70美元左右，连给女儿打长途电话的费用都不够，可她从未在意。她对记者说："要是为了钱、为了工资，我就不回来了！"②

这样的故事不胜枚举。陈忠和在2004年雅典奥运会上对记者说："我们会一拼到底，冲击对手，最后决赛我会尽全力去争取胜利，因为我和全队要为自己的祖国而战斗。"③终于在20年后重回奥运巅峰。作为中国三大球的龙头项目，中国女排一直肩负着国人的厚望，守着"为祖国荣誉而战"这份初心。尽管成绩也有起伏，但是这份初心一代一代传承了下来。

---

① 鲁光：《中国姑娘》，作家出版社，2009，第90～91页。

② 郎平：《我回国前的一千小时》，《社科信息文荟》1995年第11期。

③ 孔宁：《中国女排——一种精神的成长史》，北京日报出版社，2020，第66页。

（二）女排人的使命：率先实现排球翻身并保持前列

1. 从祖先文字悟"使命"

甲骨文的"使"字下边有一只右手持物，中间有个口，如果持物是笔就当"史"字；如果是棍子就当"吏"字；如果是工具就当"事"字；如果是符节（符节是传达命令、征调兵将以及用于各项事务的一种凭证），就当"使"字[①]。"命"字上面是表示集体的符号，下边

图3-4　甲骨文"使命"二字的构造

是跪坐的人形，表示个人对集体的归属和服从，后来分化出"命"和"令"二字[②]。寓意着人类的祖先离开集体是无法生存的，人是社会人，只能生活在组织中。这表达了集体高于个人的价值观，表明中华民族是一个崇尚集体主义和遵纪守法的民族，这些精神是龙的传人自带的文化基因，这次疫情再次证明了这一点，这些文化基因我们要传承下去。

使命是基于对时代课题的准确把握而形成的对历史任务的深刻认识。1840年鸦片战争后，中国人的头上多了一顶"东亚病夫"的帽子，先进分子发出了"强国强种"的呼唤，这一使命落在了体育人的肩上。新中国成立后，党和国家高度重视发展体育事业。国家队代表国家竞技体育的最高水平，是竞技体育水平发展的标志，对群众体育起着带动作用，承担着体育人的重要使命。摘掉这顶耻辱的帽子，首先从三大球翻身抓起，中国女排率先承担起三大球翻身并永保世界前列的使命。郎平屡次在中国女排最艰难的时候挺起脊梁，带领中国女排走出低谷，重建辉煌。

郎平的使命担当

郎平多次在中国女排最需要的时候扛起重担。1982年第二次夺冠

---

① 焦永超：《子根论——甲骨文形意说解》，三秦出版社，2012，第289页。

② 焦永超：《子根论——甲骨文形意说解》，三秦出版社，2012，第123页。

后，中国女排"大换血"。孙晋芳、陈招娣、曹慧英、杨希、陈亚琼5名老队员退役，张蓉芳和郎平担任队长和副队长，但对夺取奥运会冠军怎么也树不起信心。袁伟民耐心细致地做两人的思想工作，经过反复的思想斗争，"铁榔头"决定担起责任继续拼！不只自己拼，还要和队长张蓉芳一起带领整个队伍拼下去！终于实现了"三连冠"的梦想。洛杉矶奥运会后，张蓉芳也离开了队伍，24岁的郎平成为资格最老的队员，扛起了队长的责任。她不再满足于拼命打球，还要带好年轻的女排队伍，传承女排多年来为国争光的使命，延续女排精神。1985年第四届世界杯女排赛上，她被评为"最佳运动员奖"和"优秀选手奖"，帮助中国女排实现了"四连冠"。1986年，两个好姐妹以主教练和助理教练的身份带领中国女排夺得了"五连冠"。之后赴美自费留学。1990年第十一届排球世锦赛在中国举行，正在意大利摩德纳俱乐部打球的郎平刚做完膝关节手术，听到祖国的召唤，毫不犹豫回国，恢复中断了四年的系统训练，每天拖着肿胀的右腿，打着针、抽着积液坚持训练，帮助女排获得了亚军。随后女排进入低谷，1994年排球世锦赛跌入世界第八。袁伟民想到了郎平，希望她能回国执教，用人格的力量调动运动员，用女排精神凝聚队伍。当郎平看到国家体委发来"郎平，祖国真的需要你"的电传时，下定了回国的决心。1995年解除了婚约和工作合同，中断了美国的学业，正式执教中国

图3-5　郎平指导中国女排训练（图源：中体在线图库）

女排。当年就把女排带回世界杯第三，第二年夺得亚特兰大奥运会的银牌。然而高压的工作使郎平身体受到极大的损害，她常常昏厥，最危险的两次是漳州基地和亚特兰大奥运会上。1998年夺得日本世界锦标赛亚军后，不得不因身体原因辞职。但是，当女排2010年世锦赛跌入世界第十，2012年伦敦奥运会跌落世界第五，她的心又放不下了。2013年再次听从祖国召唤，接过女排教鞭。第二年带领女排回到世界第二，2015年夺回了阔别11年的世界杯，2016年获得里约奥运会冠军，2019年又拿下世界杯冠军。郎平就像女排精神的化身，每次她的到来，都给女排注入了强大的精神力量，使女排从低谷重回巅峰。

2018年改革开放40周年之际，郎平荣获改革先锋称号。她撰文《我们永远在路上》，表达对祖国母亲和女排的热爱。她表示，"女排的冠军之路，和我们为之拼搏奋斗的事业永远在路上。我们每个人站在这个位置上都会为国家荣誉而战，都要有责任感和使命感，继续传承女排精神"①。

2. 女排人的家国观

"家国情怀"是中国传统文化中无法割裂的精神命脉，源于中国传统社会"家国同构"的治理模式，是对"修身、齐家、治国、平天下"的集中表达。这一传统的"家国观"将个人对家庭的情感逐步升华为对国家的情怀，打通了"家"与"国"的联系。随着时代的发展，家与国的关系与物质利益的关系越来越紧密，因此，正确处理家国关系离不开正确"义利观"的指导，需要把个人利益同集体利益和国家利益结合起来，兼顾三者的实现和发展，在发生冲突的情况下，使个人利益服从共同利益，集体利益服从国家利益。运动员和教练员往往面临着这种两难的价值观选择，一旦选择了这样的职业，就意味着要牺牲家庭幸福，做好与家人聚少离多的心理准备。中国女排在家国观上做出了正确的选择，为了完成率先实现排球翻身并永保世界前列的使命，做出了巨大的

---

① 郎平：《我们永远在路上》，载于新华网客户端，"改革先锋"郎平撰文：传承女排精神，我们的拼搏永远在路上－新华网体育。http://sports.xinhuanet.com/c/2018-12/19/c_1123873169.htm。

个人牺牲。

中国女排的腾飞离不开教练的辛苦付出。2019年10月，女排精神研究团队有幸采访到国家体育总局原局长袁伟民。曾执教八年的袁伟民，回想起那段不寻常的经历时万分感慨。那是他苦苦追求的八年，充满奇妙搏斗的八年，也是浸透酸甜苦辣的八年。他基本上没享受过天伦之乐，对自己的家庭几乎没尽到什么义务。孩子病了，他没时间照料；学习上遇到困难，他没时间辅导。孩子6岁了都不肯叫他一声"爸爸"，他更没有时间照顾妻子。这么做似乎不近人情，可是为了"拿"冠军，他觉得值得，一辈子也不后悔。袁伟民在《我的执教之道》中写道："人生事业，有得必有失，有失必有得。金牌的取得，无不伴随着某种牺牲；在夺取金牌中所培养的牺牲精神，价值更大。"① 邓若曾教练的儿子曾患病经常发作，邓若曾也是没时间照顾。

陈忠和口述：为了大家舍小家

我的一生中碰到了很多不幸。1973年我和第一任妻子王莉莉结婚不久，哥哥就在出差时遭遇车祸去世了，我成了家中唯一的男丁；但是由于常年在女排国家队工作，家庭的重担就落在了妻子身上。1988年女儿陈珑出生后，仍是和妻子女儿聚少离多，感到亏欠她们太多。 1991年底回福建老家时，我答应春节时接上妻子和孩子，过个团圆年。没想到这次竟成了永别。离春节还有几天，孩子妈妈去厦门出差时突遇车祸。我忍住伤心的眼泪，回家安排好后事，很快回到了球队；因为当时女排正准备进军巴塞罗那奥运会。人不能老是沉浸在过去的痛苦中，总是要面对现实和挑战。中国女排是名队，曾经激励过几代人，承载了多少中国人对女排的希望。如果没带好，对不起全国人民。我经常在想，人家说人生有四种人：一种人是没有机会创造机会，这种人是最聪明的；一种人是给你机会能把握住机会，这是第二种聪明；第三种聪明，是给你机会却抓不住，别人给你主教练你却做不到，这是比较差的；第四种人是给你机会，你却把它破坏掉了，做得一塌糊涂。不能做后两种人。

女排教练们不是不想多陪陪妻子和孩子，只是女排姑娘更需要他们。在他

---

① 袁伟民：《我的执教之道》，人民体育出版社，1988，第5页。

们的影响下，队员们为了完成排球翻身永保前列的使命，做出了像袁伟民、陈忠和那样的选择，为了大家舍小家。

教练们不是不想多陪陪妻子和女儿，只是女排姑娘需要他们。在他们的影响下，中国女排为了完成排球翻身永保前列的使命，所有队员做出了像袁伟民、陈忠和那样的选择，为了大家舍小家。

3. 女排人的忠孝观

中国自古强调忠孝品德，它是中华民族的根源文化。传统忠孝观是"忠"和"孝"的结合。古时，家国同构，君为父亲子为民，"孝"的对象是血亲，"忠"的对象是国家，孝之极致便为忠。时至今日，其基本内涵一直被延续，我们依旧强调个体利益服从整体利益的价值观。"忠"成为凝聚个体，以为国奉献为价值取向和道德精神的最高境界，是个人在社会公共生活中对国家和民族的"孝"。"大孝"可以表现为对工作的热爱、对国家和人民根本利益坚定维护的社会责任。但二者往往会发生冲突，在个人利益面前，如何奉献、奉献多少，往往会使人陷入两难选择的困境。对于中国女排的每一个人而言，为国争光，为中国梦贡献力量，便是最高的"孝"。在实现"大孝"的过程中，她们难免舍弃家庭、忽视亲情，但她们始终坚持自己的爱国信念与情怀，甘于奉献，在"孝"与"忠"之间选择后者。

如果将对父母的孝视为"小孝"，对国家的尽忠视为"大孝"，那么陈忠和所称的自己是不孝子便需重新审视。自陈忠和哥哥意外离世，到母亲瘫痪，家中的重任他始终未能扛在肩上。他的肩膀太窄，扛住了中国女排的重担，便容不下家庭的责任。1996年，母亲突然瘫痪，彼时的他正忙于陪女排为亚特兰大奥运会苦战。2000年，父亲突患脑溢血病危，他也无法离开女排队伍，只能让姐姐照顾父母。

陈忠和口述："不孝"的儿子

2000年7月，中国女排在福建漳州封闭训练，备战悉尼奥运会。我父亲患脑溢血住进了危重症病房。漳州离我的故乡龙海市不过10公里路程，但正赶上女排22天的强化训练，我是副教练，每节训练课都得亲自安排和指挥，实在离不开。就这样一直到女排强化训练结束，临去悉尼之前，我才赶到父亲病床前。那时我父亲还在昏迷之中，我在离开前也没能和他说上一句话。只能拜托我两个姐姐，让她们好好照顾父亲，等我从悉尼回来。在参加悉尼奥运会期间，每天我都会打电话询问父亲的情况。中间有一天，我刚好打电话过去，发现姐姐说话的口吻跟前几天打电话不一样，我潜意识知道父亲可能"走"了。但是我不想揭穿她，我不想知道结果。因为我知道，这个结果可能会影响我，更会影响队伍。我觉得，这个时候因为个人事情影响队伍不太好。即使我知道了，悉尼比赛任务那么紧张我又回不去，还不如什么都不知道，好好把球赛打好。忠孝不能两全。既然"走"了就"走"了，这个也是天意。我觉得当时自己控制得比较好，球员都没有看出我有什么难过。直到回到北京，大家才知道我的情况。

陈忠和的父亲足足昏迷了78天。每到病危关头，陈忠和的姐姐就一遍遍地喊着父亲，求他老人家一定要等她弟弟回来。也怪，每次一喊，父亲就很清醒，病情似乎会稳定一些。连医生都说："老人是在等儿子啊。"可惜，老人家等了许久也没能等到儿子回来。每次跟姐姐通电话，陈忠和都称自己是"不孝之子"，面对国家与小家，选择尽忠则难以尽孝。

图3-6　2019年7月，女排精神研究团队在福建泉州采访中国女排原主教练陈忠和

2003年，陈忠和带领女排时隔17年重登世界杯冠军宝座，他在《笑对人生》的自述中写道："我仰面朝天被抛向空中的那一刻，我真正感觉到什么是幸福"①。2004年8月29日，陈忠和率中国队在雅典奥运会女子排球决赛中击败俄罗斯女排，时隔20年重新获得奥运会冠军。当日凌晨，福建龙海石码镇的一间普通民房里，一位85岁瘫痪多年的老太太奇迹般地从床上坐起，激动地挥舞一下干枯的右臂，鼓着干瘪的嘴对着电视机说："伢崽，真争气呀!"②她的伢崽，就是中国女排主教练陈忠和。此时，他正躲在雅典的某个角落，趴在排管中心主任徐利的肩头痛哭。47岁的陈忠和，重塑女排，再创辉煌。男儿有泪不轻弹，只是未到伤心处。陈忠和苦心孤诣三年，头一次流泪了。多年来的磨炼过于沉重，他遭受的所有打击，做出的所有牺牲，终于换来了完成使命、为国争光的幸福和喜悦。排球率先翻身后，逐渐有越来越多的项目登上了世界体坛的巅峰，中国在世界体坛的地位今非昔比。2019年，中国女排在郎平教练的带领下，仍然屹立于世界排坛之巅，为新中国成立70周年国庆增添了浓浓的喜气，时隔38年后再次昭示了中国的崛起。崇高的使命感撑起了中国女排精神世界的脊梁，支撑着她们忍受伤病的痛苦，砥砺前行。

（三）女排人的理想：升国旗、奏国歌

1. 从祖先文字看"理想"

"理"字是由甲骨文的"玉"和"里"构成的，"里"指作坊，《说文解字》解道："理，治玉也"③，表示在作坊将山上挖来的璞石加工成美玉，引申为物质本身的纹路、层次，客观事物本身的次序、规律等，并引申为加工、处置等行为。"想"字的上部由"木"和"目"两个象形符号构成，下部由甲骨文的"心"字组成，《说文解字》解道："想，冀思也。"④即因希望得到而思

---

① 陈忠和、陈继共：《笑对人生——陈忠和自述》，海潮摄影艺术出版社，2004，第2页。
② 杨桦：《励志与使命》，北京体育大学出版社，2011，第219页。
③ 许慎：《说文解字》第三卷，丁焕朋编，红旗出版社，2015，第781页。
④ 同上。

念，表示思想、想法、想望等心理活动。

理想

图3-6 金文大篆"理想"二字的构造

体育强国的梦想是近代以来中国人的夙愿，从1908年《天津青年》发出的"奥运三问"到2008年北京奥运会百年圆梦，几代人为此不懈地奋斗。体育人的强国梦想与民族复兴的中国梦有着密切的联系。习近平总书记多次强调："体育承载着国家强盛、民族振兴的梦想。体育强则中国强，国运兴则体育兴。"体育强国梦就是体育人的中国梦，是中国梦的重要组成部分。2019年发布的《新时代体育强国建设纲要》已经把体育强国建设作为中华民族伟大复兴的标志性事业。2014年2月7日，习近平总书记在俄罗斯索契看望参加第二十二届冬奥会中国体育代表团时说道："我们每个人的梦想、体育强国梦都与中国梦紧密相连。我们要把自己的个人梦和行业梦、民族梦统一起来，在实现民族梦、行业梦的过程中实现自己的个人梦。"①

2. 国家队独特的光荣梦想：展示体育大国实力和体育强国形象

国家队承载着体育人和全国人民的期望，有着独特的光荣梦想，就是追求中国竞技体育水平从"东亚病夫"到"体育大国"再到"体育强国"的质变。他们是体育战线保护国家象征——国旗国歌的特殊护卫队。只有国家队运动员才拥有在全世界目光的注视下让自己国家的国歌奏响、国旗升起的机会，体育人与国旗、国歌之间有着不解之缘，这是其他行业所没有的。了解国歌、国旗的历史，能够帮助我们明白从哪里来，到哪里去。回顾国歌、国旗的历史，会让我们对祖国母亲的爱会更深沉，更真切，更加笃定初心、使命和理想。

（1）国歌的由来

中华人民共和国国歌原名是"义勇军进行曲"。在《义勇军进行曲》未创

---

① 《谈建设体育强国，习近平总书记这些论述掷地有声》，习近平系列重要讲话数据库。http://jhsjk.people.cn/article/30237186

作的时候，红军战士们唱着法国的《马赛曲》鼓舞士气。电视剧《十送红军》里曾表现过这个场景。《义勇军进行曲》是由共产党员作家田汉和音乐家聂耳在抗日的炮火中共同创作的。1931年九一八事变爆发后，一些进步文艺家们捉笔为刀，把祖国的脉搏当音符，用民族的心声做旋律，记下了时代的最强音。

图3-7 《义勇军进行曲》的曲作者聂耳（左一）与词作者田汉

　　这首歌的现实素材来自1933年长城战役中最著名的古北口战役。下面我们一起回顾下当年那场激烈的战斗。我想这是我们看到的另一个现实版的集结号，七勇士的铁血精神令他们的敌人都彻底佩服，敌人把他们的遗体背下山安葬在一起，并立碑鞠躬致敬。长城失守后，华北告急，北平告急，中华民族到了最危险的时候，田汉就是在这种悲痛的心情下进行创作。当时他率几百人的慰问团支持长城战役，回来后在日记中悲叹道，万里长城不过像萧伯纳翁在张学良飞机里游览后所说的那样，只是一面矮墙而已，只有民众的力量才是守卫中华民族家园的万里长城啊！1934年年底，他在自己编写的《风云儿女》结尾处，刚写了两段歌词，就被捕入狱了。歌词转到了他的革命战友聂耳的手里，就是作曲家聂耳。聂耳原名聂守信，因为听觉灵敏而且耳朵还会动，被称为"耳朵先生"，就在三个"耳朵"的姓氏基础上又加了一个"耳"。他看到歌词后，感觉这就是他一直在找的能够唤醒民族奋起的号角啊！可是就在谱曲的过程中，他也被列入了国民党的黑名单，不得不东渡日本，打算绕道去苏联，后来在日本把谱子写好后寄回国内。

　　这首歌成为电影《风云儿女》的主题曲，随着电影的上映一举成名。该电影上映后，剧场场场爆满，很多人看了一遍又一遍，就是为了学会这首歌。这首歌很快在全国流行开来，从深山牧童，到城市挑夫，甚至老婆婆都会唱"起来！……中华民族到了最危险的时候"。电影上演后不久，田汉出狱，却听到一个不幸的消息，23岁才华横溢的聂耳不幸在日本溺水身亡。直到现在还有人每年到他溺亡的海边墓碑前祭奠他，演奏他创作的《义勇军进行曲》。

同年12月，北平学生唱着这首歌举行了"一二·九"示威游行，抗议国民政府接受日本人获得华北统治权的申请。1937年淞沪会战中，守护苏州河北岸四行仓库的八百壮士唱着这首歌与日本侵略者浴血奋战。很多军校、部队以及缅甸远征军都把这首歌当作军歌、校歌。太平洋战争爆发后，马来西亚青年游击队把它当作队歌，把"中华民族到了最危险的时候"改成"马来民族到了最危险的时候"。这首歌由流亡美国的爱国青年刘良模带到大洋彼岸，美国黑人歌唱家保罗·罗伯逊听到以后非常喜欢，不仅学会用中文演唱，还把它翻译成了英文，并于1940年在纽约露天音乐堂上用中英双语演唱了这首歌。演唱前他说道："这首歌来自战斗中的中国人民，歌词的开始是'起来'，它的名字叫《前进》。歌曲的内容是：起来，不愿做奴隶的人们，把我们的血肉筑成我们新的长城。"后来为了便于记忆，保罗·罗伯逊又把这首歌的名字改成《起来》。1941年保罗·罗伯逊又在费城制作了第一张由美国人主唱的中文唱片《起来》，当时身在美国的宋庆龄还为唱片写了英文序言，称赞中国已经从新的群众传唱运动中发现了反抗敌人的力量源泉。保罗·罗伯逊在唱片封套上写道：《起来》是一首千百万中国人民正在传唱的歌曲，一种非正式的国歌。我听说，它代表着这个民族无往不胜的精神。能够演唱一个战斗的民族的歌曲，是我的乐事，也是给我的特殊待遇。

新中国成立的前4天，中央人民政府从600多份作品中选出了这首歌，作为开国大典时的代国歌。当时离开国大典还有5天，毛泽东召集政治协商座谈会商议国歌。周恩来倾向《义勇军进行曲》，画家徐悲鸿也力荐，梁启超之子梁思成也赞成。梁思成说，有一次在美国大街上听到有人用口哨吹奏这首歌，回头一看，是个美国青年，可见这首歌非常流行。意见统一后，在歌词上却产生了争议。有人说，"到了最危险的时候"是不是过时了。周恩来说，改了就唱不出原来的感情了。毛泽东也说，恰恰这句话更有历史性意义和警示性意义，不仅现在不能改，永远也不能改，我们要有忧患意识。方案通过后，大家起立唱了一遍代国歌。2004年，国歌写入了宪法。2017年，国家通过了《中华人民共和国国歌法》。

（2）**国旗的诞生**

新中国成立前夕，中央人民政府从2900多个设计方案中复选出38个设计方案，由曾联松设计的国旗从中脱颖而出。曾联松是一名普通的财务职员，也是一个有绘画才能的地下党员。1949年9月23日，政协全体会议600多位代表分11组讨论了国旗方案，会上争论得很激烈。最终的投票结果是，赞成复字第3号的最多，其次是复字第4号的国旗设计图案。然而1949年9月27日中国人民政治协商会议第一届全体会议对新中国的国名、首都、国旗、国歌等决议草案进行表决前，分组讨论还是不能统一意见。这时，一幅复字第32号国旗图案引起了人们的注意：四颗小星环绕着一颗大星，象征了团结，画面简洁而意义深远，得到了15人的支持。很多人一致认为，复字第32号的设计图稿比此前挑出来的带有黄调的国旗设计图稿寓意更加深刻，也美观大方，最终在周恩来主持的中国人民政治协商会议第一届全体会议中通过了表决。周恩来总理郑重宣布："中华人民共和国的国旗为五星红旗，象征中国革命人民大团结，绝大多数通过，五星红旗为我们的国旗。"虽然此时全国大部分地区都已经解放，仍有国民党反动势力统治地区尚未解放，新中国的诞生极大地鼓舞了仍在国统区战斗的人们。在重庆渣滓洞监狱，共产党员江竹筠和党员们得到新中国成立的喜讯后，禁不住流下了激动的泪水。她们满怀深情一针

图3-8　国人心目中的国旗（上图为新中国成立时入选的复字32号国旗草案及作者曾联松，下图为关押在国统区重庆渣滓洞监狱的江竹筠等党员同志自制的想象中的新中国国旗）

一线地绣出了一面自己心目中的五星红旗。与此同时，另外一群党员同志用一床红色的被面和黄纸制成的五星也制作了一面他们心目中的五星红旗。令人惊讶的是，这两面五星红旗与复字32号国旗的设计惊人地相像！当曾联松看到开国大典上升起的五星红旗后，不太确认是自己设计的方案，因为他提交的草稿上在大五角星里有镰刀斧头，正式的国旗上却没有。直到1950年10月1日他收到一份采用国旗方案的通知，受邀参加了国庆节，才最终确认自己的作品入选了。

3. 中国女排的理想：升国旗、奏国歌

中国女排牢记国家队独特的光荣梦想，并以实际行动践行它。为什么要来国家队打排球？这是《夺冠》电影中郎平教练向队员们提出的一个问题，她用自己的一生给出了正确的答案。18岁时入选国家女排集训队的郎平，有着强烈的民族自尊心、自强心和使命担当意识。她在自己的日记本中写下了夺取世界冠军的理想："我是国家队队员了，战斗在第一线，身上的担子很重，任务既艰巨又光荣。今后自己怎样才能做一名优秀的、全面的、对祖国有贡献的运动员，才是自己要经常考虑的问题，才是自己的奋斗目标。现在，我国女排的水平比较高，可列入世界前三名，但我们是九亿多人口的大国，占世界人口第一位，我们的排球水平和我们这个地大物博的国家是不太相称了，我们为什么不能向世界先进水平进军，我们为什么不能成为世界冠军呢？这充分说明我们的雄心还不强，决心还不大，这样艰巨而光荣的任务看我们敢不敢去承担，敢不敢去实现。自己今年还不到十九岁，有能力去完成，但做什么工作不花费代价是做不好的，因此，自己必须每时每刻都要同困难做斗争，坚持到胜利的那一天。"[1]她在日记的扉页上郑重地写道："我的志愿是：为中国女排拿一次世界冠军，而这是多么不容易呀，但我是有决心和信心的，我必须为冠军而努力奋斗，这是我义不容辞的责任"[2]。郎平终于实现了梦想，她在日记里记录了自己首次夺冠时的难忘心情："我们获得了全胜，赢得了真正的世界冠军。这是我们和我们的教练，以及教练的教练，几代人日夜盼望这一天。记住今天，

---

[1]　马信德：《走向世界——中国女子排球队的故事》，中国青年出版社，1982，第28页。
[2]　马信德：《走向世界——中国女子排球队的故事》，中国青年出版社，1982，第93页。

当我们站在世界冠军队的领奖台上，望五星红旗冉冉升起的庄严时刻，永生难忘的幸福时刻！"①张蓉芳的情书里倾诉的不是儿女情长，而是家国情怀："我自己年龄是大点，考虑到祖国的需要，训练时我咬咬牙，比赛场上我一拼到底，就是拼命也要夺取世界冠军"②。"五连冠"女排队员陈亚琼全家移居香港后，她坚决留在国家队。瘦骨伶仃的身材翻滚摔倒在地上，骨骼叮当作响，因此有了"钢铁将军"的外号。男朋友几次来信催婚，她回信说："等一等吧，等拿下世界冠军再说。"回香港探亲时，亲友劝她："留下来吧，这有你的家。""你爱打球，在哪里打不是一样吗？"她却说："这可大不一样，在中国女排，我是穿着缀有'中国'字样的球衣，代表十亿人民为祖国争光。我要为中国拿世界冠军！"③在赛场上升中国国旗、奏中国国歌，成为中国女排心中的最高追求。首次夺冠时，身受重伤不下火线的陈招娣将教练误解的委屈与伤痛化成了耳边一直回响的国歌，心中满是国旗在赛场上升起的满足感。正如她所说："我们站在高高的领奖台上，当庄严的国歌在我们耳畔回响，灿烂的国旗在我们头上再冉升起的时候，我们是感到自己所付出的一切代价都是值得的。"④

2019年9月14日，女排世界杯中国队首战3∶0战胜韩国队之后，主帅郎平接受中央电视台采访时，道出了女排人的理想："我觉得只要穿上带有'中国'的球衣，就是代表祖国出征，为国争光是我们的义务和我们的使命，特别光荣。每一次比赛，我们的目标都是——升国旗，奏国歌！"⑤这句话回答了女排人的理想，很直接、很到位，令人热血沸腾，在《新闻联播》中播出后，登上了热搜，引起了全国人民的广泛关注和大力赞扬。如今，到天安门广场观看升旗仪式，参观天安门国旗护卫队军营，已成为中国女排常态化的仪式化教育形式。她们同国旗护卫队一样，在排球体坛以特殊的方式守护着中国的象征——国旗和国歌。

① 郎平：《郎平日记与书信》，人民体育出版社，1986，第64页。
② 马信德：《走向世界——中国女子排球队的故事》，中国青年出版社，1982，第82页。
③ 马信德：《走向世界——中国女子排球队的故事》，中国青年出版社，1982，第51-52页。
④ 鲁光：《中国姑娘》，作家出版社，2009，第30页。
⑤ 《每一次目标都是升国旗奏国歌》，《新华日报》2019年9月28日。

图3-9　2018年7月中国女排观看升国旗仪式，参观国旗护卫队营房和荣誉室

图片来源：今日头条https：//www.toutiao.com/article/6574266250443096583/

4. 把"小我"融入"大我"

理想即奋斗目标，其实质是追求事物发展水平的质变，用生活话语表达就是梦想。然而实现它并不简单，因为每个人都会面临个人梦、行业梦、国家梦的关系问题，三者之间应该是不同层次的个别和一般、个性与共性的关系，按照共性寓于个性，一般只能在个别中存在的辩证理解，国家梦的实现需要通过行业梦来体现，而行业梦要通过每个人的个人梦来实现。另一方面，个性先符合共性，个别先符合一般，然后再具有个性或自己的特点。个人梦想只有在行业梦、国家梦的实现过程中才能实现，如果与行业梦、国家梦相背离，很难实现个人梦想。中国女排成功实现了个人梦、行业梦与国家梦的统一，将获得冠军的个人梦与体育强国的行业梦，与中华民族伟大复兴的中国梦有机地结合起来，在实现中国梦的过程中实现了个人的冠军梦和体育强国的行业梦。

实现个人梦与国家梦的统一，不仅成就了"大我"，也放大了"小我"的价值。2019年1月17日，习近平总书记在天津南开大学参观百年校史主题展览时强调："爱国主义是中华民族的民族心、民族魂……只有把小我融入大我，才会有海一样的胸怀，山一样的崇高。"①践行爱国主义精神需要胸怀大局意识，树立国家意识，需要付诸行动，奉献自己的一份力量。中国女排通过体育强国梦践行中国梦，实现了自己的排球梦、冠军梦，在描绘中国梦的宏伟蓝图上画出了浓墨重笔。将个人之"小我"融入祖国之"大我"，把"小我"活成了"大我"。

崇高理想的实现，特别是赛场上关键时刻竞技水平的超常发挥，离不开平时脚踏实地的艰苦训练。中国女排懂得质变与量变的辩证唯物主义哲学道理，这也是中华民族优秀传统文化宝库中一颗珍贵的认识成果。《老子·守微篇》云："冰冻三尺，非一日之寒；滴水石穿，非一日之功；合抱之木，生于毫末；九层之台，起于垒土；千里之行，始于足下。"②古人已知量变是质变的必要准备，质变是量变的必然结果。中国女排之所以实现了排球竞技水平的质变，成功的密码在于：女排教练传承下来的"做好每一天"的人生信条，帮助女排姑娘通过日常的实际行动把升国旗、奏国歌的理想变成了现实。

袁伟民教练回忆，在他执教的八年半里，只有一个春节是在北京度过的，星期天也在加班训练。1979年，中国女排首次到郴州集训，60天训练期间只休息了1天，大年三十还在竹棚里摸爬滚打。备战1984年洛杉矶奥运会时，一天也不敢松懈。袁伟民知道，对手一刻也没有停练，我们一天也不能不练。

陈忠和口述：做好每一天

我的人生信条是做好每一天。只要每一天都在做事，再难的事情我相信都可以做好。可是，当过去的一天让我感觉光阴虚度的时候，我就会惶恐不安。我们可以给人的一生算笔账：人的一生充其量有三万多天，去掉小时候不懂事、老了不中用，真正能做事的时间也就一万五千多天，还有一半时间在睡觉，真正可以做事的就只有七千多天了。没多少天可以用来做事，人生没有多少时间可以挥霍的，要想成功，就要坚持做好每一天，其实这是最难的。做好一天容易，但是做好每一天是非常难的。因为人有

① 《习近平寄语南开师生：只有把小我融入大我，才会有海一样的胸怀，山一样的崇高》，载于新华网。

② 李耳、列御寇：《老子·列子》，胡亚军译注，二十一世纪出版社集团，2017，第67页。

惰性，人不是神仙，一旦感到身心疲劳，身体困难，感冒生病了，一定会产生惰性，不想练不想动，做技术动作就会糊里糊涂的。训练时我经常在总结，很多技术动作是无效的，比如扣球懒洋洋地，或者吊个球啊，等等。一堂课能够达到百分之五六十、七十的效果，如果真能达到百分之八十，那水平就很高了，就是真正有效的。我经常教育我的队员，我们的训练不能做无效劳动。如果随时把每一个球、每一堂课都能把握好，每个动作都做好，经过一段时间的强化训练，可能用一年时间就能把技术提高一大截。如果你们不能把握每一分钟、每一个球，那么可能要花费三倍的时间。所以，要用心用脑做好每一天，练好每一个球。这是女排的成功之道。

这个人生信条乍一听是大白话，没有多深的哲理。很多人会认为，少做一天不会对工作造成多大严重的影响。可是再细想却很有哲理，体现了从量变到质变的哲学原理，不愧是实现理想的大智慧。从郎平教练身上，也能看到这一人生信条的传承。她的团队总是最后一拨进食堂。中国女排第十二任队长冯坤依然记得陈忠和教练的这个座右铭，激励着她每天努力、脚踏实地，走到最后。冯坤说："女排精神，每个时期、每一代运动员所理解与诠释的都不一样。但是有一条主线，就是集体荣誉感与脚踏实地做好每一天，始终贯穿着代代女排……每一个人进入这个集体，都有着一种强烈的荣誉感，想为之而奋斗，自然而然不用培养即有之……老女排使我们知道顽强拼搏、团结奋斗最终都是落在了兢兢业业、认认真真地做好每一天。所以，我们的传承也是从每一天开始，脚踏实地做好每一天，做好每一件事情。"[1]

冯坤从小梦想着有一天能代表中国队比赛。第一次参加国际比赛时，赛前全场肃立奏国歌，冯坤流下了激动的泪水。赛后对记者说："我第一次代表中国女排参赛，穿着胸前有'中国'两个字的队服，听到国歌奏响时，心情真的很激动。"[2]国旗国歌作为祖国的象征，激励着中国女排和每一天的踏实训练联系起来，实现为国争光的梦想与个人价值。

---

[1] 宋元明：《阳光总在风雨后——中国女排的故事》，人民出版社，2018，194页。

[2] 孔宁：《中国女排——一种精神的成长史》，北京日报出版社，2020，第76页。

二、团结协作：女排精神的精髓

女排精神不只是顽强拼搏，更是大家团结协作的精神，即为了同一个目标共同奋斗的努力过程。

——中国女排第十四任队长魏秋月

从祖先的文字看，"协"字从三耒（犁具）合力并耕的甲骨文演化而来。金文大篆加上"十"字旁，表示更多的力。《说文解字》曰："协，众之同和也。"[①]表示协调协同共同合作之意。

图3-10 《说文解字》中"协"字的演变（甲骨文、金文大篆、楷书繁体和简体）

排球作为一项团体性运动项目，需要全队上下高度配合、密切合作方能取胜。团队精神是女排精神的精髓，是集体主义精神在团体性项目中的体现。在女排队员的脑海中，女排精神就是团队精神。郎平曾撰文写道："在我的字典里，'女排精神'包含着很多层意思。其中特别重要的一点，就是团队精神。女排当年是从低谷处向上攀登，没有多少值得借鉴的经验；但是在困难的时候，大家总能够团结在一起，心往一块想、劲往一处使。"[②]在徐云丽心目中，"女排精神就是团队精神，为集体大公无私地牺牲和困难时大家永不言弃的精神。"[③]谈到女排精神的含义，朱婷说，"第一个想到的就是团结"。在中国女排这个集体中，每个人都是女排精神的典范和传承者，所有人都在为这个集体默

---

① 许慎：《说文解字》第一卷，丁焕朋编，红旗出版社，2015，第78页。
② 郎平：《奋斗精神永不过时》，《人民日报》2014年3月3日，第5版。
③ 宋元明：《阳光总在风雨后》，人民出版社，2018，第195页。

默地付出，贡献自己的力量。中国女排正是用自己的方式诠释团结协作的集体主义深刻内涵。

中华民族有着深厚的集体主义文化基因。集体主义精神自中华民族繁衍生息之初，就已嵌入文化血脉，深入骨髓之中。俗话说，"同心山成玉，协力土变金。"队员之间的默契配合与团结协作，是团体性运动项目属性的本质要求和取胜的重要保障。袁伟民教练掌握了这一精髓，他认为，集体项目除了比技术，还比团结。团结搞得好，6个人加起来可能等于6；团结搞得不好，6个人加起来可能只等于5、等于4或者等于3……要拿世界冠军，要做到$6 > 6$[①]。从系统论的角度看，如果把集体运动项目看作是一个完整的系统，那么各个组成部分的密切协作就是确保系统发挥"$1 + 1 > 2$"功能的重要条件。中国女排正是这样一个成功的典范，靠着这种团队精神，中国女排战胜了一个个艰难险阻，实现了一次次惊天逆转，创造了一项项辉煌战绩。

（一）同心使得山成玉

排球本身是一个集体项目，从它最初的名字"队球"就可以看出团队的性质及其对团队精神的要求。任何一个人都只是其中的一部分，单打独斗是绝对不能成功的。只有精诚团结，才能众人同心，其利断"金"。中国女排队员们患难与共，风雨同舟。她们坚信：人心齐，泰山移。

1. 同心同德逐梦想

一个团队必须有共同的目标，才能产生强大的战斗力和凝聚力。如果各想各的"小九九"，各打各的"小算盘"，这样的团队将会变成一盘散沙。

中国女排第十二任队长冯坤退役多年后，总结自己的排球生涯时依然强调排球运动带给她的意义："在我的排球生涯中，我付出了很多。我有一个梦想，就是站在最高领奖台上。实现了梦想，让我知道人生通过拼搏，是可以有回报的。在经历挫折的时候，对自己要有信心，相信自己能实现目标。遇到挫

---

① 刘城煦：《从秘密基地起飞——中国女排在郴州》，岳麓书社，1998，第49页。

图3-11　中国女排第十七任队长朱婷

折时不退缩，同时依靠团队的帮助，尤其是目标坚定很重要。"[1]提起女排精神，中国女排第十七任队长朱婷说："我第一个想到的就是'团结'。"当她还在中国女排青年队的时候，曾在电视上看过广州亚运会上中国女排对阵韩国女排那场比赛。当时，在第五局中国队比分落后的情况下，王一梅的防守、周苏红的发球和跑动进攻所体现出的永不放弃和团结作战的精神，让朱婷深受感动。后来，当她也成为中国女排的一员后，更是从点滴小事上受到女排精神的耳濡目染。"中国女排之所以了不起，就在于团结奋斗的精神以及对这种精神的传承和'传帮带'的传统。"[2]

女排队员之间的团结，不是天然形成的，而是在训练场上日复一日地磨炼出来的，是在竞赛场上一球一分地拼搏出来的，是在日常生活中一点一滴地积累起来的。

心齐则有序，人齐则有力，志齐则有效。使命是一个团队存在的根本理由。如果一个团队不知为何而存在，那么这个团队将失去存在价值和精神支柱。只有使命当先的团队成员，才能从内心深处认同这个团队，才能齐心协力，不断超越自我。团队必须有发自内心的共同愿景，才能激发出远远高于团队成员个人效能之和的强大能量。竞技体育如同残酷的战场，胜者为王，世人记住的只

①　孔宁：《中国女排——一种精神的成长史》，北京日报出版社，2020，第78页。
②　宋元明：《阳光总在风雨后——中国女排的故事》，人民出版社，2018，第198页。

会是强者的名字。中国女排从创建之日起，就被赋予了率先实现"三大球翻身"的使命。为祖国荣誉而战，让中国在世界舞台上夺得一席之地，是中国女排一直不改的初心。这份初心化作振兴中华的美好愿景和宏伟蓝图，鼓舞着她们向摘取世界桂冠的目标前进。她们大步朝前，逆境丛生不足以阻挡她们实现内心愿景的铿锵步伐，艰难险阻也难以抵挡她们完成崇高使命的磅礴气势。

"中国女排就是我，我就是中国女排。"[①]中国女排赢了一起狂，输了一起扛，团队的荣辱兴衰关乎其中每个人。女排姑娘们用自己独特的方式，解读和演绎了中国体育人"使命在肩，奋斗有我"的担当精神。她们用行动证明，只有心往一处想，劲往一处使，才是真正的团队。

2019年7月，女排精神研究团队采访陈忠和教练时，他向我们讲述了2004年雅典奥运会上女排夺冠前遇到的巨大挑战。

陈忠和口述：共同弥补失去的"高度"

中国女排备战2004年雅典奥运会时，中国女排"第一高度"赵蕊蕊在起跳拦网落地时左腿突然骨折。这对于女排来说无疑是晴天霹雳；对我的打击很大，我忍不住伤心落泪。身高1.96米的赵蕊蕊扣球出手点高，她在副攻位置擅长打快球，拦网出色，是中国女排拦网和快攻技术的核心。缺少了赵蕊蕊的中国女排，还能不能实现"夺牌争金"目标？彼时只能面对现实，快速找到新的副攻手，重新与队伍磨合了。当时，排球管理中心领导提出，"每人提高一点点，弥补赵蕊蕊不在场上的缺陷。"这很快在全队达成共识。只要一进训练场，大家就心往一处想、劲往一处使、拧成一股绳，与替补队员张萍协力配合。女排队长冯坤处处以身作则，老队员王丽娜严于律己，杨昊、周苏红、刘亚男、张娜等主力队员也积极配合。所幸赵蕊蕊在奥运会开幕之前逐渐康复。然而在雅典奥运会女排小组赛中，中国队首先遇到强大的美国队。首发出场的赵蕊蕊只打了3分钟，再度受伤下场。好在大家已经做好了充足的心理和训练准备。张萍替补上场后，那股敢打敢拼的劲头感染了全队，很快找回自己的节奏，最终以3：1战

---

① 郎平：《奋斗精神永不过时》，《人民日报》2014年3月3日，第5版。

胜了美国队。在接下来的比赛中，团队的力量发挥了重大的威力。中国队一路过五关、斩六将，闯入决赛。最终在落后两局的情况下连扳三局战胜了俄罗斯队，时隔20年后再夺奥运冠军。决赛结束后，有记者采访俄罗斯队教练输球的原因，俄罗斯队教练卡尔波利·尼古拉·瓦西里耶维奇说，俄罗斯队输球是因为中国队七个人打俄罗斯队两个人，每个人都发挥了最好的水平。中国女排在毫无身高优势且缺少一大主力赵蕊蕊的情况下夺冠，很大程度上得益于全队严密的配合、全面的技术发挥。

图3-12　中国女排夺得2004年雅典奥运会冠军（图片来源：腾讯体育图片中心）

陈忠和曾说过："女排队员如果光凭单打独斗，那绝对没有出路。出路只有一条，融入集体，形成合力，才能发挥出超常人的效果。"[1]使命一起扛，荣耀一起享。2015年，中国女排经历了太多的伤病，不断有伤病队员暂退去康复，又有新队员加入。当姑娘们站在世界杯最高领奖台上那一刻，她们想起的是整个团队，决不落下任何一人。郎平让队员把因伤未能参赛的徐云丽、惠若琪、杨方旭的球衣带上，一同参加了颁奖。这一刻，在她们身上所体现的"团队精神"深深震撼了众人。北京体育大学2017级研究生冠军班学生刘晏含在

---

① 杨一波：《中国第一团队：向最具团队精神的组织学管理》，清华大学出版社，2005，第11页。

2019年女排世界联赛总决赛获得单项主攻奖后，在微博上留言："一个点撑不下去，总有另一个点站出来支援。排球不是一个人的战斗，这就是集体项目的魅力。无谓最佳的个人，都是集体的力量。"中国女排用事实证明，团队的成功不是靠某一个人的强大，而是靠集体的战斗力。

2. 沟通理解化心结

能否实现有效的沟通，是决定一个团队事业成败的关键。"金无足赤，人无完人。"每个人身上都或多或少会有大大小小的缺点。在人际交往中，不慎说错话、做错事在所难免。如果沟通不畅，很容易产生误解或加深矛盾。为了避免团队之间的冲突和内耗，优秀的团队要求成员做到不埋怨、不责备，相互理解、相互包容。沟通是一座桥梁，能够拉近心的距离；理解是一缕春风，能够化解人的心结。

对于排球项目而言，教练、队友的理解包容和相互沟通至关重要。赛场上没有任何一个人是万能的，谁也无法独自完成一场比赛。不管是教练组、教练与队员之间，还是队员与队员之间，沟通都是众人协力完成一件事情的基本保障。无论是技术上出现的疑难杂症，还是队员心理上发生的细微变化，沟通能够带来的绝不仅仅是言语上的发泄，更是保持球队风气，团结一致，共同面对一切挑战的积极向上的精神面貌。

沟通心意生默契。在战场上，士兵与将领之间的信任，是打败敌人的重要条件。士兵要相信并坚决服从将领的指挥，将领也要体恤军心、为兵着想。在这一过程中，两者的相互信任让军队气势更大，士兵作战能力更强。在球场上也同样如此，瞬息万变的比赛局势，变化多端的战术战法，这既考验着女排姑娘们对主教练下达的每个战术指令的理解力和判断力，也体现着主教练对球员的理解与信任。在中国女排队伍中，这一切的完美实现都得益于队员通过平日的密切交流所建立起来的深厚感情。每当别人问起中国女排成功的秘诀时，陈忠和教练总是强调，"我们的队伍更像一个整体"[①]。一位老教练也发现了这个特点：巴西女排是斯坦因布雷彻一个人的球队，俄罗斯女排是加莫娃和索科洛娃两个"娃"的球队，而中国女排却是六个人的球队！即使少了"第一高度"

---

① 孔宁：《大逆转——中国女排重新崛起纪实》，同心出版社，2005，第276页。

赵蕊蕊，也一样是不可战胜的队伍。

　　郎平总是万事有所准备，尽心尽责地照顾每个人的情绪，不断把排球运动里所蕴含的那些最美好、最真挚、最纯粹的精神给予女排姑娘。教练是女排姑娘们坚强的后盾，他们的支持和鼓励如同父亲母亲般温暖的力量，源源不断地传送给每一位队员，成为女排姑娘们继续前行的源动力。女排姑娘们在郎平帮助下调节自己压抑的情绪，将压力转化为动力，抱着不到最后一刻决不放弃的念头，最终战胜了对手，也战胜了自己。她们在这场关键的比赛中不是依靠个人，而是教练的信任，是全队的默契。她们将自己完全投入至这个团队中，发挥中国女排集体的力量，敢战强敌，砥砺前行。

"你是我最值得骄傲的！"

　　2016年里约奥运会上，中国女排在小组赛遇挫，只发挥出平时训练的五成左右功力。全队气氛压抑，进攻核心朱婷责己甚重。"在那种环境中，你每天都能听见，咱们的团收获了金牌银牌铜牌，每天都有捷报传上来，那种压力是不一样的。不像我们在平时打大奖赛，到最后才出现金牌。无形中的一些压力，我给自己一些压力，可能是给得有点多了。没走出来。"朱婷说。郎平邀请朱婷看风景，朱婷谢绝了。回到奥运村后，郎平给朱婷发了一条微信："朱，我们俩师徒一场是缘分，我有徒弟遍布世

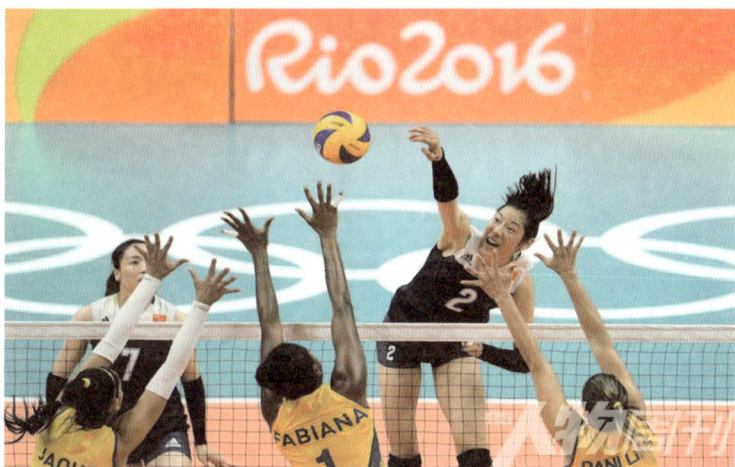

图3–13　朱婷在里约奥运会对阵巴西女排的比赛中大力扣杀（图片来源：南方人物周刊）

界！你是我最值得骄傲的！只要站在球场上你就是最棒的！加油。一切困难都是考验，相信你一定能够战胜困难！"朱婷收到微信之后哭了，回复说，"我会加油拼到最后一个球！"在对阵巴西队的第一局，对手以领先10分的巨大优势轻松取胜。看着围在身边的队员，郎平拿出了那句中国女排的"祖训"——"输球不输人"，她说，"没关系，能打多少打多少。"第二局依旧是巴西队取胜，巴西女排包括场内的巴西球迷似乎觉得胜利已是囊中之物。没有人认为，在小组赛中连输多场、开局不利的中国女排能在连输两局的情况下翻盘。但他们似乎忽视了中国女排在逆境中的韧性。姑娘们即使在比分落后的情况下仍然顽强地抵抗着。扳回两局后，来到第五局，双方打到了赛点，比赛的激烈程度已经不是语言可以描述的了，胜负似乎就在下一秒。这时，郎平叫了关键的一次暂停。"朱，准备后攻！"郎平对朱婷说。听完这句话，朱婷点点头。她深吸了一口气：这场激烈的比赛只剩下这一分就能定局了。最终，结局随着朱婷的一记重扣尘埃落定。等女排姑娘们欢呼雀跃地回到住处，才知道郎指导昨夜已下令把排球放了气，还订了回国的机票。郎平教练与队员的及时沟通，给了队员极大的鼓舞和信任，使团队顶住了巨大的心理压力，为里约奥运会上逆转出线乃至最终夺冠起了重要的作用。

敞开心扉吐真情。沟通是人与人之间表达情感的有效方式。除了正确表达个人的意见、想法和诉求之外，沟通最重要的一点就是敞开心扉、真诚表达。双方要站在对方的角度思考问题，拉近彼此思想的距离，感受双方沟通的默契，体会沟通的乐趣，达到情感共振、统一共识。

如果说与最好的朋友畅所欲言是发泄情绪的最好途径，那么和亲密的队友一起畅聊心事则是缓解情绪压力、化解矛盾隔阂、增进队员默契的不二选择。无论是赛前紧张或畏惧的心理，还是比赛时踌躇满志或消极失落的心态，抑或是比赛后喜极而泣或悲伤压抑的情绪，一声鼓励如同一阵狂风，席卷所有的烦扰云烟；一句安慰如同一剂良方，治愈所有的悲伤难过。陈忠和在执教时期，明确将谈心活动纳入27条"军规"中，以此培养队员之间的信任和默契。

敞开心扉聊心事

在奥运村，郎平让三位有过奥运会比赛经验的队员徐云丽、魏秋月和惠若琪各自带三名新队员一起住。她知道，在大赛的压力下，敞开心扉很重要，队员们彼此能够发现问题。国际大赛打的不仅是技术战，更是心理战。郎平除了要做好战术上的准备，更要做好队员们的心理工作。老队员徐云丽了解朱婷，她不是那种小心思特多的女生，心思只在球上，作为老大姐，和她谈心的时候便直言不讳地说："你给自己的压力太大了。"那次大奖赛，朱婷的扣球成功率在40%多，很多好球主攻很少打，基本上都是那种传球质量不好的球，所以主攻承担的压力是特别大的。重压之下，徐云丽明白，说些"放松一点，没关系，随便打"之类的客套话一点用也没有。她们就聊技术上的东西，"最直接地聊最根本的问题，我觉得效果是最好的。"朱婷觉得，那种聊天很自在很放松，因为屋里没有别人，只有队友，又是老队员，可以释放自己的心情。丁霞回忆道："张常宁说，霞姐，你传的球我觉得都合适，我觉得都挺好打的，你只要球给我就行。然后朱婷那边也会说，大霞把球给我，我肯定能打下去，没问题，你该给我就给我，不知道怎么传就给我。听大家这些话吧，就很有信心，越打胆越大。"张常宁回忆说："我觉得那么聊天真的是很有用的，大家什么话都敢说，毫无保留地把自己的问题说出去，然后别人也会给你提意见，觉得你在场上怎么了，我觉得你可以这么做。特别像丽姐经验比较多，也参加过那么多届奥运会了，做疏导有经验，做得特别好。"

女排姑娘们互诉心事，释放和排解自己内心的不安，给予彼此支持和能量，把所有积压在心里的压力释放出来。果然，在第二天的赛场上女排姑娘不再背负包袱，逆风翻盘战胜巴西队。这就是团队的力量。沟通就如同团队凝聚力的催化剂，将中国女排拧成一股绳，大大提高团队竞争力和持续战斗力。

这群彼此之间最熟悉的姑娘，她们一起生活、一起训练、一起比赛，跟队友说的话比跟家人说得还多，跟队友相处的时间比跟家人还长。教练的理解与鼓励，队友的信任与包容，营造的是女排队伍中团结友爱的良好氛围。这成为中国女排驰骋赛场的原动力。

3. 铁血军规铸利剑

邓小平同志说："我们这么大一个国家，怎样才能团结起来、组织起来呢？一靠理想，二靠纪律。组织起来就有力量。"[①]对于任何一个团队来说，组织纪律都是团队获得成功的保障。没有纪律约束的团队，只会是一盘散沙。要想成为一支富有战斗力的队伍，必须有铁一般的纪律，所以每一个团队成员一定要有强烈的纪律意识。如果一支队伍没有了纪律，那么这支队伍便不能成为团队。

"不以规矩，无以成方圆。"每个团队在建立之初做的第一件事就是制定严明的纪律规范。不管是袁伟民还是郎平，他们在任教期间都会首先强化队员们的纪律意识；因为队员们生活背景不同，性格各异，要想将他们集合成为一个真正的团队，纪律的约束是必不可少的。2001年陈忠和正式上任，成为国家女排主教练。曾经陪伴女排20多年的"小陈指导"变成了真正的陈指导。他深知纪律是管好一支队伍的精髓。为了传承老女排精神，为了整支队伍的发展，曾经温和的"小陈指导"一上任便给姑娘们一个"下马威"[②]，制定了"二十七条军规"，作为强调纪律、凝聚人心的第一手段。

二十七条军规

1. 教练员、运动员在训练时间不得接打电话，不得会客。手机、寻呼机一律不得带进训练场。运动员中午休息和22时以后必须关手机。

2. 教练员、运动员在训练、比赛时，必须按规定着装。不允许佩戴任何饰物。

3. 运动员在训练场上，要绝对服从教练员指挥，有问题和不同看法课后与教练员交换意见，不得与教练员争吵，更不能顶撞教练以及擅自离开训练场地。对不服从指挥和违反本规定的运动员，视情节轻重处理。

4. 运动员应不折不扣地按要求完成训练计划规定的内容，凡没有完成计划的要补课。补课时应积极配合教练保质保量完成补课内容。如运动

---

① 邓小平：《邓小平文选》第3卷，人民出版社，1993，第111页。

② 陈忠和、陈继共：《笑对人生——陈忠和自述》，海潮摄影艺术出版社，2004，第102页。

员有抵触情绪，或不认真完成补课内容，视情节按第三条的有关处理办法处罚。

5. 运动员在训练、比赛中应团结互助、相互鼓励，不得埋怨责怪、争吵打闹，也不允许谈论与训练、比赛无关的事情。

6. 爱护场地设备和器材，课后及时整理存放。保持场地干净、整洁，将喝过的饮料瓶等丢弃物自觉放入垃圾箱。

7. 注意个人卫生，保持衣装整洁，打扮得体，不得穿奇装异服、露胸露背，不得留奇异发型，不能染发。

8. 一日三餐必须按规定时间就餐，不得暴饮暴食，也不得挑食、偏食，更不得盲目减肥、缩食，以保证体能及营养需要。

9. 党、团组织每月一次例会，组织学习，加强思想教育，有针对性地解决训练、比赛、生活中存在的问题，发挥党团员的模范带头作用。

10. 开展谈心活动。教练与教练、教练与队员、工作人员与教练、工作人员与队员、队员与队员之间应开展经常性的谈心活动，交流思想，互相帮助，增强队伍的凝聚力和战斗力。

11. 加强业务和文化知识的学习，争做全面发展的合格人才。

12. 做好伤病预防，加强自我保护，配合队医，做好伤病的恢复和治疗。

13. 文明就餐。杜绝浪费现象，吃多少取多少，不许抢吃抢喝，要互相谦让、照顾，做到吃有吃相。非特殊情况不准将饭菜带出食堂。不能不分时间、地点、场所吃喝，如：行走、乘车、训练、比赛前后。

14. 节约用水用电，不准在宿舍内乱拉电线、乱装插座，不准使用电炉、电锅，更不能在宿舍、会议室等公共场所做饭。

15. 运动员待人接物要有礼貌，注意个人修养，提高文化素质，杜绝"骄""娇"二气。

16. 保持宿舍环境卫生，做到干净、整洁。外出训练、比赛、住宿要保管好自己的钱物，爱护公共财物及卫生。

17. 外出训练、比赛时就餐，由值日队员负责全队列队同行，必须遵守统一规定的时间。

18. 比赛中替补队员在准备活动区要集中全部注意力，始终观察场上情况，做好随时上场准备。给场上队员加油，不准东张西望、说笑打闹。

19. 处理好球迷关系。对球迷要热情礼貌，但不准球迷到队员宿舍，也不允许球迷搭乘队伍用车，不能因球迷的事情牵扯精力，影响训练、比赛。

20. 体现团队精神。队伍出发和归来，没任务的人员要送行或迎接。

21. 领导接见或参加各种活动及开队会时，队员要认真听讲，全神贯注。

22. 尊重裁判，尊重对手，尊重观众。

23. 无论是训练、比赛或其他集体活动，必须严格遵守时间，每迟到1分钟扣当月训练费100元，同时罚全体队员课后加练10分钟。

24. 运动员不许吸烟、喝酒，发现一次罚款500元，严重者开除国家队。

25.运动员因自己不慎造成非训练、比赛致伤，影响训练、比赛者，每课时或场次（半天）罚款100元。

26. 运动员在集训期间未经允许一律不准在外住宿，严禁留宿。违者除进行批评教育外，罚款1000元。未经允许不得随意带他人进入宿舍。

27. 遵守作息时间。正常情况下，晚十点熄灯休息。中午按时休息，不准看电视、打电话及从事其他与训练、比赛无关的事情。星期一至星期五晚上和每日中午未经允许不得外出，违反者处1000元罚款。

团结精神是团队的灵魂。习近平总书记强调："懂团结是真聪明，会团结是真本领"①。团结出凝聚力，团结出战斗力。女排姑娘们同心协力为共同目标努力，深度沟通重获信心，严格纪律铸造团结利剑，充分发挥团结奋斗的精神优势，化作圆梦的千钧合力冲向世界舞台。

---

① 习近平：《打好"团结"牌》，载《之江新语》，《浙江日报》2003年11月11日。

（二）协力能让土成金

古人云："积力之所举，无不胜也；而众智之所为，无不成也。"①众人拾柴火焰高，成功的取得凭借的往往不是一人之力，大海尚且需要通过容纳小溪和河流来充实自己，聚众人之力、集众人之智才是一个团队的成功来源。团队就像一张网，每个人都有其相应的位置，在不同位置发挥着各自的作用，彼此联动协作，才能汇聚起强大的力量。团队的优势就在于多种角色协同作战，可以在短时间内集中力量完成个人能力难以完成的任务。只有团队成员齐心协力，才能使团队整体成就高于个人努力之和。

1. 主帅治军有方略

俗话说："火车跑得快，全靠车头带。"团队的领导者是一个团队中起决定因素的人物。领导者是一个团队的引领者，在带领团队成员实现目标的过程中，需要有意识地培养和树立权威，带头做好榜样，主动沟通协调工作和处理人际关系，保证任务的执行进度和实施质量，在组织中积极发挥领军作用、模范作用和杠杆作用。"将者，智、信、仁、勇、严也。"②主帅就是女排团队中的领导者，他们凭借杰出的智慧、卓越的才能和高超的领导艺术，带领中国女排齐心协力、所向披靡。

恩威并施树威仪。在一个团队中，领导者要树立个人权威，赢得团队成员的信任和认可，才能拥有更好的领导效能和权威。"恩"，是关心和爱护；"威"，是合理的规章制度。领导者不仅要有威武之仪，还要有仁爱之心，以一种宽严相济、恩威并施的人性化方式去影响和管理团队。

袁伟民，一个与中国女排共生的名字，一个在中国体坛叱咤风云40年的传奇人物。他带领中国女排在20世纪80年代创造的那段辉煌，是一连串无法复制的奇迹。作为中国女排的主帅，他恩威并重，在训练场上不苟言笑、严肃认真，定下的训练指标必须完成；在平时生活中经常与队员谈心，了解队员的

---

① 刘安：《淮南子》，许慎注，陈广忠校，上海古籍出版社，2016，第209页。
② 孙武：《孙子兵法全新校勘图文珍藏版》第6册，线装书局，2017，第1602页。

思想活动，关心队员的生活状态。袁伟民在自传中写道："不管你这个教练愿不愿意做思想工作，在训练和比赛中，运动员总会将各种思想问题暴露在你的面前。如果你不能够很好地帮助他们去解决这些问题，那么，就驾驭不住这支队伍，就不能率领他们去实现既定的目标。"[①]

袁伟民口述：运动员要学会情绪管理

有一次，周鹿敏、汪亚君和朱玲三人被我留下加练，练了一个多小时也不见成效。见此情景，郎平主动上前想要帮助三人完成训练指标。我在评判她的球时，尺度把握得很严。训练课又补了将近一个小时，不但指标没完成，反而因为急于求成导致失误增多，加练的组数不减反增。郎平急得直瞪眼，嘴里不停地嘀咕："这还不算好球?！这还不算好球?！"我笑着不紧不慢地评判每个球，丝毫也不放松要求。郎平气得火冒三丈，两次举手申请暂停。她佯装走到墙根整理衣服，对着墙壁偷偷抹泪。郎平一哭，周鹿敏、汪亚君和朱玲也跟着哭起来。哭过之后，几个人红着眼，"叮咚""叮咚"使劲地往下扣。可以看得出来，队员们将情绪全部发泄在球上了。我心想：在这种情况下，只要她们不说不练，还肯练下去就是好的。就这样，从下午5点半一直到晚上9点半，终于补出了一堂高质量的训练课。事后我向她们解释，之所以这么"折腾"她们，是为了练她们的情绪，练出她们的协作精神。以组为单位设定训练目标，一个人动作完成得不好会连累其他人，免不了产生矛盾、互相埋怨。我的用意是让他们学会控制自己的情绪，从埋怨练到不埋怨，练到互相鼓劲、互相弥补。

在残酷的竞技赛场上，来自对手的刁难手段只会更多。只有在平日里对她们严格要求，紧抓训练质量，磨炼意志韧劲，比赛的时候才能够发挥得更好。作为女排主教练，袁伟民对待队员不是一味地施威，还会适度给予队员一定的容纳错误的成长空间，这样才能让她们从失败的教训中更快地成长起来。严之有道，爱之关切。作为团队领袖，在队员遭受失败的时候，教练不应该马上批评和指责她们，而是要帮助她们找到正确的方法以解决问题，这样才能使她们以更加积极自信的心态面对困难。

[①] 袁伟民：《我的执教之道》，人民体育出版社，1988，第26页。

以身作则垂典范。优秀的团队领导者都深深地懂得以身作则的重要性。所谓以身作则，就是以自己的行动作为榜样。教练要想让队员服你，你就要有让别人服气的本事。正所谓"其身正，不令而行；其身不正，虽令不从"[1]，团队领导者只有以身作则、上感下化，才能施不言之教，对团队产生潜移默化的影响。

古人云："己欲立而立人，己欲达而达人。"只有自己愿意做的事，才能要求别人去做；只有自己能做到的事，才能要求别人去做。教练必须以身作则，用无声的语言说服队员，获得队员的认同，进一步形成高度的凝聚力。教练要敢为人先，才能激发队员的活力和信心；反之，那些畏首畏尾、踟蹰不前的教练，严重影响队伍的整体作风和表现。有人说，在中国女排，郎平最苦。尽管面临重重困难，郎平依旧用强烈的事业心和高尚的敬业精神迎难而上，即使在身体抱恙的情况下仍精心准备训练计划。不管对阵哪个球队的比赛，郎平总是站在最前面的。相比其他队的主教练，郎平更加靠近比赛的场地，有时候产生郎平就要上场的感觉。虽然当时郎平已年近六十，身上还带着大大小小的旧伤，但她平时训练的时候仍然尽自己的能力，亲自下场给队员做指导和示范。郎平选择的路，关山重重，道路崎岖，但她从不认输。坡要一个一个地爬，顶要一个一个地登。在这漫长的过程中，既要有追求，也要有信念、有坚持。

言传身教是最令人信服的方式。教练的敬业和责任心会感染到队员，队员感受到教练对工作的热情、对事业的敬业，她们就会从内心里认同教练、依赖教练。教练应当明白，以身作则、身先士卒不是喊喊口号就行的，只有严格要求自己，起带头和表率作用，才有说服力[2]。

俗话说，"干部带了头，群众有劲头。"发号施令并不能帮助团队领导者实现自己的意图。真正的管理者是通过以身作则来实现的，而不是口头命令。只有以身作则，团队才能做到令行禁止，团队执行力才能得到提升，工作效率才能提高。

---

[1] 孔子：《论语》，杨伯峻、杨逢彬注译，岳麓书社，2018，第161页。

[2] 何力：《赢聚力——团队从管理策略到场景沙盘》，化学工业出版社，2018，第134页。

指挥若定稳军心。"静而后能安，安而后能虑，虑而后能得。"[1]凡事只有冷静下来，才能处事精当、思虑周详。临难有静气，遇事有定力。竞技比赛中，凡遇到紧张局面或者关键比分，最忌讳的就是浮躁。在比赛场上，教练员处事不惊、沉着冷静，才是稳定士气、克敌制胜的重要保障，才能做到"任凭风浪起，稳坐钓鱼船"。

袁伟民说过，"不管场上出现什么情况，教练员都要控制自己。形势越危急，越要沉着。"[2]场上的队员遇到困难时已经很急了，如果这时教练再骂，就只会一发不可收。暂停和局间休息的时间也是队员们恢复体力的时间，所以真正给队员布置作战意图的时间很短。此时，不管局势多么严峻，教练都要保持冷静，用平和而有力的语言向队员说明具体的意图。主教练就是队伍的主心骨，要有临危不惧、泰然处之的大将风度。

袁伟民口述：临大事有静气，才是强者风范

2015年世界杯女排比赛出征之前，队长惠若琪和其他两名队员突然因伤病不能成行。仗未打响，折兵在先，这对郎平的打击可想而知。我从报道中和电视上看到郎平掉泪了，面对记者提问时忍不住含泪谢绝。我给郎平发去一条短信："切记：强者，总是在战胜各种各样困难的征途上前进的。要记住：临大事有静气，才是强者风范。你现在必须冷静下来，带头做好大家的工作。"她做到了，率领中国女排拿到了金灿灿的世界杯奖杯。2016年里约奥运会上，无论比赛如何激烈，即便是在大比分落后的情况下，郎平的表情依然冷静自若，变得更加成熟了。她回国后请我和老女排队员欢聚庆祝，我发自内心地夸赞她，"这次比赛，无论是输球还是赢球，我注意看电视上的你，比较冷静，没有急，很不错！""讲真的，这次你的压力比我1982年打世锦赛时要大。当时即使拿不到冠军，也不至于拿不到奖牌。你们落到小组第四，打巴西如果输了，连奖牌都没有，回北京啦！你扛住了！指挥用人也很到位，你行！"

可以看出，袁伟民大气的执教风格对郎平有重要影响。从郎平当运动员到

---

① 赵清文译注：《大学 中庸》，华夏出版社，2017，第10页。
② 袁伟民：《我的执教之道》，人民体育出版社，1988，第132页。

做主帅，大家都说她是英雄；但她坦言，她的内心一直很平静、很平常。她成功的因素很多，不完全是个人的努力。"如果没碰到袁伟民，如果没碰到那个年代，如果没碰到这样一拨争气的队员，我也不会是今天的我。是所有因素综合到一起，才有我的一切。"在《说文解字》中，所谓教育，就是"上所施下所效也"。团队文化的精神内涵，往往是由这个团队领袖的人格品质塑造的。可以说，每个运动队都会不同程度地打下主教练的烙印。正是因为这些有梦想、有追求、有智慧，一心为排球事业辛勤劳作的核心领导者，中国女排才能不断在世界排坛砥砺前行。

2. 场上核心控全局

如果说主教练是整个女排团队的灵魂人物，那么二传就是整支队伍的核心。教练再怎么厉害也不能代替队员，真正在场上比赛的人只有队员。队长一般是在场上综合能力强且有权威的队员，二传手会经常成为场上的核心。二传是全队进攻的关键，组织进攻的每个球都要经过二传的手。二传手要比其他队员更善于观察和沟通，他们会在平时的训练和生活中摸索和观察所有队员的性格和风格，在听取队员和教练的意见之后，根据场上的比赛情况，在极短的时间内综合权衡做出最佳决策。一传不管是否到位，二传手都需要尽全力去跑动调整传球。她一不能埋怨一传的不到位球，二可能要面对攻手对自己传球的苛求。如果攻手和二传手之间有"疙瘩"，那么在赛场上就会放大并反映出来，从而影响全队的战术配合。

鲁光口述：培养"二传手性格"

有一次训练，袁伟民突然冲着全队喊："停！大家都过来，看我们的孙队长练。"他又对孙晋芳说："什么时候练得气顺了，你就说话。"当着全队人的面练她一个人，不是摆明了让她下不来台吗？孙晋芳带着一肚子火玩命打球，练到后来撇着嘴说："指导，顺了。"袁伟民知道她的气还没顺，只是嘴上说顺了而已，但还是给了她台阶下。晚上袁伟民找孙晋芳谈心："我不是要你服服帖帖地拜倒在教练的脚下，一丝一毫也不是。你是一队之长，对你要求就要高一些。因为球要靠你打，我们有最好的想法也得通过你来组织实现。你的一举一动、一笑一怒都会影响到大家。我过去也是二传手，这个角色不好当。掌声是冲着攻手鼓的，责怨往往会落到你的身上。一个二传手，应该有很大的肚量，要使自己的心胸像大海一样宽广。"[1]培养一个好的二传手，不仅要传授技术，还要磨炼出顽强的意志，训练出优秀的"二传手性格"——在场上能够团结大家、指挥战斗的顽强作风。在袁伟民的悉心开导和磨炼下，孙晋芳慢慢成长为一位拥有高超球艺、敏锐观察力、包容大气性格的优秀二传手。凭借她对每个同伴的细致了解和充分信任，以及同伴对她的信任，场上六个人默契得像一个人一样。发球前，最多的时候会同时有两三个攻手一起给她发出战术信号。孙晋芳如闪电般的目光飞扫而过，大脑迅速分析，马上用隐蔽的手势回答同伴。就这样，一套套令人眼花缭乱的快速打法——平拉开、短平快、交叉、背蹓纷纷实现。

图3-14 老女排合照（左起：周晓兰、郎平、李安格、陈招娣、孙晋芳）（图片来源：北京时间体育频道）

二传是排球比赛中的核心，一旦核心和其他队员在场上发生矛盾，就会影响全队的凝聚力，结局有可能一发不可收拾。原本脾气有点急躁的孙晋芳，经过袁伟民的教导和鞭策，逐渐成长为一位具有超高球艺、敏锐洞察力及包容能力的优秀二传手。鲁光先生曾赞扬孙晋芳是"串起珍珠的那根金线"，每一个

---

[1] 鲁光：《中国姑娘》，作家出版社，2009，第63-65页。

球都被她串连得如行云流水，攻手在她们制造的空当和机会下完美躲过对手的拦防，成功下球。优秀的场上核心能够一次次抓住时机灵活取胜，一次次在危难局面力挽狂澜，一次次不遗余力带领团队冲破障碍。因此，培养一个场上核心，是每支队伍都会用尽全力去做的事情。

曾经作为中国女排队长和二传手的冯坤，是被团队致力于打造成"场上灵魂"的核心人选。17岁被郎平选进国家队时，她只是进攻能力强，传球和防守还有欠缺，当时郎平预见道："谁如果能把冯坤训练培养出来，中国女排就在谁的手上再度辉煌。"[①]

陈忠和自述：打造"场上灵魂"

二传手就好比篮球里的组织后卫、足球里的中场组织前卫。要想重新打造中国女排，必须从二传手开始；因为这个位置关系到全队的攻防。这个位置就是全队的核心，是团队制胜的关键人物，必须狠抓核心二传的训练。当时冯坤的训练十分辛苦。有一次她感冒了，我仍然抓着她加练，不练出不了成绩啊！如果舒舒服服地打快乐排球，就想拿好成绩，那是不可能的。冯坤心想：我感冒了为什么还要加练，为什么不让我休息？她憋了很久突然爆发了，哭得又是眼泪又是鼻涕。后来我给她做工作，"因为你是核心。如果你不练好，你就拖累了整个队伍，怎么能打好成绩？因为要传球组织，一个球要分配给所有人。你提高了，六个人都提高；你一个人摔了，可能其他五个人就都摔了"。她最终还是想通了。她知道球队需要一个核心，在有意培养她。她愿意通过努力，承担起这个责任。

事实证明，郎平的预见是对的：2003年的瑞士女排精英赛、世界女排大奖赛，包括年底的女排世界杯，冯坤均被评为最佳二传手。郎平在海外说："我很早就说过，得冯坤者得天下，我没看走眼。这句话在陈忠和身上实现了，他很好地使用了冯坤，所以赢得了比赛"[②]。这位攻击性二传手还获得了"无敌雄猫"的绰号，一方面是因为她长着可爱的圆圆脸，另一方面是因为她

---

① 陈忠和、陈继共：《笑对人生——陈忠和自述》，海潮摄影艺术出版社，2004，第167页。
② 同上书，第186—187页。

在团队中占据着国宝一样的重要位置。

至此，我们可以看到核心队员对于团队的作用和重要性；但核心球员的培养需要一定的时间和机遇，更需要团队中每一个人的担当和果敢。当全队人人都有敢于担当的勇气和能力时，中国女排就会重新凝聚力量，放射出闪耀的光芒。中国女排需要齐心协力、脚踏实地，学习老女排人人能当核心的团队风采，重回世界一流强队的行列。

3. 众志成城齐圆梦

团结协作是集体项目的生命。一个富有战斗力的团队，需要团队成员之间相互协作相互支持。有冲在前面的将士，也有后勤保障的兵卒。团队协作就是团队成员充分施展各自的优势来实现共同目标的过程。虽然每位成员的角色不同，但是在团队中每一个人的位置和作用都是不可或缺的。就像著名的"狼群杀阵"一样，一群野狼各自执行自己擅长的任务与工作，相互配合，共同猎捕食物，哪怕是最凶猛的美洲豹也要退避三舍。

人尽其才谋大局。古人云："夫乘众人之智，则无不任也；用众人之力，则无不胜也。千钧之重，乌获不能举也；众人相一，则百人有余力矣。是故任一人之力者，则乌获不足恃；乘众人之制者，则天下不足有也。"[①]合众长于一体的力量会远远超过每个人长处的简单相加。俗话说，"双拳不敌四手"。个人能力再强，也无法战胜团队众多人才联合起来的智慧和力量。郎平在上任之初正是用人之际，她最担心的事情就是无人可用，所以郎平在选人用人上不拘一格，只要是有一技之长的人才，就予以厚待和重用。正是这样重视人才、挖掘人才、重用人才的策略，才使这支各有专长、各具优势的人才组建成的中国女排"大国家队"，在群体的合力之下克服无数困难，战胜众多强敌。

群策群力集众智

郎平的"大国家队"模式不仅体现在队员的增加，教练团队也同样变得庞大起来。除郎平担任主教练外，教练团队还有7名分工明确的教练：

---

① 刘安：《淮南子》，许慎注，陈广忠校，上海古籍出版社，2016，第208页。

三名医生，除了一直跟队的队医王凯外，还有来自美国的医学专家和康复师，以及在数据分析和体能研究方面给予中国女排支持的科研团队。这是仅次于日本之外规模最大的教练团队。郎平领衔的教练团队及专业支持人员15人有余，带着几个陪打和一个队医就去征战大赛的窘境已成过去。只要中国女排姑娘们在训练，教练组就一刻不停歇。得益于教练组现场即时反馈的技术统计数据，女排姑娘们在里约奥运会发球之前，通过与助教进行眼神和手势交流，来调整发球线路和落点变化，以期达到最大破攻效果。场外的教练团队通过软件分析临场比赛的数据，及时反馈给主教练郎平做出相应的战术调整。助教们也需要兼顾视频剪辑和数据整理，作为未来备战研究对手进攻线路的第一手资料。此外，中国女排从2014年世锦赛夺银、2015年世界杯折桂，再到征战2016年里约奥运会，一直有国内外的医疗团队全程监控。小组赛中魏秋月拉伤肌肉、杨方旭意外扭伤、徐云丽和颜妮出现伤情反复等，都是处于一边比赛、一边治疗的状态，这样有助于及时控制伤病，尽快帮助运动员解除疲劳，以最佳的竞技状态迎接1/4决赛、半决赛和决赛的残酷考验。作为主教练郎平，对于平时训练中出现的问题，会通过教练团队的广开言论群策群力，探讨出最合适的解决办法，并且将技术特点不尽相同的球员分工给不同的助教进行专项训练，最大限度地发挥教练团队的集体智慧和经验，从而让平时的训练任务做到有的放矢。

郎平对女排队伍拥有绝对的选人用人话语权，在搭建复合型教练团队、打造女排大国家队模式、甚至改变国内职业联赛规则等等都充分体现了人尽其才的团队协作新理念。这是中国女排顺应时代发展，将团结协作精神再次应用于实践的新产物，团队精神不是靠高谈阔论和深奥的推理得来，而是脚踏实地，将信任、共同目标和经验整合并付诸实践的成果。

甘当配角做人梯。身处一线哪有前方后方，志在打赢何分台前幕后。除了主帅和女排队员，中国女排这个大团队还有许多幕后英雄为这支队伍默默奉献。他们一直在自己的岗位上坚守初心，扎扎实实地做好自己的事情。女排团队的背后有太多幕后英雄矢志不渝，不慕名利，甘当人梯。他们是凝聚起万众一心奋斗新时代的强大力量，支撑中国女排勇攀高峰的磅礴伟力。

在中国女排攀登高峰的征途中，有一大批甘当配角、默默奉献的陪练队员始终和女排姑娘们并肩作战，其中就有后来成为女排主教练的邓若曾和陈忠和。

鲁光口述：只图女排翻个身

邓若曾和袁伟民一样，也曾经是驰骋我国男子排坛的宿将。论年龄，他比袁伟民年长5岁；论资历，他比袁伟民入队还早。得知组织上要将两人安排在一起工作，很多人都心存疑虑，担心两人相近的资历和能力难以合作。邓若曾的妻子蔡希秦也是位"排球夫人"，她了解自己的丈夫，也了解袁伟民。她问邓若曾："你好强，袁伟民也好强。你们好比两条强龙。两条强龙的力量合到一块，咱们女排就有希望了。如果两条强龙相斗，那可就不得了了呀！"邓若曾虽然朴实憨厚，但他听懂了妻子的弦外之音。他说："这点你放心吧！我一定全力协助小袁工作。我已经四十多岁的人了，不图别的，只图女排翻个身。需要出力时，我往前；有名的事，我往后。"[①]事实证明，邓若曾妻子的顾虑是多余的。他俩有着共同的目标、共同的理想，能够把祖国的荣誉置于个人利益之上。邓若曾心甘情愿地给袁伟民做"配角"，尽职尽责地协助主教练工作。两人一个抓技战术训练，一个抓身体素质训练，有分工有合作，有协商有服从。邓若曾常说，我的指导思想很明确，维护主教练的主体思想，强化它，丰富它，并帮助主教练贯彻到全队。

从1971年8月进入福建省青年男排算起，陈忠和在"至爱"的排球事业上一干就是38年，不弃不舍。真正和中国女排结缘是从1979年开始的。当时，为实现"打败日本队，冲出亚洲"的目标，中国女排主教练袁伟民急需一名男性陪打教练充当假想敌。这名假想敌并不好找，他的个子要和日本队相近，球技更要扎实，才能练得出效果。在多方寻找之下，在福建男排队伍中训练的陈忠和成为了最佳人选。那时候的陈忠和正面临着转变方向的时刻，面对这个机会，他答应了，并毅然决然地放弃了冲击国际裁判的计划。这一放

---

① 鲁光：《中国姑娘》，作家出版社，2009，第36页。

弃，也让他走上了一条再也不会放弃的道路。在他38年的排球生涯里，先后在袁伟民、邓若曾、胡进、栗晓峰、郎平等手下当了十几年陪练和助理教练。他说："中国女排一向是凭集体拼搏的合力发挥作用的，我的定位就是当好配角。"①

陈忠和口述：人们叫我中国的"横山树理"

20世纪80年代，中国女排面临无数对手：亚洲有日本队，美洲有美国、古巴等高个子队伍。这些排球队都有着自己的优势和特点，中国女排姑娘们需要在我的帮助下破解技术难关。我第一个模仿的是日本队的主攻手横山树理。后来，美国的海曼、克罗克特，日本的江上由美，古巴的路易斯等诸多球手都成了我模仿的对象。作为陪练，我不光要细细钻研每一个打球的手法，甚至连上场时的行为举止也要仔细模仿，帮助中国队员在心理上适应对手。因为太认真，每场比赛，我都会在场边死死盯着外国女队的主攻手，甚至连人家的热身也不放过。锁定"目标"后，就从人家的前后左右各个角度琢磨、研究。为此还一度产生了误会，以为我"别有所图"。有时候对方工作人员前来告状，投来控诉的目光。我只能"哑巴吃黄连，有苦说不出"，不能吐露自己的真实目的。由于模仿得过于认真，让女排姑娘吃了不少苦头。一次，我带着郎平和郑美珠练一传，身份是"横山树理"，发的每个球都极重极刁，气得郑美珠停下来喊："停！停！小陈，这是练一传吗？这么狠的球怎么接得住？"我非但不停，朝着她又飞来一个更重更狠的球。袁伟民看到了，笑着夸道："好！这才是我要的！谁也不许停，接不好球重罚！"那时候练得很苦，每天上千次的发球、攻、守、弹跳、扣球……女排队员们伤了有替补，我伤了只能晚上自己治疗，第二天再上场。大运动量的陪练使我的腿患上了骨膜炎，肩关节、肘关节都打上封闭针。

中国女排夺得"三连冠"后，陈忠和和女排一起受到了胡耀邦同志的接见。当袁伟民介绍他时，胡耀邦握住他的手，赞扬道："哦，你是无名英

---

① 陈忠和、陈继共：《笑对人生——陈忠和自述》，海潮摄影艺术出版社，2004，第3页。

雄！"①但是这个英雄形象登不了版面，甚至还耽误了自己的职称评定。这就是陈忠和甘做绿叶、勇为人梯做出的牺牲。

在郎平的教练团队中，大家听到最多的名字就是安家杰、赖亚文等耳熟能详的教练员。除了他们之外，其实还有很多教练一直默默地为球队付出。袁志曾经是国家队排球队员，目前是中国女排主要负责球队接应位置的陪练，是团队中一名非常敬业的教练员。备战里约奥运会期间，郎平认为，中国女排新周期的主要对手在欧洲，而欧洲女排队伍接应都是第一得分点。如何限制住欧美强力接应的进攻，是战胜她们的首要课题。由于袁志在中国男排经历了多个奥运周期，进攻手法多变，力量、速度以及路线是他的优势，模仿起欧美接应来，袁志的手法更多，尤其是模仿巴西的谢拉最像。被球迷称为"球油子"的谢拉，靠技术下球，不需要充分发力就能起到非常好的进攻效果。里约奥运会女排四分之一决赛，中国女排的日常训练发挥了效果。谢拉的多次进攻被拦死，最终中国女排3∶2逆转取胜。此后，中国女排一路高歌猛进，最终登上奥运会最高领奖台。

与袁志相似的人还有包壮。作为女排国家队陪打教练，包壮一做就是18年，主要负责训练自由人。他在训练中不断地给自由人砸球，魔鬼般的训练铸就了场上球员出色的表现。教练团队紧密配合、通力协作，问题和困难在团队众人的智慧和力量之下迎刃而解。这里，还有默默无闻却辛勤付出、甘居幕后却举足轻重的教练，他们把团队的荣誉视为自己的荣誉，把配合主教练工作视为自己的使命，用流逝的年华和无数汗水浇灌出最美的冠军之花。

排球不是一个依靠个人技术单打独斗就能打败对手的项目，它需要依靠不同位置的队员默契配合，发挥集体的力量，才能取得胜利。女排大家庭不只有场上六个人。这个大家庭里既有铁腕治军的主帅，也有心有灵犀的队友，还有全心全意为团队付出的幕后英雄们。这样的团队在未来的坎坷道路上，一定会同舟共济、乘风破浪、共渡难关。

中国女排成立以来，虽然女排队员几经更新换代，但是团结协作依然是女排精神不变的主旋律。她们用队歌激励彼此，唱出自己的心声。郎平带领的"白金一代"女排队员觉得《阳光总在风雨后》（陈佳明作词作曲，吴庆隆编

---

① 陈忠和、陈继共：《笑对人生——陈忠和自述》，海潮摄影艺术出版社，2004，第60页。

曲）这首歌最能唱出她们的心声，这首歌成了女排的"队歌"。

阳光总在风雨后
（许美静 演唱）

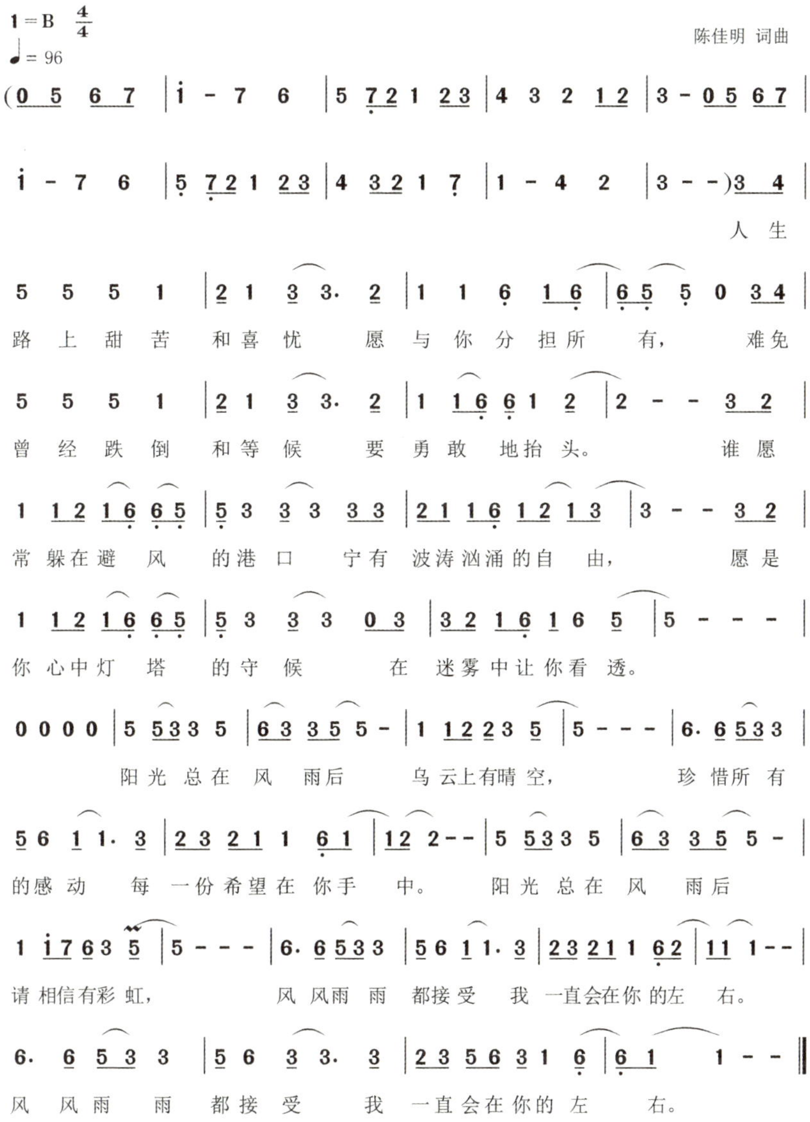

图 3-15 中国女排喜爱的歌曲《阳光总在风雨后》

三、顽强拼搏：女排精神的实质

> 无论未来的路有多么艰难，我都会微笑去面对，都会竭力去拼搏。
>
> ——陈忠和

图3-16　西周金文大篆中的"拼"字与殷墟甲骨文、西周金文中的"搏"字

从祖先的文字看"拼搏"二字，西周后期金文大篆中的"拼"字还保留着甲骨文的象形寓意[①]，两个人合起来，手并手一起用力。殷墟甲骨文中的"搏"字[②]表示两只手在争夺一个东西，西周时期的金文增加了左侧从干从戈的偏旁，《说文解字》分析："搏，索持也。"[③]即用搜索的方式捕捉，本意是近身搏斗。拼搏自强体现了女排精神的实质，表现在女排姑娘敢于挑战目标和极限，战胜苦和累的考验，克服伤病的困扰。中国女排凭借"一分一分地拼"的精神和韧劲，拿下了一场场硬仗，赢得了最终的胜利。每一个惊天感人的传奇，如同一首拼搏自强的壮歌，激励着国人不断前行。

（一）顽强拼搏铸丰"杯"

如果有人问中国女排为什么能赢，女排姑娘给出的答案是：靠拼搏，靠奋斗。这种拼劲表现为，无论是训练场上还是比赛场上，都要每球必争。

竞技体育精神就是通过拼搏进取、挑战自我，从而超越自我。就像一首歌唱的那样，爱拼才会赢。挑战极限是体育的本质，拼搏是运动员必须具备的基

[①]　徐在国：《传抄古文字编》下，线装书局，2006，第1229页。
[②]　马如森：《殷墟甲骨文实用字典》，上海大学出版社，2008，第268页。
[③]　许慎：《说文解字》第2卷，丁焕朋编，红旗出版社，2015，第467页。

本素质。只有拼搏并不断挑战极限，才能体现"更快、更高、更强"的奥林匹克精神。成功和荣誉正是运动员在训练中刻苦努力、克服伤病，用流下的一滴滴汗水换来的。

1. 挑战极限，战胜自己

"有志者事竟成，破釜沉舟，百二秦关终属楚；苦心人天不负，卧薪尝胆，三千越甲可吞吴。"拼搏就是在困难面前不低头，在压力之下不逃脱，在坎坷路上不退缩。拼搏不是一时心血来潮，不是空喊口号，它需要坚韧的毅力来维持，需要坚定的信念做支撑。

顽强拼搏的女排精神与"更高、更快、更强"的奥林匹克精神一脉相承，并代代相传，在实践中不断挑战自我、超越自我，不断铸就辉煌，处处彰显自强不息的伟大民族精神。对于中国女排而言，从其诞生之日起就背负着党和人民的诸多期待，她们面临着诸多挑战，更需要克服常人难以想象的困难。女排队员们的训练时间，从一天2~3小时升级为8小时。完成每天8小时大运动量的艰苦训练已实属不易，但仍有很多队员主动要求加练，在训练场上挥洒汗水，不怕苦累。

鲁光口述：挑战500次

1964年冬，日本女排在训练中创造了连续滚翻救球400多次的世界纪录。1965年春，为了赶上和战胜日本女排，中国女排决心先在训练中超过她们。这是一场真正的"极限"训练，也是一次严峻的考验。接受挑战的运动员叫曲培兰。训练在一〇一中学操场上进行，两名男教练轮流扣球。每次球扣下来，曲培兰一个箭步扑上去把球救起来，接着做一次滚翻；刚爬起来，第二个球又扣下来，她又扑上救第二个球。动作潇洒、全无失误地滚翻几十次后，曲培兰开始出汗，脸也红了。连续滚翻100多次后，她的脸开始发白，救球的动作也渐失潇洒。滚翻200多次后，曲培兰的体力逐渐不支。有时，球救起来了，人却爬不起来。滚翻300多次后，她已达到极限，每一次扑救似乎都要用尽全身力气；滚翻400多次后，曲培兰好像完全变了一个人：球衣破了，球裤也破了；胳膊肘破了，膝盖也破了；衣服湿了，头发也湿了；身上脏了，脸上也脏了；看不清她的手，想必早已伤痕累累；她已经极度疲劳。她机械地滚翻、站起来，再滚翻、再站起来，却始终没有倒下。两名男教练也精疲力尽，看到曲培兰每一次都拼尽全力的情景，他们实在不忍再扣下去。眼看训练无法继续下去，国家女排只好换了一位女教练。女教练眼里噙着泪水开始扣球，曲培兰用快散架的身体坚持滚翻，又挣扎着站起来，就像是一个不知道屈服也不知道疲劳的机器人。周围的人都被感动了。许多女同学哭了，男同学攥紧拳头好像在施以援手。全场人声鼎沸，齐声计数，呐喊声传递着无穷的力量。虽然已经超过日本女排创下的世界纪录，但曲培兰并没有停下来。她艰难地继续滚翻扑救。终于，曲培兰完成了第五百次滚翻救球。

赛场不相信奇迹，只相信持之以恒的训练和永不言弃的坚持。从教练到队员，从场下到场上，凝心聚力，胜不骄、败不馁，一步一步永不停歇地追赶超越。从女排姑娘们的绰号就能看出她们都很拼："铁榔头"郎平、"怪传手"孙晋芳、"天安门城墙"周晓兰、"魔术快攻"张蓉芳、"铁姑娘"曹慧英、"钢铁将军"陈亚琼、"拼命三郎"陈招娣等。这些绰号不仅体现了女排姑娘的特点，更是她们拼搏精神的鲜活写照，演绎着中国女排在为国争光的豪迈征程中的许许多多难忘的事迹。

鲁光口述：魔鬼训练

大松博文训练日本贝塚女排时，对队员一点也不客气，队员们要在白天下班后才开始六七个小时的训练，直到深夜才能就寝，每天只能睡五个小时。每当有日本队员在训练场累得爬不起来时，大松都会毫不留情地把排球砸过去，斥责道："你这样弱不禁风，回家去吧！""就你，活着也没用，死了得了！"只要听到这些话，队员们无不咬牙切齿地站起来面对他，忍不住与他抗衡。同时，大松自己也是挥臂数次导致气喘吁吁、汗流浃背。最初周围人一见到他就低声指责到："大松简直是个魔鬼！"从此有了"魔鬼大松"的外号。大松博文来到中国后，对中国女排姑娘说的第一句话是："我告诉你们，我就是魔鬼。如果完不成我的训练，我绝不客气！"第一堂训练课练了4小时，准备了4大筐排球，让队员们站成一排，一个接一个依次站出来练防守：他将手里的球一个个连珠炮般地砸向队员四周的死角，迫使队员不得不一次次倒地、翻滚着把球救起。其他队员到处跑着帮大松捡球。大松手里的球源源不断，队员们一个接一个地翻滚救球。直到大松满意了，再继续换下一个人。经常出现的情景是：队员救起一个球，还没来得及爬起来，大松的第二个、第三个球又从不同方向砸过来，快得让队员来不及反应。下课前，大松教练很不满意地说："你们刚才是在慢慢地走，这是打不好球的。以后训练，要拿出勇气跑起来！像这样练，你们是不能打败日本队的。"他在训练中给女排队员的扣球，力度之大、速度之快、频率之高、角度之刁，都是中国排球界闻所未闻的。不过他承认，中国队员可能在其他方面不如日本女排，但是"拼"字绝不输任何一支球队，她们全都顽强扑救，毫不松懈，直到精疲力尽，倒地不起为止。袁伟民教练秉持了大松博文的严格训练，被称为"中国的大松""中国的魔鬼"。但他从不用讽刺、挖苦、骂人来刺激运动员，而是通过加快给球密度、抓示范、一人补课集体帮等办法增强刺激。

曾是漳州女排训练基地主任的钟家琪，如今已年过八旬。他在形容老女排当年的训练时，用到了"恐怖"两个字。按照教练规定，每个女排队员一个上午要发好100个球，扣好200个球，垫好300个球……"所有这些都是有指标的，必须要高质量完成，没有完成就不准吃饭。"报告文学《中国姑娘》的作者鲁光在郴州看女排训练时深有感触："当时所说的大运动量训练运动量究竟有多大，没人能说得清；因为女排的训练量是没有上限的。袁伟民对训练量有特殊的计算方法。比如，以十个球为一组的扑救训练，每个人练三组。但这十个球是指扑救起的十个'好球'，没接起来的'坏球'不但不算，还要从好球里扣掉一个。理由是比赛中如果出现这样的情况，就等于丢了一分。这样一组球下来，队员们实际要扑救的数量可能要成倍增加，甚至到了最后体能透支，'坏球'多了，完成数量成了负数。但是无论如何，每天'账面'上的数量不完成，队员们是不能休息的。"

训练时不可有丝毫松懈。稍有松懈，就会被盯上，抓住你"补课"。中国体坛的"山口百惠"，号称"排球第一女神"的杨希就有过这样一次经历。在排球比赛中，运动员为了扑救一个险球往往需要倒地滚翻，将球救起，所以在平时训练中，运动员更要一次次地做滚翻训练，练习摔跟头。这次，杨希需要练习的正是滚翻救球，整整40分钟，杨希一次次地倒地、滚翻、救球。两层的裤子被磨烂了，双腿被磨破了皮渗出鲜血。就这样，杨希硬是一声不吭，用钢铁般的意志坚持了下来。

李安格教授接受采访时讲过这样一个苦练的例子。有一次上午训练到12点，大家都自觉完成训练要求以后，有一个新队员没有完成任务。当时袁伟民含笑说："你不完成，大家都不吃午饭。"队员们全体跑动捡球给教练，齐声喊加油，练到这名队员爬不起来，眼泪哗哗流，从12点一直练到下午两点半，仅一人就练了两个半小时。然而，就在大家吃完饭准备休息时，一声哨响，袁教练又集合队员开始下午的训练。三个小时的训练量加上之前的两个半小时，一共五个半小时的训练。这名队员连口水都没喝，但是她并没有放弃，咬着牙，硬是坚持到了最后。

袁伟民教练的重球防守训练叫"背墙一战"，没有吃苦的毅力坚持不下来，即在离墙3米远的地方搭上一个有网的台子，由他亲自或陪练的男运动员从高处狠扣，居高临下发射的一连串重磅炮弹把队员们逼到墙角无处躲藏，打得头晕目眩。曾作为中国女排的随队干部，并见证了中国女排一路成长的张式成说："郎平头部被球打得轻微脑震荡，但经过治疗后第二天就又上了训练场；新人杨晓君大年三十全天都在训练馆里，练到哭，但哭了以后再练。"[①]女排队员扣球、受伤、互相加油打气的画面，时常让身边的工作人员感动不已。队员们每天训练下来，浑身酸痛，饭也吃不下去。皮肤被擦伤是常有的事儿，经常是旧伤刚刚要结痂，第二天又再一次被磨破。人们都说，共产党人是钢铁意志，女排姑娘们也有着钢铁般的意志！孟子云："天将降大任于是人也，必先苦其心志，劳其筋骨，饿其体肤，空乏其身，行拂乱其所为，所以动心忍性，曾益其所不能。"运动训练的过程，是一个艰苦的向人体极限挑战的过程。只有通过长时间、大负荷和高质量的训练，才能不断夯实运动员的基础，铸造坚强的意志品质，从而进一步提高竞赛水平，屹立于世界排球之巅。

陈忠和教练回忆说："2001年郴州集训时的情景，我还真不敢想，因为太残酷了，训练量实在是太大了，我自己都已经达到极限……如果现在重来

---

① 邓晶琎：《张式成：中国女排记忆永不褪色》，《湖南日报》2008年4月11日。

一遍，我都怀疑自己能否坚持下来。"当时的队长冯坤回忆说，练得快要吐血了，结束后懒得说话，觉得吃饭都是个累活。周苏红和杨昊回忆说，训练结束后，已经没有力气上楼，手脚并用爬回宿舍，也不想吃饭。有一次全队从清晨一直训练到下午3点，食堂师傅将饭菜打包送到训练馆。陈忠和教练说："还没训练完呢，拿回去！"最后午饭变成了晚饭。到了食堂吃饭的时候，队员们已经累得吃不下去，甚至在饭桌上睡着了。在漳州基地集训时，一天三练或者四练，全天候享受地板。队员们开玩笑地说，教练比谁都狠，地板和自己最亲。陈忠和看到队员们对大运动量训练抵触情绪很大，教育队员说："我们每天这样训练，到底为什么？……我们的目标是世界冠军，是雅典奥运会冠军！……要想登上世界之巅，自己必须进行常人难以承受的训练。"①

战胜自己是袁伟民的人生信条。他在自传中总结道："为什么有的人在艰苦训练中，能坚忍不拔呢？这中间有个战胜自我的问题。"②竞技体育不只是挑战对手，更是在挑战自己。袁伟民教练认为，最大的对手不是别人，而是自己；最大的挑战不是战胜对手，而是战胜自己。战胜对手很难，而战胜自己更难。战胜自己不仅是生理突破，也是一种放开的心态和忘我无我的境界。袁伟民的经验是，每个人都有惰性，要取得超人的成绩，就要用理智的我战胜懒惰的我，这一点教练员比运动员更难，训练时要挥臂上千次，体力消耗很大，运动员休息了，教练员还要做明天的训练计划。运动员要战胜强敌，变不可能为可能，势必要在身体上、精神上冲破自己既有的种种极限，向自己发起挑战，不仅要从生理上战胜自己，还要从心理上战胜自己，进入"无我""忘我"的境界。首先要赶走"怕输"的鬼，克服"想赢怕输"的心理障碍。1981年，在备战第三届女排世界杯赛进行南京集训时，教练和领队在班子会议上强调，运动员要不怕"鬼"。这个"鬼"指的是苏联队。中国女排已有30年没胜过苏联女排了。1962年参加世界女排锦标赛时，同苏联女排比赛中有一局比分为0:15。1978年参加世界女排锦标赛时，以0:3完败苏联队。老队员中有怕

---

① 孔宁：《中国女排——一种精神的成长史》，北京日报出版社，2020，第29～33页。

② 袁伟民：《我的执教之道》，人民体育出版社，1988，第74页。

"鬼"的，"不把心里的'鬼'去掉，就发挥不出水平"[1]。"队员不能带着'问题'上阵。那样，'鬼'就会缠身起作用；问题解决了，'鬼'也就被吓跑了，关键要做好老队员的工作，找老队员谈心。新队员没见过'鬼'，同老队员说'鬼'可怕，也跟着怕'鬼'。老队员不怕了，新队员胆也会壮起来。"[2]比赛时与苏联队相遇，中国队以15:4赢了第一局。第二局打到0:9时，想赢怕输的"鬼"又开始作怪，像一条绳索束缚着队员的手脚。袁伟民想到了1978年因病没有参赛、1979年拿了"敢斗奖"的曹慧英，果断换人。曹慧英上场后，中国队勇猛追赶，最终将第二局比分定格在16:14。第三局比赛，中国队更是以15:0回敬了1962年参加世锦赛时中苏比赛中的一局比分0:15。最后，中国女排以3:0完胜苏联女排，回敬了1978年参加世锦赛时中苏比赛的结果0:3。

陈忠和在自述中回忆，恩师袁伟民的名言"战胜自己"是他的人生座右铭[3]。2003年在瑞士女排精英赛上，中俄女排相遇。为了克服"想赢怕输"的心理障碍，陈忠和提出"想赢不怕输"的指导思想，中国队以3:2力克世界第一的俄罗斯队，摘取桂冠，中国女排的心理状态得到了升华。随后，在世界女排大奖赛上，中国队与俄罗斯队争夺冠亚军。然而，"想赢怕输"的心态总是挥之不去。陈忠和知道，必须想办法转移、控制、释放队员们的这种心态。要摆脱这种心态，只能靠队员们战胜自己。在决赛前的准备会上，陈忠和决定向队员灌输"想拼不怕输"的思想，代替之前"想赢不怕输"的思想。一字之差，区别在于不考虑输赢结果，只讲求技术准备和心理准备。最终，中国队在决赛中直落三局战胜了俄罗斯队，跨越了战胜自己的新高度。这次比赛使陈忠和悟道，女排队员的心态一旦彻底放开，就进入了"无我境界"，就会越打越好。无我境界是一种全身心付出、百分百投入的忘我境界。有的队员场上比赛跟自己过不去，场下训练却想得开。郎平说，这是一种颠倒的辩证法，应该反过来。她要求队员不去想结果，只想如何打好每一个球。这种敢赢不怕输、忘我搏杀的无我境界，正是竞技体育的最高境界，也是冠军之师

---

[1] 马信德：《走向世界——中国女子排球队的故事》，中国青年出版社，1982，第57页。

[2] 同上书，第58页。

[3] 袁伟民：《我的执教之道》，人民体育出版社，1988，第6页。

应达到的精神境界。

2. 伤病不下"火线"

伤病似乎是竞技体育的一个孪生兄弟，苦练拼搏的背后总是无法避免各类损伤。中国女排随队医师李家盈回忆说，排球运动的特点是训练时间长，每天七八个小时，运动员的神经系统处于高度紧张状态，强度、灵活性与均衡性都要经受严峻考验，没有一个运动员能够幸免运动创伤的侵扰。传球、扣球、救球、拦网、鱼跃、滚翻、起动、制动、移动、换位、变向、转体等一系列技术动作，都要在半蹲姿态下完成，全身600多块肌肉，200多个关节分工协作，长时间反复某种动作，很容易使肌肉、韧带、肌腱受到牵拉，关节磨损，还有运动外伤，损伤率高达80%左右[①]。中国女排遇到的苦和难，不仅是训练条件上的，还有常人难以忍受的伤病。然而，女排姑娘们始终坚持"一不怕苦、二不怕死"的精神，与伤病做着顽强的斗争。"独臂将军"陈招娣，"要球不要命"的曹慧英，忍受膝盖伤痛的魏秋月，经历两次心脏手术的惠若琪……姑娘们与伤病做斗争的感人故事数不胜数。

鲁光口述：痛苦的恢复训练

张蓉芳在她的日记中这样写道："一个人的生活道路，并不都是铺满鲜花的，总会有曲折、坎坷……对强者来说，困难、挫折、逆境，这一切都算不了什么。他们会从中得到锻炼，坚强自己的意志，锤炼自己的毅力，坚定自己的信念，去战胜生活中的各种各样的冲击……心中一定要有一个坚定的目标，为这个目标去拼搏、去奋斗。只要自己看准了的路，就应该坚定地走下去。哪怕前面是荆棘、峡谷、深渊，都要奋勇向前。"张蓉芳以强者的精神，战胜了自己。1982年底，中国女排获得了第九届亚运会冠军，队员们被准许回家探亲，但此时张蓉芳却不幸突发急性胰腺炎住进医院。疾病像腐蚀剂一样，一点点吞噬着中国女排队长张蓉芳多年积蓄的素质和体力，她的体重竟下降了10公斤。这位球技精湛的老将能否再挑大梁？很多人的脑子里画了个大问号。当她重新走进球场，拿起排

---

① 刘城熙：《从秘密基地起飞——中国女排在郴州》，岳麓书社，1998，第186~187页。

球，走到网前，将球高高抛起尝试扣球，奋力跳起，挥臂扣杀时，却双腿一软，跌坐在地板上。心急似火，为了尽快归队，咬牙坚持恢复训练，练得浑身疼痛，靠着顽强的意志重返赛场。她在日记中写道："恢复训练真是太痛苦了！但这个痛苦是无法避免的。十几年的经验，使我深深懂得，痛苦深处就是幸福的乐园。只要坚持一下，痛苦就会过去的。"①四个月后，人们震惊了，张蓉芳又英姿勃勃地出现在观众面前，为中国女排击败日、美队，勇冠三军创建功勋。难道女排医生田永福有仙丹妙药？曾患此症者大惑不解，纷纷投书询问。对此，张蓉芳笑着说："我看，还是让著名教练大松博文回答吧。"张蓉芳在自己的低谷时期，以强者的精神，用顽强的毅力战胜了自己，在极短的时间内又一次站在了赛场上。

每个时代都有其特有的标志，每个生活在那个时代的人都有其特有的记忆。谈到中国女排崛起时，就不能不提起一个人，她就是特别能吃苦、倔强不服输的陈招娣。陈招娣1973年毕业于北京体育学院（今北京体育大学）青训队。有一次，她的脚腕扭伤走不了路，从宿舍到训练房有一段相当长的路，而且刚下过雪，但她硬是拄着拐杖一瘸一拐艰难地走到训练房，拄拐杖的手上磨出了许多血泡。一位场馆师傅看到后心疼不已，特地为她的拐杖包上一层厚实的海绵。陈招娣毕业后进入八一女排，三年后入选国家女排。她训练十分刻苦，手指尖裂口是常有的事儿。如果从她打球算起，她用的胶布拼起来至少可以做一身衣裤。

鲁光口述："独臂将军"与"拼命三郎"

陈招娣是出生在西子湖畔的杭州姑娘，骨子里却没有江南水乡的温柔，个性十分坚韧刚强，外号"独臂将军""拼命三郎"。1979年，在一次中日对抗赛中，陈招娣桡骨断裂；但是两个月后，陈招娣用绷带固定左臂站在了全运会的赛场上，从此有了"独臂将军"的美誉。她在女排训练课上"三进两出"的故事，最能体现她不服输的个性。每次常规训练课结束后，袁伟民会问："谁还想加练一点？"有一次，只有陈招娣应战。加练

---

① 鲁光：《中国姑娘》，作家出版社，2009，第182、189页。

内容是起15个好球，要求是先摸到场边的铁丝网，然后跑到3米线滚翻救球之后再跑回去摸到铁丝网，跑回来重新开始，救丢一个扣掉一个。因为实在太累了，在接到第九个球时，她已经跑不动了；但袁伟民不讲情面地扣掉了四个球，让陈招娣不能接受。她抱起衣服走出了球场，心想：反正是我主动加练的，我不练了行不行。袁伟民说："今天走了，明天第一个练你。"不服气的陈招娣走到门口停下了脚步，"练就练！"练着练着，她的身体又受不了了。极度的疲惫和委屈情绪使她第二次走出球场，但她逐渐冷静下来，调皮地穿上教练价格昂贵的毛坎肩，继续忘我地翻滚救球，最终出色地完成了任务。1981年首次夺冠那次比赛，陈招娣忍着腰伤的痛楚，心里想："拼了！只要能抱回金杯，这个腰就是断掉，也认了！"2006年7月，这位"独臂将军"成了真正的将军，晋升为少将军衔。直至2013年去世时，她的身上还嵌着数枚钢钉。

图 3-17 陈招娣在北京体育学院青训队时留影（顾正平提供）

　　女排队伍从来都不缺少伤痛的故事。每当谈起这些痛苦的往事，他们还是记忆犹新。他们心疼彼此的伤痛，又把伤痛当作荣誉的勋章，留下的仍是美好的回忆。陈忠和被称为"笑帅"，面对人生的大起大落也不曾落泪，而赵蕊蕊的伤病让他止不住落泪。

陈忠和口述：只要你站起来，我就带你去奥运会

2004 年赵蕊蕊受伤，对我打击很大。赵蕊蕊是当时队伍中最有实力的、最有潜力的一个队员。那一天是在进行训练，她的腿之前一直很疼，但医生说她没事儿，下午训练完了再去看看。结果就在当天下午，她上去打配合的时候，没想到一个动作"吧嗒"，突然间整个胫骨都断掉了。那个时候我打电话给领导汇报的时候，说赵蕊蕊的腿受伤了，我的眼泪直接就掉下来了。因为面临着奥运会的举办，世界杯刚拿完冠军，全国人民都看好我们，等着奥运会拿冠军。而赵蕊蕊也把参加奥运会看作是最重要的事情。她手术后我去看她，她第一件事就问我："陈导，您还会带我去奥运会吗？"我知道，受伤对她来说是小事，重要的是这个伤会影响她上赛场。我只能鼓励她，只要你站起来，能走路，不挂拐，我就带你去奥运会！让我没想到的是，她真的成功了。

面对着教练的自责与落泪，赵蕊蕊没想别的，只是惦记着赶紧恢复，参加奥运会。但大家心中都有一个答案，那就是，即使可以去奥运会，赵蕊蕊也不再是 2003 年拿世界杯冠军时的她了。即使这样，赵蕊蕊也不想放弃心中的梦想。她对自己说："一个优秀运动员没去过奥运会，即使得到过再多金牌，她的运动生涯也是不完美的。所以为了去雅典，陈导需要我付出多少的努力，我

图 3-18　赵蕊蕊在比赛中扣球（来源：百度图片）

都会心甘情愿地接受。"①躺在床上时，赵蕊蕊就在脑子里先模拟实战的感觉，一次又一次翻看受伤前为备战奥运画好的那些对手战术套路示意图。当她可以小心翼翼地下床进行运动时，她便让家人帮忙保护自己受伤的腿，一遍遍训练上肢和左腿。她无法扣球拦网，也要想方设法保持手感，增加力量。她不能起跳移动，也要在原地借助支撑完成动作。她的毅力与坚持，让她仅用了115天便使腿伤痊愈。赵蕊蕊成功地赶在奥运会前七天归队。受伤回来的她需要用实力证明，自己能够承担起上场厮杀的重任。训练课一开始，她便赶紧拉住技术教练找到陈忠和。然而，腿伤的阴影和久久未上场的客观因素，让她接连失利。陈忠和面对记者对赵蕊蕊的关心也只能说："看来时间对于她来说还是太紧了。"归队参加奥运会是支持她渡过康复难关的力量，可争取在奥运会上为中国队做些力所能及的贡献才是她心中所想。这样的自己，如何才担得起重任？第二天，赵蕊蕊重新请战，心中想要为国争光的愿望，不能就这么放弃。在她手中的球一个比一个凶狠，当年赛场上的赵蕊蕊回来了！距离赵蕊蕊受伤第一百四十一天，雅典奥运会女排开赛，赵蕊蕊第一局首发上场。仅仅三分钟时间，她拼尽了全力。虽然再一次倒下，一百多天来的康复瞬间失掉，但是倒在奥运赛场上，她无怨无悔。

正是由于中国女排如此刻苦坚持训练，克服伤病困扰，战胜自己，在比赛场上全力以赴，每球必争，因此在世界赛场上，中国女排多次击败强敌而夺得冠军。

（二）自强不息扬国威

中国女排自强不息的精神，追根溯源，传承于强大的民族基因。《易经》有云："天行健，君子以自强不息。"从古至今，自强不息精神一直深深地熔铸于中华民族的灵魂之中，是泱泱华夏文明的精髓所在，更是巍巍中华绵延万代、永远屹立的精神支柱。从神话故事中盘古开天、女娲补天、后羿射日等世界开拓者形象的塑造，到越王勾践卧薪尝胆、司马迁忍辱负重著成《史记》等古人非凡事迹的传颂，再到当代人民始终保持着昂扬向上的精神状态，为实现

---

① 马寅：《我爱女排》，云南人民出版社，2008，第14、26页。

中华民族伟大复兴而不懈奋斗，自强不息精神流淌在中华民族的血液中，在民族繁衍和发展中表现出顽强的生命力。

自强不息作为中华民族精神的核心，根植于中华传统文化，更滋养着中国女排，使其在世界大赛中大放异彩。回顾中国女排队员的奋斗历程，人们不难发现，在每一位队员心中，为祖国荣誉而战的初心没有变，自强不息的精神更没有变。20世纪80年代，人们为她们欢呼，是因为女排一路过关斩将，夺得"五连冠"，不仅成为世界排球史上第一支"五连冠"队伍，还鼓舞着中华儿女为中华崛起而不懈奋斗。如今，人们再次为女排姑娘们欢呼，不仅仅是因为她们所取得的成就，更是因为在身处低谷时的她们身上看到了勇攀高峰的决心和勇气。从2008年北京奥运会的遗憾到2012年伦敦奥运会的意外，中国女排一路走来并不顺利，可谓十分坎坷；但是，这支队伍从未因此屈服，困难和挫折反而将她们铸造得更加坚强。

1. 艰苦奋斗的作风不能丢

习近平总书记指出，"实现中国梦须矢志艰苦奋斗"，"艰难困苦，玉汝于成"。艰苦奋斗精神是中华民族的传统美德，是民族精神的重要内容。实现中华民族伟大复兴的中国梦，仍需继续大力弘扬艰苦奋斗精神，焕发时代光芒。

1954年才开始组建的中国女排，从队员选拔到比赛经验，再到技战术水平，可以说一切都是从"零"开始。中国女排从无到有、从弱到强，历经磨难、逆势而上。一场场高水平比赛中的优异表现，充分彰显了中国女排实力的不断提升，拼搏精神的不朽传承。

著名体育教育家马启伟在接受记者采访时讲道："我就带领全队进行全国拉练，打一枪换一个地方，到了一个城市就给观众表演，似乎是舞蹈团。主抓体育的贺龙元帅经常与我们谈心与训练。因为他是军人，所以训练采取军队方式，每个人都背着行囊行军。在当时想找一个完整的排球馆都很难，训练条件非常艰苦。记得贺老总说过一句话，就是中国女排一定要走出一条有自己特色的道路。这句话从根本上确立了中国女排今后的发展方向。"从此，中国女排最早的几位主帅带领着女排姑娘们开始了艰苦卓绝的漫漫征途。

"文革"结束后，袁伟民接手中国女排，并把她们带到了漳州和郴州训练基地。在这里，"魔鬼二号"袁伟民教练对女排姑娘进行了艰苦的训练。南方天气湿热且多雨，郎平在回忆起这段时光时感慨道："记得当时竹棚漏雨，有时外面下大雨，里面下小雨……"每逢下雨，姑娘们训练结束后，身上都会布满污泥；但整个基地只有伙房里有一个自来水龙头，供水相当短缺。这也就意味着，姑娘们一周想洗两三次澡都是奢望。最痛苦的是，地面凹凸不平，无论女排队员保护措施做得多么到位，都难免在身上留下血肉模糊的伤口。这些伤口让女排姑娘夜不能寐、寝不能安。中国排球大集训就这样在漳州和郴州拉开帷幕。没有球网，就用竹竿代替；没有臂力器，就和对手比力气；没有创可贴，就用胶布粘贴。滚上一身泥，磨掉几层皮，苦练技战术，立志攀高峰。这种艰苦奋斗的"竹棚精神"是女排精神的缩影，它意味着胜利是多么的来之不易：它不是赛场上的临场发挥和水平突发，而是训练中的严格要求和面对伤病的积极克服。

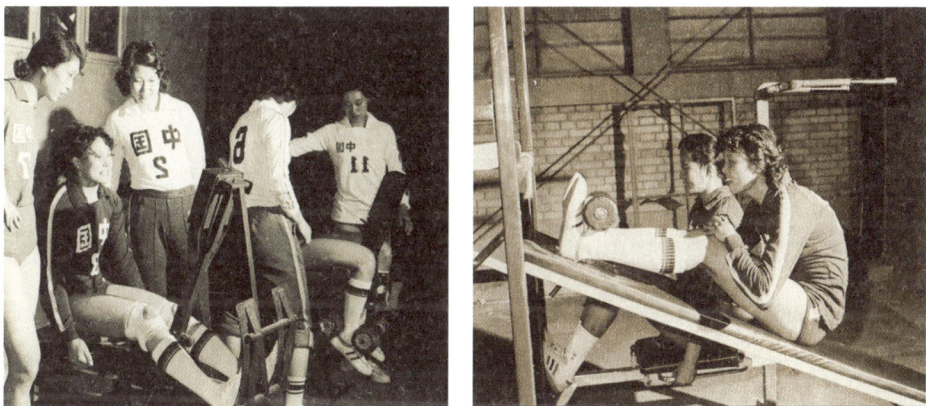

图3-19 1982年7月，中国女排队员在艰苦的条件下利用简陋的设备进行身体素质训炼

尽管现如今中国女排的训练条件、生活条件没有过去那么艰苦，但相对而言，竞技水平的不断提高决定了从事竞技体育项目本身只能是更残酷、更艰苦的职业。艰苦奋斗的女排精神永远不会过时，它蕴含着刻苦训练的体育本质要求。在这充满诱惑的社会环境中，失去或者忘掉艰苦奋斗的精神，斗志也会随之消失，意味着大局观念淡化，这势必会影响一支球队的团结，昨天的金碧辉煌一夜之间就会轰然倒塌。

2. 不畏强敌夺桂冠

自信自强是打赢国际大赛心理战的重要情商。自信，就是要坚定不移地相信自己的能力，相信能够依靠自己的力量取得成功，坚信"我能行"。自信能产生一种强大的力量，它能够在困难和失败的环境下给人以勇气和希望。自强，则是努力向上、奋发进取，是对美好生活的无限憧憬和不懈追求。它强调一个人在社会中应当自力更生，要有一种在困难情况下知难而进的勇气和不屈不挠、顽强拼搏的精神。因此，在面对挑战时，要有战胜困难的信心和直面挑战的勇气，勇往直前，在心理战上立于不败之地。

在竞技体育领域，美国、俄罗斯、日本、古巴等国家女排队实力非凡，一直是中国女排的强劲对手。中国女排要攀登"世界冠军"这座最高峰，途中不可避免地会与他们狭路相逢，此时拥有良好的心态和必胜的信心则显得格外重要。

新中国成立初期，中国女排刚刚组建，水平与当时的世界强国相比，存在相当大的差距。贺龙同志对三大球的发展极为关心。他经常看比赛和训练，还十分重视队伍的政治素养和战略战术。在一次与苏联白俄罗斯男篮队、女篮队的比赛中，贺龙同志发现，中国队总是在领先的情况下输掉比赛。对此，他尖锐地指出："关键在于有迷信思想，怕洋人，赢了也不相信能赢。现在首要的问题是解放思想、破除迷信，敢于斗争、敢于胜利！"贺龙同志一针见血地指出了当时中国三大球队存在的思想问题。这些话对中国女排队员在思想上产生了极大的启发和鼓舞。此后，打破迷信洋人的中国女排队，在"三从一大"的训练原则下，竞技水平稳步提升。在每一次世界比赛中，良好的心态和必胜的信心使她们取得了一次又一次骄人的成绩。

1981年，第三届女排世界杯赛在日本举行。中国女排在第二届女排世界杯比赛中取得第四名的遗憾场景，令老队员们难以忘怀。经过四年的刻苦训练，能否一雪前耻，在此一搏。在第三届女排世界杯比赛中，中国女排如下山的猛虎，一路高歌猛进，连胜六场，接连以3：0的完胜战绩战胜南美冠军巴西队、强敌苏联队、韩国队、保加利亚队、古巴队。在随后的中美比赛中，中国队虽然略显吃力，但最终以3：2的大比分取胜。曾经不敢想的世界冠军，近在咫尺；但在捧起奖杯之前，中国队还要面临"东洋魔女"日本女排的挑战。11月16日，中国女排和日本女排在大阪体育馆迎来最后的对决。比赛之前，袁伟民教练发现，日本队教练小岛孝治把胡须刮得干干净净，这一举动激怒了中国女排。原来，根据日本传统，小岛孝治在世界杯比赛前蓄须明志，拿不到冠军绝不刮胡子。而他在这场决赛开始之前就将胡子剃净，意味着他根本没有把中国女排视为对手，这无疑是对中国女排的挑衅。中国女排队员斗志倍增，接连拿下两局。按照女排世界杯比赛的积分规则，中国女排已经拿到了冠军。但此时，日本女排奋起直追，将大比分追到了2：2；中国女排却因连日比赛已略显疲态。袁伟民教练及时申请暂停，适时引导。最终，中国女排凭借两次极佳的防守，把终局比分定格在17：15，中国女排拿到了第一个全胜的世界冠军！

　　1984年洛杉矶奥运会上，中国女排在以3：0完胜巴西女排和联邦德国女排之后，在小组赛中遇到了实力强劲的美国队。而在之前与联邦德国队的比赛中，郎平的右膝髌骨韧带不幸拉伤，且阑尾炎不时发作。双重痛苦使郎平苦不堪言，只能靠吃止痛片勉强缓解。即使这样，郎平依然没有放弃，而是勇敢地踏上赛场。8月4日，中国女排在小组比赛中输给了主场作战的美国队。郎平更是因为自己没能在比赛中阻挡美国队的频频进攻而自责不已、泪流满面。但哭归哭，擦干眼泪后咬咬牙，还要继续战斗。在输球的这个深夜，袁伟民教练为了鼓舞士气，让队员们放平心态，对大家说道："我们确实输了球，但我们不能服输，因为这不是你们真正的水平。希望大家摆脱这场球的得失，每个人做好自己的工作，打好对日本（队）这一仗。"在与日本队的较量中，调整好心态的中国女排以3：0的大比分获胜，中国女排一扫阴霾。在8月7日中美女排决赛中，面对三天前在小组赛中战胜自己的美国队，中国女排丝毫没有胆怯。良好的心态、必胜的信心和强大的实力，使中国女排以3：0完胜美国队，实现了"三连冠"。

　　2004年雅典奥运会女排决赛，中国女排对阵俄罗斯女排。中国女排在先失两局的情况下绝地反击，最终以3：2逆转取胜。中国女排又一次在小组赛中非常不利的形势下逐步走向胜利。主教练陈忠和在雅典奥运会女排决赛后接受采访时表示，"在最开始的两局，虽然我们都丢掉了，但是我那时告诉我的队员，没什么好怕的，你们要继续发起进攻。因为我们的实力在俄罗斯人之上。我们虽然失掉了两局，但是我们同样可以用更出色的发挥再把局势给扭转过来!"

2016年里约奥运会，在中国女排与巴西女排的1/4决赛中，中国队的登场引来2万多名主场观众的嘘声。在小组赛中，中国女排两胜三负以B组最后一名出线，而巴西女排则以五战五胜积分第一名出线。巴西女排实力强劲，且作为东道主，可谓有着天时地利人和。正因如此，在这场1/4决赛开始之前，舆论认为巴西队必赢。在这种情况下，主教练郎平在准备会上就对女排姑娘们讲道："巴西（队）确实很强，但是她们不会想到咱们冲击她们冲得这么凶。当然，前提是咱们得冲出来。在比赛中你持续给她们压力，到了那个'点'一定是她们动摇，她们慌。咱们怕什么，咱们都输成这样了。（应该）怕的是她们，她们没想过进不了四强，她们还在做冠军梦呢。所以，只要压力一到那个'点'，机会就来了，肯定是她们崩。"同时，有着丰富客场作战经验的郎平也预料到现场观众可能嘘声干扰的状况，她告诉队员们，"他们越嘘我，我越要发好，抛好球，击准它!"担心队员因观众席上加油的球迷太少而感到孤单，郎平安慰道："我们女排有多少球迷呢？不吹牛，怎么说也得有上亿吧。这么多人在给我们加油，我们不孤单。"就这样，女排姑娘们怀着破釜沉舟的勇气向前冲，并和巴西女排打起了心理战。果然，重压之下的巴西队失误频出，发的球出现倒转，球员心理也出现了问题。最终，中国女排绝处逢生，上演惊天大逆转，在上万名巴西观众的嘘声中取得胜利。

"十个一般刺激，比不过一个强刺激。十句空头说教，比不上一次联系实际的批评。"[1]袁伟民教练将自己对爱国的理解通过训练与生活的方方面面传输给女排队员，让队员们学会将为国争光的想法用实实在在的行动表达，依靠爱国主义教育驾驭团队实现更高的目标。接受过袁指导爱国教育的女排姑娘们，继承了袁伟民的爱国意识，在以后的生活中同样注重思想先行。郎平执教中国女排，带领队员参加2016年里约奥运会，面对主场观众的一片嘘声时告诉队员："我们有上亿球迷在远方观战，我们不孤单。他们越是嘘我们，我们越要发好球、狠狠打，我们要为国家而战。"[2]

---

① 袁伟民：《我的执教之道》，人民体育出版社，1988，第32页。

② 师黎坤：《弘扬女排精神践行社会主义核心价值观》，《改革与开放》2017年第2期。

祖国是我们最大的啦啦队

面对2016年里约奥运会上全场巴西观众海啸般的叫喊声，中国女排姑娘心里默念的两个字是："坚定！坚定！"女排1/4决赛迎来了中巴之战。比赛开始前，许多人都认为这将是中国女排在本次奥运会上的"谢幕演出"。因为在奥运会历史上，中国和巴西女排曾经遭遇6次，中国除了赢得20世纪80年代最初两次交手外，最近四次交手都悉数败下阵来。巴西队的实力大家有目共睹，加上主场作战，巴西观众有着空前的爱国热情。所谓主场优势，说的也正是这种民族自豪感驱使下的狂热加油。据赛前报道，2万人的场馆来了19000多名巴西球迷，现场只有几面五星红旗。自己国家的观众支持自己国家，赛场上随处可见巴西国旗。只要轮到中国球员发球，巴西球迷就爆发出巨大的嘘声，这让中国队员们倍感消沉。看着巴西队高亢的气势，郎平最先做出反应。她告诉女排姑娘们，一定要让巴西女排知道，就算想要夺冠也要先打赢了我们再说；中国女排不会让她们轻易过关，也不会让远方牵挂着女排的中国观众失望；他们的嘘声是对自己国家队员的不自信，中国球员是不会被这种小把戏干扰的，要坚持住，坚持心中为国争光的信念！郎平的话起了作用，场上的嘘声越大，姑娘们的球打得越狠。她们的民族自信心越来越强烈，在一次又一次反击中打出了中国人的傲气。场上的嘘声嘘不掉我们的爱国

图3-20　中国球迷在里约奥运会上为中国女排加油

情、报国志，因为中国女排的背后，有着祖国十四亿人的啦啦队在为她们鼓劲、加油。

从女排成立初期打破迷信洋人，到2016年里约奥运会上绝处逢生，中国女排面对强敌从不畏惧。反败为胜、逆风翻盘这些对于别人而言少之又少、堪称奇迹的事情，对于中国女排来说并不鲜见。这一幕幕精彩绝伦的比赛，不仅体现了女排姑娘们扎实的基础、过硬的本领，更反映了她们面对压力时的超强心理素质、良好的心态和必胜的信心。

四、永不言败：女排精神的特质

三十年拼搏不息，几代人热泪盈眶。在低谷中奋起，从不放弃，面对强敌出手，永不言败。你们的身影是民族性格的缩影，你们的脚步是一个国家成长的历程。奏国歌、升国旗，你们超越了体育，是国家的英雄。

——2019年感动中国颁奖词

输赢是竞技体育比赛不可回避的话题，也是运动员最敏感、最纠结的话题。观众们何尝不是，连熟人、朋友一见面不问别的，先问最近不错，又赢啦！什么时候拿冠军啊？……看来的确是个必考题目。与其说赢得比赛是一个优秀运动员或一支优秀运动队的检验标准，不如说正确对待输赢、理性看待成败是一个优秀运动员和一支优秀运动队的重要衡量标准，是必须过好的一道思想关、心理关。这道考题，在某种意义上涉及输赢与项目精神的关系问题。一个冠军队伍或冠军人物更容易背上这样的心理包袱，或引发大众心理上的误区。譬如中国女排，也许是因为女排过去"五连冠""十冠王"的辉煌战绩，让一些国人心中建立起中国女排只能赢不能输的联系：赢了，就喊女排精神回来了；输了，就说女排精神不在了。但这并不是女排精神的真正内涵。2019年国庆节前夕，习近平总书记会见中国女排代表队时的讲话，可以说纠正了关于女排精神的误解，他说："广大人民群众对中国女排的喜爱，不仅是因为你们夺得了冠军，更重要的是你们在赛场上展现了祖国至上、团结协作、顽强拼搏、永不言败的精神面貌。"冠军诚然可贵，但女排留给我们的精神财富却是无价的。它是团队的灵魂，起凝神聚气作用；是队员最大的情商。它不仅影响着运动员的情绪心理和技术发挥，还为提高技战术水平提供思想保障和精神动力。因此，运动员项目精神培养是一项铸魂工程，是决定女排夺冠的必然性因素，没有项目精神的运动队只能是一盘散沙。再优秀的天才也需后天的努力，靠偶然机遇不可能赢得国际大赛。若从女排精神看输赢，女排精神应该是夺冠的必要条件，但不是充分条件。影响夺冠的因素很多，包括新老队员交替、伤病后的恢复、对手实力变化等。这些不以人的意志为转移的客观条件，都限制了运动员主观能动性发挥的程度和作用。且不论从输赢看女排精神是错误的，即使从夺冠与否看女排精神，它也只是衡量女排精神的一个充分但不必要的条件。郎平在国外待久了，对输赢胜负释然了好多，没有以前那么大的心理压力：只要尽全力，做最好的尝试就行了。是成是败，该是什么就是什么。如果心理上背着胜负的包袱过重，反而对比赛结果起反作用。

女排精神不仅体现在争夺冠军的结果上，还体现在平时的训练中和争夺冠军的过程中，更体现在逆境中的坚持和绝地反击。回顾女排的夺冠史，姑娘们书写了一个个惊天逆转、逆袭翻盘的传奇故事，给我们一种处败不惊的信任感。40多年前首次夺冠时，中国队在靠积分提前锁定冠军的情况下被日本队扳回两局，并在决胜局14：15的危急时刻取得七战全胜的战绩；1982年秘鲁世锦赛上，中国队在小组赛上被美国队"零封"后，在必须六战全胜的压力下背水一战，绝处逢生，逆袭折桂；2004年雅典奥运会前夕，主力队员赵蕊蕊左腿骨折，队员们齐心备战，共同弥补失去的高度，小组赛完胜俄罗斯队又在决赛中相遇，在0：2落后、命悬一线的危急时刻，中国队连扳两局进入决胜局，实现了惊天大逆转；2016年里约奥运会的经历更如过山车，面对巴西观众全场的哄扰，摆脱了小组赛上0：3败给塞尔维亚的阴影，决赛时反以3：1战胜塞尔维亚，成功夺冠……越是逆境，越能展现女排精神的魅力；越是需要发扬女排精神的时候，挫折激发了姑娘们的潜能，使女排快速成长。

郎平反思说，对输赢的态度，反映了一个民族的心理素质。我们能够反败为胜，赢得最好的结局，这种在困难和挫折面前没有放弃的精神是更值得宣扬和表扬的。大家都希望中国女排能像当年的"五连冠"那样早一天拿到冠军，"但是，我们要实事求是，得客观地分析中国女排队伍的情况。不能说，拿了冠军就是拼搏，不拿冠军就不是拼搏……全世界有130多支球队，中国女排在世界排坛发展的这种格局中，能够有这样的成绩，每个队员都呕心沥血了。如果一定要他们一场不输，输了就冷嘲热讽，这对运动员很不公平。"[①]女排精神不只是体现在赢得冠军，更体现在失败后的永不言弃、从头再来。40年来，女排经受了两轮长达十余年的低谷，仍能东山再起、重返巅峰，靠的正是不服输、不言败的女排精神。对于球迷而言，理性地看待输赢和理解球队，能够给予项目团队继续向冠军冲锋的力量。而项目团队只有全面总结输赢的经验，吸取教训，才能走出逆境，永处不败之地。中国女排要赢得冠军，让国歌在国际赛场上奏响，国旗在赛场上飘扬，必须发扬永不放弃、永不言败的女排精神。

（一）每球必争不言弃

努力不一定会成功，但放弃必定会失败。在郎平看来，反败为胜的比赛结果更应该给与肯定和鼓励，更值得宣扬和表扬，因为这体现了一种在困难和挫折面前没有放弃的精神，"女排'永不放弃'的精神是我们不变的传统"[②]。无论是在训练场上，还是在比赛场上，都要每球必争，即使最后不会取胜，过程也是不留遗憾的。赢了也要全力以赴，输了也要竭尽全力。在老一代女排队员中，张蓉芳就是"每球必争"的榜样人物。

鲁光口述：培养每球必争的意识和实力

郎平刚进国家队时，教练就发现她在平时训练有很强的每球必争的意识和习惯，球不落地，永不放弃，这是一个优秀运动员非常重要的基本素质，教练员非常重视这一方面的培养。身高只有1米74的张蓉芳刚到四川女排时，在一场进行不太顺利的比赛中，有几个球该扣的随意扣，几个应

---

① 郎平、陆星儿：《激情岁月——郎平自传》，东方出版中心，1999，第185页。
② 宋元明：《阳光总在风雨后——中国女排的故事》，人民出版社，2018，第193页。

该救的球也没管。比赛结束后，教练问她为什么不救球。张蓉芳坦然道："反正比赛肯定赢不了，多救一个球少救一个球又有什么关系。"教练在心里叹了一口气——她还不懂每球必争的意义。但是在后来的两次比赛中，让张蓉芳在认识上有了质的飞跃。一次是在1976年中国女排与秘鲁女排的比赛中，自己传球给四号主攻手，没想到传了个刚过网的球，被对方一锤定音。还有一次是1977年的世界大学生运动会上，中国女排对阵美国女排，自己几次打过去的球都被对方的大高个扣了回来，不服气也无济于事，最后即使赢了也因为多输两局而失去了争夺冠军的资格。这两次的打击让张蓉芳暗下决心，一定要苦练基本功，弥补自己先天身高的不足。再加上碰到了"魔鬼二号"袁伟民，他对张蓉芳十分严格，经常练她传球。袁伟民给她前后左右变化多端的球，而且难度逐渐加大，张蓉芳累得上气不接下气，直到忍受不了把球丢出了场外。袁伟民说："把球捡回来。"张蓉芳一动不动。"不捡就别练了。等想通了再说吧。"袁伟民准备离开，张蓉芳性格比较倔强，越不让她做什么她偏要做。她立刻转身把球捡回来，咬着牙流着泪继续训练。正是靠着平时一丝不苟的训练，养成了每球必争的职业习惯和技术实力。只要在比赛场上听到排球声响，她就会马上进入状态，精神抖擞、聚精会神，每个动作都是快速而准确。队长孙晋芳曾说："毛毛（张蓉芳的昵称）在场上那才水灵呢！"

每球必争是中国女排的撒手锏。中国女排赢下每一分，有时要打很多个回合。每球必争，是对女排精神的一种诠释，更是一种崇敬；每球必争，代表中国女排不计较结果，只管"一争到底"，无愧于自己的一种态度。

清代词人纳兰性德说过："人生如棋，黑白相间，有输有赢，永不言败。"永不言败是一种精神、一种勇气、一种力量、一种信念，也是一条通往成功之路。人生就像一艘船，每个人都是开船的舵手。一个人在成长与生活中，不可能总是一帆风顺，总会遇到这样那样的、或多或少的失意。倘若在遇到挫折时浑浑噩噩、一蹶不振，只会亲手葬送自己的前程。相反，如果从中分析原因、吸取教训、完善自我，不轻言放弃，终将看到成功的彼岸。

"挫折是成长路上的礁石，不遇见它就激不起成功的浪花。"人生如潮，有涨有落；人生是月，有圆有缺；道路坎坷，有起有伏。中国女排的奋斗历程启示着我们：厄运面前不认输，困难面前不低头。人生最美的姿态是在风雨中的舞蹈，最高贵的活法则是不断超越自己、永不认输。

逆境是实现梦想的必经之路，最能激发出精神的能量，最能体现拼搏精神。英国学者贝弗里奇曾说过："人们往往在处于逆境的情况下做出最出色的成果，思想上的压力，甚至肉体上的痛苦，都可能成为精神上的兴奋剂。"冷静面对困境，常常会产生一种无形的鞭策，催人奋进。在20世纪70年代的一次表演赛中，中国女排输给了山西女排。当时姑娘们觉得"跌份儿"，而袁伟民却认为是好事。他给队员们打气，"胜败乃兵家常事。今天输了，是为了明天不输。"不经坎坷，攀不上顶峰；不经风浪，练不出过硬的翅膀。

在2004年雅典奥运会上女排决赛中，中国女排对阵俄罗斯女排，在0∶2落后的情况下，顽强拼搏、永不言弃，连胜三局逆转俄罗斯队。当时打到第四局，中国女排还以21∶23落后于俄罗斯女排。俄罗斯女排队员加莫娃各项技术都很均衡，扣球高度可以达到3.21米，拦网高度为3.10米。她站在场上就能让人产生极大的心理压力，在2004年奥运会上个人技术排名第一，而中国女排的个人实力与比赛经验都不是很丰富，体能和心理上也都出现了问题。现场的很多球迷都已经不敢看了，下意识地认为不会翻盘了；但是时任主教练陈忠和一直鼓励大家不要轻言放弃。随后，中国女排的姑娘们一鼓作气，以惊人的意志力，凭借周苏红一攻得分、张萍反击得手，以及张萍和冯坤的双人拦网、杨昊最终的强攻落地，奇迹般地以25∶23拿下第四局。在决胜局，中国女排和俄罗斯女排的比分交替上升，最终中国女排凭借老将张越红的一锤定音，在决胜局以15∶11取胜，实现了奥运会排球比赛历史上一次惊天的大逆转！

郎平在一次接受采访时说："不能让队员看出我的情绪。越是在困难的时候，越是要忍耐、要乐观、要坚强。队员们在看着我，我要用我的情绪感染她们、稳定她们。这是一支正在作战的队伍，无论如何士气不能丢，军心不能散。而一个主教练就是一支队伍的主心骨，作为一个主帅最重要的作用就是在困难的时候，在运动员没有发挥好的时候岿然不动、以身作则，促使队员保持气势、再接再厉。"①每每在面对比赛不利局面时，郎平都会及时叫暂停并鼓励队员努力争胜。低潮时期，解决新老交替的问题需要一定的时间，新一代队员的成长也需要经过大赛的历练，需要忍耐。在黎明到来之前的黑暗时期，需要从容镇定的准备和耐心的等待。

一代代中国女排队员们，用血汗和眼泪生动地阐述了什么叫拼搏自强的女排精神。1973年毕业于北京体育学院（今北京体育大学）青训队的曹慧英，作为"文革"后成立的中国女排的第一任队长，素来"要球不要命"，有了"铁姑娘"和"拼命三郎"的称号。在她身上充分体现了中国女排自强不息、不畏强敌、永不言败的精神内涵。

鲁光口述：打不倒的"铁姑娘"曹慧英

1977年第二届女排世界杯赛上，新的中国女排刚组建一年多，在与韩国队的角逐中，她飞身扑救一个眼看就落地的险球，球是"起死回生"了，她却伤了左腿，钻心的疼痛使她渗出冷汗。但还没等曹慧英从地上爬起来，裁判就示意中国队换人。曹慧英蓦地站起来了，倔强地挥挥手，告诉那位朝着她示意退场的裁判："不换!"她忍痛接连打了好几个强有力的扣球，一直坚持到比赛结束。中国队虽然以两分之差输掉了比赛，但中国女排队长英勇顽强的精神却赢得了观众的心。"三号!""曹——慧——英!"观众们用欢呼、用掌声，用各自喜欢的方式，表达着对她的敬意。第二天迎战古巴队时候，曹慧英让医生打了封闭，腿上扎着厚厚的弹性绑带又上场了。激烈的战斗使这位勇敢的姑娘把自己的伤痛置之度外。为了表彰她的英勇顽强，大会特意给她颁发了三个奖：拦网奖、敢斗奖和最佳运动员奖。然而，手捧奖杯的曹慧英却流泪了，因为中国女排仅获第四名，只能站在台下，眼巴巴地望着别国的球队升国旗，而且要为优胜者挥舞黄手绢。1978年女排世界锦标赛上，在与日本队的比赛中，曹慧英在一次跃起快攻落地时只听膝关节"咔嚓"一声，她并没在意，髌骨响过之后还跳起进攻十多次。过了一会儿，她发现左腿开始不听使唤，但还是轮

---

① 何慧娴、李仁臣：《巅峰对话：袁伟民郎平里约之后话女排》，长江文艺出版社，2016，第7页。

了三个位置，直到坚持不住，才被医生搀扶下去。得知自己髌骨断裂，更为雪上加霜的是，她腿伤刚好，又发起了高烧，经诊断患上了肺结核，只能暂别赛场，住院疗伤，一住就是7个月。重返国家队后，曹慧英因年龄和伤病沦为替补，但她依然是主帅袁伟民手中的一张"王牌"。即便膝盖里埋着钢钉，她那出色的拦网技术仍令对手望而生畏。1981年世界杯和1982年世锦赛，中国女排两度与苏联队交锋，曹慧英均在形势不利之际替补登场建功，助球队扭转被动局面夺得冠军①。

2014年入队的队员张常宁，对女排精神最深刻的理解是"不抛弃，不放弃"的精神，她认为，"在逆境当中也没有一个人放弃，哪怕只有一点点的希望，只要抓住一丝希望就用百分之百的努力换来成功。"②2019年女排世界联赛总决赛最佳主攻手刘晏含对记者说："比赛中我们不能多想结果，我们只是相互鼓励，永不放弃。不管有多难，我们要做的就是不断拼搏！"③

（二）卧薪尝胆再崛起

　　女排精神不是赢得冠军，而是有时候知道不会赢，也竭尽全力。是你一路虽走得摇摇晃晃，但站起来抖抖身上的尘土，依旧眼中坚定。人生不是一定会赢，而是要努力去赢。

　　　　　　　　　　　　　　　　　　　　　　　——郎平④

不服输、不言败，是中国女排的职业性格；处败不惊，是中国女排40年修炼而成的境界。人生并不总是一帆风顺。当身处逆境时，能够正视逆境、勇于抗争的人，才能磨练出坚强的意志和百折不挠的毅力；才能经受住生活的考验，更加成熟；才能激发斗志、勇往直前，最终战胜困难走出逆境。逆境虽非

---

① 鲁光：《中国姑娘》，作家出版社，2009，第17~18页。
② 宋元明：《阳光总在风雨后——中国女排的故事》，人民出版社，2018，第199页，
③ 中国女排官方微博：2019世联赛总决赛"最佳主攻"刘晏含个人集锦，https://weibo.com/tv/show/1034：4393186576022479?from=old_pc_videoshow
④ 宋元明：《阳光总在风雨后——中国女排的故事》，人民出版社，2018，第193页。

好事，但对于一个意志坚强、想成就一番事业的人来说，更是一个砥砺品质、磨炼意志，助其走向成熟、走向成功的机遇。

中国女排如何面对失败？郎平说："'失败'是一根灵敏度最高的体温表，一般人都容易在失败以后犯'冷热病'；可我们打世界比赛，真是冷不得热不得。我最佩服袁指导有一种'恒温'的意志，不管败到哪个地步，他那根'体温表'的水银柱保持一动不动。"[1]但凡了解中国女排四十多年曲折历程的人，都会对女排有一种处败不惊的信任感，相信失败对于女排来说只是暂时的，总有一天还会东山再起。

中国女排在夺得"五连冠"之后，两次陷入低谷，历经挫折，中间起起落落，几度易帅。但庆幸的是，在陈忠和、郎平等优秀教练的带领下，中国女排一次次从低谷中崛起，再度辉煌！面对低谷与挫折，中国女排从未认输。她们以此为机遇，不断积累经验，最终破茧成蝶，重获新生！

1. 十七年后再夺金

自1986年中国女排在捷克斯洛伐克夺得第十届世界女排锦标赛冠军后，随着郎平、梁艳等黄金一代选手的退役，中国女排荣耀的光环逐渐褪去。

1988年，中国女排出战汉城奥运会。9月20日，中国女排以3∶0击败美国女排，取得开门红。但此后，情势发生了逆转。9月23日，中国女排以2∶3输给当时实力突增的秘鲁女排；9月25日，中国队在对阵世界排坛新手巴西队时以2∶15的首局落败后连扳三局，最后以3∶1战胜巴西队；9月27日，中国队与苏联队在半决赛相遇。这两个旗鼓相当的对手之间的比赛，也受到了世界各国排球爱好者的广泛关注。但是在这场比赛中，中国女排三局一共仅拿到11分（三局比分是0∶15、9∶15、2∶15），不足苏联女排总分的四分之一！人们不禁要问，这还是那支战无不胜的中国女排吗？中国女排究竟怎么啦？

如果说，1988年汉城奥运会对中国女排是前所未有的打击，那么1992年巴塞罗那奥运会失利则是中国女排跌入低谷的开端。1992年8月4日，时任中国奥运代表团副团长袁伟民接到国际奥委会医务委员会的通知，中国女排运动员巫丹在兴奋剂检查中药检呈阳性，即将被驱逐出奥运会。待查明原因后发

---

[1] 郎平、陆星儿：《激情岁月——郎平自传》，东方出版中心，1999，第288页。

现，巫丹在赛前训练时受伤，服用云南白药和马钱子等较为常见的中药来缓解疼痛。不料，这些中药含有违禁成分"的士宁"。就这样，巫丹失去了奥运会比赛资格。看着昔日的队友含泪离开奥运村，女排姑娘们不知所措，泣不成声。原本有望弥补汉城奥运会遗憾的中国女排，在小组比赛中三战皆负，失去了参加前六名比赛的资格。最终，士气尽失的中国女排在参赛的八支队伍中仅名列第七。这是中国女排历史上最差的名次。这次失利，使中国女排跌落谷底。处在谷底的中国女排能否重回巅峰？中国女排的教练们和姑娘们又要付出多少努力，才能获得最终胜利？

此后，中国女排的登顶之路曲折而又漫长。但可喜的是，中国女排有赖亚文、冯坤、赵蕊蕊等一代代优秀的新女排姑娘前赴后继，更有像陈忠和、郎平等多位优秀的教练代代相守。在中国女排团队的共同努力下，女排一次次从谷底走出，再创佳绩。陈忠和跟随中国女排近三十载，始终以富于魅力的笑容传达着永不服输的拼搏精神。他用30余年的守护结束了国人对女排世界冠军17年的等待。

陈忠和口述：艰苦的积累与久违的胜利

2001年2月2日，我在中国女排的最低谷接过帅印，带领中国女排东山再起，我还是有信心，因为我一直在中国女排做陪练，经历过"五连冠"的辉煌时期，我比谁都了解中国女排。组队之初决定全部采用新队员，当时女排的身体条件不太好，主力阵容里最高的张萍只有1.86米，而且新一代队员大多是独生子女，"80后"年轻队员吃苦不像从前。我先用一个礼拜的时间凝聚队伍。组织队员向国旗宣誓，用爱国主义统一思想，提升团队的思想觉悟和站位，为国而战；把队员带到郴州基地附近的贫困地区，走访贫穷百姓，让队员体会来之不易的富足生活和国家对体育事业的巨大投入；组织队员看老女排时期日本大松博文进行的"魔鬼训练"，传承老女排吃苦耐劳、勇于拼搏的精神；用学军的方式开展训练，请部队官兵来进行军训，锻炼意志品质，养成训练有素、令行禁止的作风；在日常训练中高标准严要求，培养团队精神。体能训练组织爬苏仙岭，一般老百姓爬上苏仙岭大约需要一个小时，我要求队员十几分钟全部跑上去，只要有一个人达不到要求，就要全部重跑。队员王一梅很胖跑不动，几个体

图3-21 2003年第九届女排世界杯小组赛中陈忠和在指导队员（图片来源：新华网）

力好的老队员爬上去后赶紧下来，三四个人搀着她走，拖着她爬，通过这些训练让队员充分感受什么叫集体，什么是团队精神。在2003年日本女排世界杯比赛中，中国女排先后击败巴西、美国、日本、古巴、意大利等11支世界强队，以11次单循环赛全胜的战绩夺冠，结束了全国人民对女排世界冠军17年的等待。随后在2004年的雅典奥运会上，在小组赛先后击败实力强劲的日本队、古巴队，与俄罗斯队角逐冠军。决赛中，我们在前两局中接连失利的情况下，我坚定地告诉队员："没什么好怕的，你们要继续发起进攻！"最终连扳三局，逆袭翻盘，成功夺冠。

2. 再遇低谷重崛起

随着2009年陈忠和交出执掌中国女排8年的教鞭，中国女排在跌跌撞撞中逐步滑向低谷。2009年，中国女排两度负于日本女排，亚锦赛上又史无前例地被泰国女排击败。此后，赵蕊蕊等老队员退役，主帅换人，中国女排进入了一段风雨飘摇的日子。刚刚接过帅印的蔡斌，又把帅印交给了王宝泉。在后者"地狱式"的训练方式下，女排有所起色，夺得了瑞士精英赛冠军，并在世界女排大奖赛上收获第四名。但五个多月后，王宝泉又因自己的身体原因挂印而去。两年内三度易帅，这是中国女排历史上的第一次，也让女排一下子失去了灵魂。2010年，中国女排跌入谷底，仅仅取得世锦赛第十名的成绩。2012年，中国女排在伦敦奥运会上遭遇滑铁卢，再度陷入低谷。中国排球管理中心的领导，再次把目光投向了郎平。中国女排在郎平的悉心培养下，第三个"黄金时代"在逐渐形成，开始发生蜕变。

挑战不可能，续写新传奇

从创造"五连冠"纪录，到两次在女排最困难时期临危受命，率领女排摆脱低谷，"铁榔头"郎平似乎已成为奇迹的代名词。2012年中国女排伦敦失利，很多人劝她不要接，郎平依然坚定地表示，"接！为何不接？三十年前我可以，三十年后依然没问题！"她在接受采访时讲道："我应该是老女排最后一个还在一线的了，应该为中国女排传承一点东西，留下一点东西。这么累这么重的活，咱也不能一直干啊，但是女排的东西再不传承就可惜了。大家都退休了就有心无力了。还是有一种女排情结，希望培养一些年轻队员和年轻教练，让中国女排一直保持在世界上的高水平。""铁榔头"郎平怀揣着传承女排精神、振兴女排事业的梦想，毅然决然地再次踏上女排教练之路。但这条路并不好走。郎平在接手之前便明白中国女排也许不复从前，但她没有想到这么差。这时的中国女排没有基本功、没有防守、没有移动、没有串联，更没有良好的心理素质。但郎平最不怕

图3-22　2016年里约奥运会女排决赛，郎平对队员进行指导（图片来源：腾讯体育网）

的便是困难，最不缺的就是信心！她告诉每一位女排姑娘，"你们现在有多差，以后就会有多出色！"从此，训练馆变成了炼狱场，为了弥补、追赶和超越，她们不知花费了多少心血和努力。此时的郎平早已浑身是伤：严重的腰伤，双腿髌骨已全部摘除，手骨断裂使手指根本无法正常伸直……在这种情况下，每一次大幅度动作对她而言，都得承受常人难以忍受的痛苦。即使这样，她仍坚持亲自上阵演示扣球拦网等高难度动作，这种自强不息的精神感染了每一位队员。辛苦的付出终于换来了2014年世锦赛亚军，2015年亚锦赛、世界杯赛冠军，2016年里约奥运会冠军,2015年，郎平入选感动中国十大人物，颁奖词中写道："临危不乱，一锤定音，那是荡气回肠的一战！拦击困难、挫折和病痛，把拼博精神如钉子般砸进人生。一回回倒地，一次次跃起，一记记扣杀，点燃几代青春，唤醒大国梦想。因排球而生，为荣誉而战。一把铁榔头，一个大传奇！"

3. 走下领奖台，一切从"零"开始

1981年，袁伟民带领中国女排夺得我国排球史上第一个世界冠军，举国沸腾。全国人民都将他们看作人民英雄。全国上下到处都在请女排去演讲，清华、北大甚至派了一个组专门到国家体委住着来请；但是袁伟民一概拒绝了，也不让其他队员去讲。他只给中央、全国总工会和全国妇联汇报了三次，就把冠军奖杯收起来。他对全队说，我们现在什么都不是，不是世界冠军了，大家都集中精力再从"零"开始，接着训练。

在夺得第二个世界冠军后，袁伟民说道："拿了两个世界冠军，我认为还不够，因为在世界排坛上，最高的荣誉是'三连冠'！""三连冠"是当时世界排坛的最高荣誉，而袁伟民并不认为中国女排姑娘们比苏联女排和日本女排差，他坚信中国女排一定可以拿到！

在获得"三连冠"后，中国女排再一次将自己放在"零"的位置上。此时的中国女排也面临着新老队员交替、主教练换人等不利因素；但是她们克服了重重困难，顽强拼搏，坚持不懈，团结协作，再次摘得1985年世界杯和1986年世锦赛冠军。据统计，在1981—1988年间，我国GDP平均增长率为9.8%，经济增长带来国富的同时也使得人民的盈余增加。按照马斯洛的需要层次论，

随着我国经济恢复和人民生活水平不断提高，人们开始逐渐追求精神上的满足。郎平在自传《激情岁月》中回忆道："打球已经完全不是我们自己的个人的事情和行为，而是国家大事。我甚至感觉当时连自己都不属于自己，女排夺冠以后，我扣球的形象都上了邮票，纪念币、纪念章，像民族英雄一样。女排是一面旗帜，女排的气势振兴了一个时代，它是（20世纪）80年代的象征。"①当时的中国正需要这样世界级的成绩来证明自己，树立形象，彰显实力，提升国际地位。

中国女排不负众望，创造了"五连冠"的奇迹；但中国女排在每一次获得冠军之后都会从"零"开始，在训练上丝毫不放松对自己的要求。即使赢得了冠军，中国女排也不骄不躁，在比赛结束后还就地训练追求更好的自我。

鲁光口述：赢球补课，戒骄戒躁

1980年5月14日晚，中国女排与日本女排的比赛刚刚散场，中国队以3：0的大比分击败了日本队。体育馆门口留着许多想看女排姑娘的球迷，热切地讨论着今晚的比赛。这场比赛着实让现场观众虚惊了一场。每局开始时中国队都处在落后的形势，但是只要打到9分，就会出现戏剧性的反转：女排姑娘奋起直追将比分追平直至领先结束战斗。可是过了很久，仍不见中国姑娘的身影。人们开始不满，抱怨中国女排太傲气。这时，一名工作人员从体育馆中走出来说，中国女排在补课。观众们很不解。袁伟民对姑娘们说，这场球就某种意义来说比一路领先赢下来还值。我们现在落后也不会慌乱，可以反败为胜，这是队伍走向成熟的标志。"但是，我们要好好地想一想，为什么三局球开局时都会落后呢？我看，还是我们轻敌了，骄傲了！虽然在准备会上大家也强调了要防止骄傲的情绪，但是打起比赛来，还是提不起神。"他停顿了片刻，又语意深长地说："今天补课，就是为了让大家记住，我们开始成熟了，但不能骄傲；如果骄傲了，将来总有一天会阴沟里翻船的。奥运会是四年一次，而我们一个人的运动生涯能有几个四年哪？请大家好好想一想！"②本来有的姑娘

---

① 郎平、陆星儿：《激情岁月——郎平自传》，东方出版中心，1999，第64页。

② 鲁光：《中国姑娘》，作家出版社，2009，第49～52页。

对这次补课心里并不服气。她们想着，好输不如赖赢，不管怎么说，我们是赢下来的呀！但听袁指导这么一分析，也就不再吭气，顺从地拖着疲惫不堪的身躯又练上了，一直练到午夜十二点多，才结束这场特殊的"补课"。

郎平执教以后经常强调，"走下领奖台，一切从零开始"。这句标语一直以来高高地悬挂在中国女排训练馆中，更深深地印刻在每一位女排姑娘的心间。从"零"开始，需要的是胜不骄、败不馁的良好心态，更需要忘掉成就、毫不懈怠、敢拼敢斗的精神与勇气。敢拼就能创造奇迹，这正是中国奥运军团的灵魂，也是竞技体育的魅力，更是拼搏精神的实质。只有顽强拼搏、永不服输，挑战一切不可能，才创造了一个个不断涌现的中国奇迹。中国女排这种顽强拼搏的精神，永不过时也从未远离。2013年入选国家队的刘晓彤对女排精神深有感触，郎指导经常给她们提，而且以身作则带动她们。她说："对我来说，我理解的女排精神就是越挫越勇，能在最困难的时候再顶一顶，再冲一冲。"[1]同年入队的袁心玥也有着共同的理解，女排精神是小时候从家里长辈那里听说的，她所理解的女排精神是，"不管输赢都坚持不懈、努力到底的那股劲儿"[2]。

永不言弃的人，才能享受到胜利与成功的喜悦；那些早早放弃的人，永远

图3-23 女排训练馆标语"走下领奖台，一切从零开始"

[1] 宋元明：《阳光总在风雨后——中国女排的故事》，人民出版社，2018，第200页。
[2] 同上书，第201页。

只能面对别人的成功而遗憾。面对困难，人们会想到退缩，会想要放弃；然而只有永不言弃，才能愈加接近胜利，即使最后失败，也一定是华丽落幕。身处绝境，强者与弱者的区别就在于：强者能够抓住逆境背后的机遇，绝境逢生；弱者只是在逆境中随波逐流，在绝境中选择放弃。失败者与成功者的差距在于，成功者在逆境或绝境中做出了正确的选择，比失败者多坚持了一分钟，多走了一步路。

（三）科学求实是基石

中国女排何以转败为胜？以何转败为胜？科学创新是她们转败为胜的强大武器。其中，科学求实提供了转败为胜的坚强底气，改革创新提供了转败为胜的驱动力量。科技革命的不断深化，注定了金牌背后是科技大战。20世纪40—50年代开始的第三次科技革命以空间技术、生物信息技术、电子计算机和因特网等革命成果，推动了社会生产力的发展，促进了社会经济结构和社会生活结构的重大变化，不仅改造了工业、农业，也席卷了各个领域。随着科技的不断进步，人类的衣食住行等日常生活的各个方面也发生了重大变革。

邓小平同志敏锐地观察到世界形势的变化，发展了马克思关于科学技术是生产力的历史唯物主义观点，提出"科学技术是第一生产力"[①]的科学论断。科学技术与科学管理作为生产力非独立性的间接要素，日益渗透到生产力三大基本要素，使劳动者逐渐变为科技型、文化型的生产者，并发明了更加先进的生产工具等劳动资料，不断开发出日益崭新的劳动对象。先进的科学技术与管理模式不仅提高了劳动生产率，而且使科学技术转化为生产力的周期日益缩短，科学技术对国民经济增长的贡献越来越大。许多发达国家已将科技、资本和劳动并列为三大生产要素，并十分注重科技在经济增长中的决定作用。一些发达国家中科技进步对国民经济增长的贡献率达到三分之二以上。为解决我国产业结构不合理、技术水平落后、劳动生产率低、经济增长质量不高等问题，我国于1995年实施科教兴国战略，通过加大科学与教育投入力度为经济和社会发展提供知识、技术和人才支持，从而提供效益，达到兴国的目的。

---

① 邓小平：《邓小平文选》第3卷，人民出版社，1993，第274页。

科学技术与科学管理使体育行业获得了改造与新生，譬如人工智能、基因科学、大数据等在体育选才及科学训练中的应用，材料科学催生了体育领域新工科创建，等等。体育赛场竞争的日趋白热化，迫使人们不得不采用先进的科学技术与科学管理模式。人们深知，金牌争夺的背后是激烈的科技大战，运动训练的科学化是大势所趋，排球运动已从普通的体育运动发展成为具有独立完整的理论与实践系统的学科，依赖生理学、医学、心理学、社会学、遗传学、情报学、哲学、管理学、计算机科学等方面的知识来解决实际中的问题，向着多学科结合、多领域开拓、多方法并用的方向发展。

实践证明，科学求实是现代化发展的必由之路，是体育现代化的王者之道。科学求实已成为中华体育精神的重要内涵，女排精神充分地体现了这一点。实事求是的科学求实精神和与时俱进的改革创新精神，是女排克敌制胜的重要法宝。女排精神从诞生之日起，一直坚持科学选才、科学培养、科学训练和科学管理，不断寻求排球技战术上的突破与创新，顺应改革创新的时代潮流，开放包容、博采众长，靠领先的技术和过硬的心理素质打造实力，靠苦干巧干赢得竞争。求实创新是女排精神的重要内涵。

从辩证唯物主义认识论关于认识辩证过程及其认识规律来看，可以对求实做新的、广义的理解。所谓求实，是求两种"实"：一种是实干的"实"，是实践过程的要求，要求苦练的实干精神；另一种是真实的"实"，求实即求真，是认识过程的要求，要求实事求是的科学精神，要求巧干。实干是基础，巧干是关键，两者兼顾才能提高排球竞技水平。

1. 巧干是关键

唯物辩证法认为，事物发展是有规律的，这就要求人们在改造客观世界时按规律办事。《史记·廉颇蔺相如列传》讲道："其道远险狭，譬之犹两鼠斗于穴中，将勇者胜。"意思是说，敌对双方在地势险狭的地方相遇，只有勇往直前者才能获胜。赛场如战场，不仅要有勇，还要有谋，智勇双全方能取胜。如果说两军相遇勇者胜，那么勇者相逢智者赢。无智无谋、只凭一身蛮劲儿往上冲是傻干，有智有谋、掌握规律与技巧才是巧干。袁伟民在自传中回忆说，他研究技术、战术所花的功夫也不亚于带训练，认为"苦练，不是蛮干；苦练需要尊重科学。"①所谓巧干，就是在实践中掌握竞技体育运动规律，并将其运用到训练和比赛中，提升训练和比赛等各个环节的科学化水平，包括科学选才、科学培养、科学训练与科学管理等。

一是科学选才。人才是竞技体育发展的关键。体育竞争，说到底是人才的竞争。没有高水平的运动人才，就没有高水平的运动成绩，建设体育强国就是一句空话。选好才是培养优秀运动员的基础，因此对高水平运动人才的选拔工作至关重要，排球运动也是如此。科学选才可以充分挖掘和利用排球运动员的先天运动能力，保证后续系统训练的顺利进行，为培养优秀的排球运动员打好基础。中国女排成立以来，各位主帅都在科学选才方面进行了探索，积累了丰富的经验。

袁伟民的全面选才与个性化组合为组建"五连冠"团队打下了良好的基础。1976年国家女排重新成立，袁伟民任主教练。当时，世界排坛处于多强抗争的时代，袁伟民认识到单纯地依靠速度和技巧，或者单纯地依靠力量和高度，都不能称雄排坛。他决定组建一支中国式的，既有高度又有灵活性的，能攻能守，能高能快的全面性球队。从这个指导思想出发，开始在全国物色那些攻防技术全面、身体素质和精神面貌都比较好，又具备一定高度的全面发展的运动员。与此同时，袁伟民还很重视队员的个性，他认为，"四平八稳的组合不是理想的组合。有外露的，有内向的；有有棱有角的，有规规矩矩的；有敢冲敢打的，有谨慎稳当的。这样打起球来才有声有色，富有活力。"②

随着科学技术的不断发展，对排球运动员的选才方式也在逐渐变化。90年代初，作为曾经的国家女排技术顾问，李安格探索出了一种新的选才方式，即利用脑电波选拔女排运动员。

李安格口述：我的脑电波选才实验

在借助科学仪器进行针对性选才方面，我尝试了一种新的技术。我邀请山西省中医药研究院的王德埜大夫来为队员们进行脑电波测试。王大夫经过长时间的摸索后，将脑电波数据依据一定的编码原则，参照了数学模

---

① 袁伟民：《我的执教之道》，人民体育出版社，1988，第76页。
② 袁伟民：《我的执教之道》，人民体育出版社，1988，第6页。

型进行运算并使其成像，生成了脑象图。利用脑象图观察脑自发电位不同阶段的频率随时间的动力学演化模式。我们对中国女排的13名队员进行了双盲实验，将脑象图的评价与原中国女排主教练胡进的主观评价进行了对比，对已被公认的原中国女排智力型运动员梁艳、陈招娣进行脑象图分析的结果是，她们的脑象图线条均匀密布、正交叉、形态复杂、有立体感、有网格形成。按照脑象图对智力的评定标准属于优秀水平，证明了脑象图的评定结果与运动实践的检验结果的一致性。而对其他队员的测试结果也与胡进主教练的主观评价高度相关。我很想通过脑电波技术找出左右脑都呈优势的队员，从希望队培养出向左右都能错位单脚起跳、左右手都能扣球的队员，通过和一批新战术配合，这样还能为国家多拿世界冠军。可惜，我和王德堃大夫年事已高，很难继续实验了，如果能坚持下去就好了。

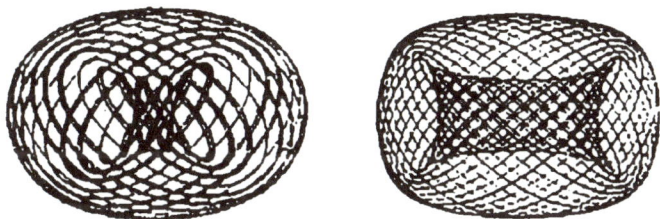

图3-24 李安格、王德堃对女排队员进行脑电波测试结果图

现代运动员选才仅仅依靠过去的经验是不够的，还要运用先进的科学技术和前沿科学知识。除了脑电波技术，大数据、人工智能等为科学选才提供了越来越多的新方法、新手段。

在大胆使用新人方面，中国女排也积累了丰富的经验。陈忠和在他执教的第一个奥运周期中大胆采用新人，顶住了舆论压力，以新带老，打磨新队员的技术与作风，增强团队的凝聚力，最终取得成功，夺得了2003年世界杯和2004年雅典奥运会的女排冠军。

陈忠和对队员的选用以及在进攻节奏的改造上有自己的独特之处。例如，杨昊在地方队时，以有力的冲跳和滞空、半高拉开的强攻和调整强攻见长；而到了国家队，她主要是以四号位平拉开为强攻的"快速球主攻手"。刘亚男在地方队时，也是以滞空时间长、力量好著称；但是到了国家队，则以网口上的

"小球""快球"著称。对接应二传的选择，陈忠和这样说："周苏红是那种到了场上打球不要命的人。我最喜欢的是她越到咬牙时刻越是两眼放光的搏杀精神，况且我们的战术是快速多变，对一传稳定要求很高，一传是我们的生命线。若周苏红在，那样她将和刘亚男、张娜一起共3个人能接一传，稳固了一传和后排防线。还有，就是周苏红主要是跑动进攻，她的多点跑动对全队战术有利，所以我选择了周苏红。"[1]最后，为了实现这种快速多变的战术体系，陈忠和选择了高二传冯坤。因为二传高，传球出手点就高，就能够使快攻更快。总之，从2001年到2004年，中国女排的球越打越快，真正把快速多变发挥到了极致。

郎平的选才用人机制改革顺应了国际排坛的发展趋势。排球规则的改变，网上争夺的白热化，预示着没有高度就没有优势。郎平执教后，顺应了当今排坛女子排球项目"高大化""男子化"的发展趋势。身高1.98米的河南姑娘朱婷在赛场上强势扣杀，被戏称为"得分机器"。她作为中国女排两次夺取世界冠军的头号功臣，是国际排坛公认、当之无愧的世界上最有价值的女排运动员（MVP）。此外，郎指导还发掘了身高2.01米的江苏姑娘袁心玥和身高1.95米的江苏姑娘张常宁等一批实力小将。如今，中国女排队员平均身高1.869米，位居世界第一。这也是中国女排与当今世界欧美强队抗衡的重要武器。

郎平的"大国家队"在人才选用方面引入了良性竞争机制。以往国家队最多由十七八个人组成；而在郎平执教后，划出的大名单多达30余人，每次参加集训的也有20多人，在每个位置上总是保持三至四个人的竞争，根据集训中队员的状态和表现来确定最终的组队参赛名单，实现了竞争上岗。在大名单中基本包含了当前国内女排的精英运动员，既有久经沙场、经验丰富的名将，也有崭露头角的后起之秀。只要具备相应的运动能力和竞技水平，就能在国家队这个大舞台上展示自我。这种良性竞争机制的引入，使运动员无论名气大小，都始终处于与他人的竞争之中，时刻存在危机感。这不仅充分调动了运动员训练的自主性和积极性，激发了训练的动力，也为队员提供了公平均等的机会，保证了"任人唯才"，提高了团队的整体战斗能力。为中国女排赢得世界

---

[1] 孔宁：《大逆转——中国女排重新崛起纪实》，同心出版社，2005，第233页。

杯冠军、奥运会冠军作出重要贡献的张常宁、颜妮、丁霞与在里约奥运会上大放异彩的龚翔宇等队员，都是在"大国家队"的竞争机制中脱颖而出的。这种不拘一格的选人用人方式，打破了以往教练员受运动名气、资历影响的局限，为组建一支强战斗力的队伍大胆选拔合适的人才。2016年里约奥运会上首次参赛的新人占三分之二，而且全都是清一色身高超人的年轻小将。譬如，在接应二传位置竞争上，当时呼声最高的是老将曾春蕾，但龚翔宇凭借自身良好的竞技状态赢得了竞争，最终在奥运赛场上获得优异的成绩。"大国家队"的模式让更多的新鲜"血液"流入女排国家队中，使中国女排迅速摆脱了人才断层、青黄不接的困境。

二是科学培养。体育工作强调对人才的科学培养，这是由新老交替的必然规律决定的。排球这一项目具有运动难度大、技术要求高、身体对抗性强等特殊性。运动竞赛日益激烈，高、难、新动作日新月异，决定了运动人才新旧交替快、更新周期短，需要及时注入大量新鲜"血液"，运动队必须有强大的预备队伍做后盾。因此，建立完善的排球运动员后备人才培养体系，对于排球运动员的科学化培养非常必要。

20世纪80年代中后期，随着市场经济体制建立和劳动人事制度改革，计划分配方式受到了极大的冲击，从事竞技体育的利益格局也发生了变化，选择走竞技体育道路的人越来越少。同时，多省市体育部门对奥运战略理解为"以效益为中心"，纷纷砍掉了耗资大、奖牌少的"三大球"队伍。80年代末体制转轨对于体育人才选拔的冲击，造成"青黄不接，无材可选"的被动局面，是后备人才培养基地建设的重要原因。

针对中国排球发展过程中青黄不接、后备力量不足的问题，2002年中共中央、国务院联合颁布的《中共中央 国务院关于进一步加强和改进新时期体育工作的意见》（［2002］8号）指出，体育后备人才的培养关系到竞技体育的可持续发展，要认真抓好业余运动队伍的训练，注意发现和培养新的人才。为贯彻8号文件精神，进一步落实2001年全国排球训练工作会议提出的发展规划，加速培养和输送高水平排球后备人才，2002年12月，国家体育总局排球管理中心首次在全国命名成立了15所青少年高水平排球后备人才培养训练基地。这些基地的建立，对于改变排球运动后备人才匮乏的局面起到了一定的积极作用。李安格与他带领的希望队为女排后备人才培养体系提供了新的探索。

李安格口述：希望出少年

1988年汉城奥运会上，中国女排0：3负于苏联队，处于新老交替、新秀乏人的尴尬处境当中。袁伟民与李安格商议决定，由李安格出面组建一支女排希望队，准备从少年抓起，重振女排雄风。从1988年起，李安格就开始走遍全国多个地方，寻求女排的希望之星和企业的资金赞助。直到1994年，因为有了固定的资金支持，希望队才得以成立并开始训练。他认为，只有培养一批智能型选手依靠"巧、快、灵、便"的新技战术，才能让中国女排在世界排坛的激烈竞争中立于不败之地。除了在队员选拔方面采用科学技术外，李安格还在训练之余培养希望队队员的综合能力：周一至周六晚上观看分析国内外比赛的技术录像，学习外语、美术、书法、音乐等；寒暑假还专门从学校请来文化课老师为队员们补习文化课知识。他之所以这么做，（是因为）希望队员们在练熟新技术的同时还能在赛场上保持清醒的头脑，能够有足够的智力来判断和应对各种状况。希望队为国家队输送了很多优秀人才，包括冯坤和张萍都是希望队培养的。在雅典奥运会上，冯坤被评为"世界最佳二传手"，张萍被评为"世界最佳扣球手"。遗憾的是，因为东南亚经济危机，赞助单位倒闭，希望队只练

图3-25　袁伟民、李安格与希望队队员在一起

了三年半就停止了。

在人才培养过程中，运动员非智力因素培养至关重要。社会学家认为，人的情商（EQ）比他们的智商（IQ）更重要，情商高的人更容易获得成功，社会关系及整体幸福感也远超于他人。一项著名的跟踪实验表明，在成功的因素中，20%取决于智商，80%取决于情商。情商通常是指情绪商数，主要是指人在情绪、意志、耐受挫折等方面的品质，包括自我意识、控制情绪、自我激励、认知他人情绪和处理相互关系。这是一种非智力性、情感性因素，包括信心、意志、毅力、兴趣、爱好、团队精神、沟通能力等，在运动员身上更多体现出的是心理素质。提高这种素质是科学培养运动员必须遵循的重要规律。大型国际比赛与其说是技术战，不如说是心理战。因此，不仅要对运动员进行智力性因素如技战术的严格训练，还要培育他们的非智力性因素——职业精神，稳定的情感、心理等。

事实上，项目运动精神是项目的灵魂，是最大的情商。体育运动若从铸魂抓起，会收到事半功倍之效。如果把女排精神本身看作非智力性因素较高层次的一部分，那么培养运动员的女排精神是科学培养的要求，是培养情商的需要。因此，科学求实既是女排精神的一部分，又成为培养女排精神的依据。为什么陈忠和上任伊始，不是急于训练，而是开展了军训、升旗等一系列培养爱国精神、团队精神的教育活动，就不难理解了。北京体育大学20世纪70年代创办的北体青训队曾经培养了三位老女排冠军，93岁高龄的青训队教练吴中量先生亲历了这批队员在竹棚精神的影响下成长的历程。可以说，北体青训队是孕育女排精神的摇篮。

吴中量口述：北体青训队与女排精神

20世纪60年代初，大松博文教练发明了勾手飘球和翻滚防守，加上快速进攻，带领日本女排夺得了世界冠军。周恩来总理把他们请到中国来，各行各业都来观摩日本女排的大运动量单兵训练，学习她们不怕苦不怕累的精神。"文革"期间高校停课，专业队解散了，在周总理的关怀下，高校复课，专业队恢复招生。根据国务院、中央军委联合发出的1970年109号文件关于恢复招生问题的批示精神，北京体育大学（原北京体育学院）联合八一队于1971年成立了北体青训队。主要任务是为体工队输送后备力量，培养开展群众性体育运动的体育骨干。学校派出52名教师，分赴28个省市，招收372名14～18岁的青训队员，连同原国家集训队的26名，总计398名（其中男子225名，女子173名），包括排球、篮球、足球、乒乓球、羽毛球、游泳、田径、体操、武术九个项目。其中女排成立了两个队，一队和二队，我是教练。传统专业队培养队员周期太长，需要八年时间，三年打基础，五年出成绩。我们决定用新的方法，指导思想是技术战术、身体素质和思想意识一起抓，通过加强大运动量训练把学习期限缩短到两年。课程设置是政治课（占30%），体育课（50%）军事课和劳动课（占10%），文化知识课（占10%）。陈招娣给我的印象最深刻，有段时间她训练有点蔫，总是完不成训练任务，下课后我问她：你怎么没精神啦？她说"我饿"。原来她是杭州人，只吃米饭，吃不下馒头。我让医生带她去医院检查，发现她贫血很严重，急忙去食堂给她做病号饭补充营养，陈招娣很快恢复了体能，后来她对这件事一直心怀感激，每年都来看我。我们组织青训队去漳州基地集训，在竹棚子、红土地上训练，滚动防守沾了一身红泥，训练很艰苦，每堂课没有不哭的，因为累和伤。一个队员大拇指碰到排球脱臼了，我帮她推回原位，让医生缠上胶布

图3-26 吴中量当年与袁伟民教练、赵斌副院长及三位女排队员合影（左起：杨希、吴中量、袁伟民、赵斌、陈招娣、曹慧英）。吴中量教练提供

继续训练，女排精神从那时就有了。杨希、曹慧英、陈招娣、沈散英毕业后被分配到八一队。1981年首次夺冠，青训队有三个队员立了大功，她们是杨希、曹慧英、陈招娣。

郎平认为，一个好教练，就是一个教育家，培养队员是个复杂的工程。首先训练量的安排要有科学依据，要把握好度，依据是对队员的体制、体能综合评定结果。其次要求队员主动思考，学会总结，运用教育规律，严慈相济，保护队员信心。郎平提交辞职报告时反思道一个不能忽视的问题，就是如何进一步提高运动员的文化水平和精神素质。她深有感触，自己这几年中断学业是个不小的损失，所以再三要求队员要读书，要上学。"运动员有没有文化大不一样，理解能力、感悟能力、接受能力，还有在赛场临场应变的能力，都是和文化素质有关的。"[1]作为主教练，除了要训练队员打球，更重要的是要教育她们做人。"主教练首先是个教育者。要培养一个国家级的运动员，最重要的是精神素质的培养。"所以她经常给队员们将世界上注明运动员具有的品质。郎平会组织队员看反映团队精神的电影，希望队员有团结的意识。带队员去天安门看升国旗。模拟训练队员管理情绪，不受裁判影响。训练中制造心理上的不舒服，不痛快，让队员学会自我安慰，自我暗示，平定心态，保持友好态度，打好心理战。她说"袁指导经常跟我们讲解一道很简单的算术题：思想有问题，一加一比二小；放开思想包袱，一加一大于二。这不仅是个数学问题，这里有辩证法，是个哲学问题。"[2]

在科学培养中，训练固然重要，项目精神的培养更重要，它是运动队思想政治工作特别是思想作风建设的核心内容，实质是落实价值观的培育和践行。如果运动员不知道为谁训练、为什么训练、如何科学训练，这种没"魂"的训练是很难有多大起色的。因此，女排精神的培育和践行是科学培养的重要内容。中国女排获得"五连冠"的总结分析报告特别强调了这一点，"运动比赛实质上也是吃苦耐劳、百折不挠等拼搏精神的竞赛。何况，运动水平的不断发展，必然导致更多的强队水平接近。在技术和体能等实力相当的对手之间的比

---

[1] 郎平、陆星儿：《激情岁月——郎平自传》，东方出版中心，1999，第305页。
[2] 同上书，第222–223页。

赛，这种拼搏精神就常常成为制胜的关键。"①20世纪80年代的中国女排在身体条件上始终不如欧美女排，在打法上虽有自己的独到之处，但总体技术实力并不具有绝对优势。在这种情况下获得"五连冠"，靠的是团结拼搏的精神。中国女排的经验是：重视抓思想政治工作，树立为国争光的崇高理想和誓夺世界冠军的决心，树立良好的训练作风；在比赛中磨练思想作风，培养和发扬团结拼搏精神，从而体现出强烈的事业心、责任感；并通过严格的管理教育，培养自觉吃大苦、耐大劳、克服私心、互相支持鼓励和团结奋战的精神。训练中一丝不苟、严格要求，严格队伍管理，一抓到底，培养出团结奋战、勇于克服困难的拼搏精神。这是一条不能违背的客观规律。20世纪80年代女排精神形成之初，袁伟民教练在郴州集训的队会上经常强调，必须用拼搏精神带动思想作风，再带动技术，训练比赛才有动力。他的训练计划主要有三项，排在首位的是作风培养，其次是技战术训练和身体素质训练。1998年袁伟民回忆说："我认为，过去中国女排能上去，政治思想工作确实起了不容忽视的作用……我在中国女排8年，在做队员的政治思想工作上所花的心血并不比带队训练所下的功夫少，我给队伍讲得最多的是集体主义和爱国主义，强调要协同作战，要为国争光。"②特别是夺取"三连冠"之前，袁伟民对张蓉芳和郎平做思想工作那次经历，张蓉芳、郎平、郴州训练基地的工作人员都回忆过这件事。当时离洛杉矶奥运会只有9个月的时间，全队都没有信心，为了树立团队灵魂——队长张蓉芳和副队长郎平的信心，袁伟民找两人谈心。他对郎平说："人的潜力是很大的，要想干成一件事，下一般决心和下死决心其效果大不一样，为什么有的人平时力气很小，一旦着火了，看到屋里的财产和生命受到威胁，他冲进去，可以抢救出平时怎么也搬不动的东西呢?!"③经过多次谈心，终于做通了郎平的工作。找张蓉芳谈心的时候，张蓉芳伤心过度哭得抽了筋，一直谈到夜里11点多。回到宿舍后，姐妹俩睡不着，离开宿舍坐在树下互相诉苦掉眼泪，直到1点多被值班大爷打着手电筒发现。在两人的带动下，调动年轻队员完成9个月的集训，最终胜利地站在

---

① 谢亚龙、王汝英等：《中国优势经济项目制胜规律》，人民体育出版社，1992，第147页。

② 刘城煦：《从秘密基地起飞——中国女排在郴州》，岳麓书社，1998，第4-5页。

③ 同上书，第91页。

了冠军的领奖台上。

曾任中国女排第十六任队长曾春蕾2016年因老伤复发无缘里约奥运会，有过短暂的放弃的想法。看到女排夺冠后，她感慨地说："比赛打到最后时刻，真正起到决定性作用的还是意志、品质、作风"①，赛后毅然选择重回赛场，2019年与团队再次登上了世界冠军的领奖台。所以，中国女排长盛不衰的秘诀是狠抓运动队的思想作风，用女排精神铸魂育人，带动训练和比赛。可以说，女排精神是中国女排长盛不衰的精神密码，包括热爱祖国的情感密码、为强国拼搏的意志密码、团结协作的组织密码、不服输的性格密码和科学创新的科技密码。2018年2月，杨澜在主持《奔跑吧，新时代》体育嘉年华节目时问郎平教练，"有人问过你，'里约（奥运会）的大逆转，中国女排的秘密武器究竟是什么？'您怎么想？"郎平回答："我们的秘密武器就是女排精神。明知道不会赢，或者不知道我们的结果是什么，我们都拼尽全力。只要有百分之一的希望，我们要尽百分之百的努力！"

如果说项目精神是运动员的深层次情商，那么运动员稳定的情绪和心理可以说是浅层次情商。前者是支撑后者的基础，后者是前者的表现。抓队伍，思想工作不能代替心理训练。袁伟民深谙此理，打理好队员的情绪和心理是他的另一个重要的执教之道。他密切关注国外心理学前沿研究，发现运动员比赛的成功率有百分之三十归因于心理。因此，一个高水平的运动员既要在平时充分重视心理方面的训练，也要在比赛时学会运用心理学解决问题。在郴州基地业务学习会上，袁伟民说道："自信很重要。你树立一个目标，每天为它奋斗，一点一滴积累，就觉得劲头足、信心大。自信，下死决心打奥运会，跟拿不拿得到冠军是两回事儿。在心理上这方面要解除压力，不要想输了球怎么回来，怎么向全国人民交代，无颜见江东父老这些。付出了努力拿不到不怪你，输了我负责。"②要摸透新老队员的真实想法，准确判断队员是缺少自信还是自信过头，"要帮助队员把心里的'鬼'赶走"③。

① 孔宁：《中国女排——一种精神的成长史》，北京日报出版社，2020，第272页。
② 刘城煦主编《从秘密基地起飞——中国女排在郴州》，岳麓书社，1998，第225页。
③ 远山:！袁伟民与体坛风云》，江苏人民出版社，2009，第44-45页。

赶走怕输的"鬼"

1984年洛杉矶奥运会上，中国女排以3∶0的比分完胜巴西女排和德国女排之后，在小组赛中遇到了实力强劲的美国队。而在之前与德国女排的比赛中，郎平的右膝髌骨韧带不幸拉伤且阑尾炎不时发作，双重痛苦使郎平苦不堪言，只能吃止疼片勉强缓解。但就算这样，郎平依然没有放弃，勇敢地踏上赛场。8月4日，中国女排在小组赛中不幸输给了具有主场优势的美国队，郎平更是因为自己没能在比赛中阻挡美国队的频频发难而自责不已，泪流满面。但哭归哭，擦干眼泪，咬咬牙，还要继续战斗。在输球的这个深夜，袁伟民教练为了鼓舞士气，让队员们放平心态，对大家说道："我们确实输了球，但我们不能服输；因为这不是你们真正的水平。希望大家摆脱这场球的得失，每个人做好自己的工作，打好对日本队这一仗。"①

进入奥运会半决赛的中国女排竞技状态已然渐入佳境，心态调整好的中国女排并未因输给美国队而士气低落，反而能够放稳心态，沉着应对与"东洋魔女"的这场大战。比赛开始之后，中国姑娘很好地发挥了快速、灵活、多变的技术特点，在身材矮小的对手面前，把自己的网上优势发挥得淋漓尽致，牢牢掌控着场上节奏，仅用80分钟就解决战斗，真正地让日本队员和日本记者体会到"害怕"的滋味。

当时有一种说法：中日美三强，美国队怕日本队，日本队怕中国队，中国队怕美国队。半决赛上，日本女排起伏不定，负于中国队。决赛时，中美女排再次相逢。面对不久前小组赛上战胜我们的美国队，此时，放下心理包袱是最重要的。当时的中国奥运代表团团长李梦华特意赶来看望女排，勉励女排姑娘放开打，不要把胜负看得太重。袁伟民教练也认为，赛场上只有无私才能无畏，只有真正甩掉一切私心杂念才能使自己全身心地投入激烈的比赛中去。正是有了这样的共识，最终团队通力配合，杨晓军、梁艳、杨锡兰等拦网如有神助，甚至身高只有1.72米的郑美珠也拦死了海曼的一次高点开网进攻。中国队放下了心理包袱，美国队却把包袱背了起来。第一局，中国队虽然在14∶9领先情况

---

① 鲁光：《中国姑娘》，作家出版社，2009，第179页。

下被美国队追到 14∶14，但依然拿下了第一局，并且一鼓作气以大比分 3∶0 获胜。依靠健康的心态，必胜的信心，强大的实力，中国队实现了"三连冠"。

郎平带领的"白金一代"中国女排成功地克服了"恐巴症"。巴西队一直是中国队面对的老牌劲旅。自从 2009 年世界女排大奖赛澳门站上中国女排输给巴西女排后，直至 2016 年，七年来逢"巴"必输，媒体称中国女排患上了"恐巴症"。到了 2016 年里约奥运会，中国女排以小组第四晋级四分之一决赛，遇上了巴西女排。这是什么样的对手？不仅七年来中国女排连败巴西 18 场，巴西队还是 2008 年北京奥运会和 2012 年伦敦奥运会两届女排冠军，同时还是东道主队。在中国女排与巴西女排的这场 1/4 决赛中，中国队的登场引来了 2 万多名主场观众的震天嘘声。而且巴西女排确实实力强劲，费加雷与娜塔莉亚组成的主攻组合仍然是巴西女排最犀利的武器之一，且作为东道主，可谓有着天时地利人和。这场比赛在赛前就被视为巴西必赢。在这种情况下，郎平告诉队员们，这里是巴西的主场，她们又是卫冕冠军，现在有包袱、有轻敌心理的应该是对方。既然我们两队已经对上了，我们现在已经被逼在悬崖边上了，那就背水一战，一定要让巴西女排知道，就算想要夺冠也要先打赢了我们再说。就这样，中国女排姑娘怀着破釜沉舟的勇气，与巴西女排打起了心理战。果然，压力下的巴西队失误重重：发的球出现倒转，心理上也出现了问题，稳稳的快球不打，最棒的副攻非要追求角度打出界。最终，中国女排在首局失利后及时变阵，替补出场的魏秋月、张常宁、颜妮和刘晓彤神勇建功，敢打敢拼与对手激战五局，绝处逢生，上演了惊天大逆转，在巴西观众的嘘声攻势中取得了胜利。郎平培养刘晓彤自信心的故事，说明了运动员非智力性因素培养对于运动员技战术水平发挥的重要作用。

信心助实力

2016 年里约奥运会上中巴之战，首局中国队以 15∶25 大比分落败。第二局开始后形势依然严峻，郎平果断换上了刘晓彤。只见刘晓彤神勇扣杀，进攻、拦网连连得手，瞬间激发了场上士气，双方比分交替上升。中国队死咬不放，最后以 25∶23 扳回关键一局。后面三局晓彤均为首发，她进攻19次得9分，中国队以两分优势险胜对手。刘晓彤的出色发挥，为中国队杀进决赛，起到了不可低估的作用。袁伟民赞扬郎平在中巴生死之战的关键时刻果断换上刘晓彤，及时扭转被动，打开局面，为最终取胜创造了条件。孰不知，刘晓彤原来是个自信心很差的队员。打巴西之前，这位已被边缘化的主攻替补竞技状态也一直不好，上场机会不多。为了帮助她建立信心，郎平做了许多工作，不断鼓励她，使晓彤感到教练非常信任她。养兵千日，用兵一时。打巴西要起用刘晓彤，是郎平早就想好的一步棋；因为刘晓彤过去没有和巴西队交过手，巴西队不了解她，她对巴西队也没有畏惧感。晓彤的自信心终于被郎平激活了，一举成为不负众望的奇兵。中国队和巴西队8年来19次交锋，18次败北，这次却取得了历史性胜利。

正是因为郎平建立起刘晓彤强大的自信心，才使她成为赛场上的一招"妙棋"。纵观我国女排的比赛历史，不难发现，教练员把握住运动员的心理状态、将赛场局势进行逆转的比赛不只一次。教练员对队员心理素质的培养，也不是一蹴而就的，而是需要在平日的训练和比赛中不断磨炼队员的心志，培养她们坚韧的品格。陈忠和，这个在大众眼中往往是笑眯眯的教练，用自己的两副面孔告诉我们，女排队员们顽强的意志力和临危不惧的魄力究竟是怎样打造出来的。

陈忠和口述：我的两副面孔

大家都觉得我老是笑眯眯的，是一个很温和的人，其实我有两副面孔。平时的训练以及教学比赛，我从来不笑，拉长了脸，非常严厉，有时甚至会将队员训哭。一些比赛如果打得不好，我按下暂停之后，坐在那里一句话都不说，让队员们自己反省，自觉调整好队伍的状态，继续上场。哪怕是最终赢了比赛，如果队员没有认真对待，我还会将她们留下来当场加练。因为这样才能给队员压力，让她们在日常的训练和比赛中端正态度，认真对待每一位对手，磨练队员们的心志。但是一到国际大比赛，我一般是姿态轻松，笑容可掬，语气温和。就拿四年一度的奥运会来说，本身比赛的难度就很大了，队员们心中承受的压力很大，每一个人都会全力以赴地拼，想要拿金牌。我会在比赛之前给自己做好思想工作，希望给队员们在赛场上营造一个比较轻松的氛围，不束缚她们的状态，鼓励大家，将技战术全面发挥出来。2003年世界杯的第一场球，第一局跟巴西打，一上来就输了。我笑着对队员们说："你们活动开了没有？要加油啊！"然后才开始布置接下来的战术。我担心如果自己的态度过于严厉，给队员们造成很大压力，会让队员在场上更加紧张，束缚了她们的发挥。在我看来，运动员在场上比赛时，不是比技术，因为技术在平时的训练中已经形成了，不可能在短时间内提高多少。真正到场上最关键最困难的时候，比的是双方的作风与心理素质，就看哪一方能顶得上去，能跳出心理障碍，有足够强硬的心理素质去承受那么大的压力。

由此可见，在平时训练中，教练员对运动员心理素质和抗压能力的培养极其重要，能够帮助队员在赛场上遇事冷静、坚定意志，不畏强敌、打出风采。

三是科学训练。 排球比赛中最为基础也是最为重要的一个因素就是队员之间身体素质的比拼。良好的身体素质是配合技战术训练的前提，需要遵循正确的训练原则，进行合理的营养补充，掌握科学的训练方法。

从难、从严、从实战出发，坚持大运动量训练的"三从一大"科学训练原则，是我国体育事业理论与实践经验的科学总结。这一原则起源于1964年中央军委下达的全军学习郭兴福教学方法的指示。郭兴福教学法，是由中国人民解放军步兵第一〇〇团副连长教练员郭兴福创造并集其他教练员的经验而成的练兵方法。这一方法的主要内容是：从实战需要出发，从难从严训练；民主教学，官兵互教；摸清底细，因人施教；突出重点，精讲多练；循序渐进，逐步提高；启发诱导，形象直观；评比竞赛，树立标兵；既练战术、技术，又练思想、作风。1964年，周恩来总理邀请大松博文带领当时的世界冠军日本女排访华。国家体委根据贺龙副总理的指示，研究了当时我国训练工作中存在的问题，正确地提出反对右倾的保守思想，反对训练中的保守思想、教条主义和"骄娇"二气，在运动队中树立"三不怕"（不怕苦、不怕累、不怕难）和"五过硬"（思想过硬、身体过硬、技术过硬、训练过硬、比赛过硬）的作风，实行"三从一大"（从难、从严、从实战需要出发，进行大运动量训练）的训练原则。这是我国在学习苏联和日本的训练理论和方法之后，提出的第一个具有理论意义的竞技体育训练指导思想。

"三从一大"科学训练原则的提出是个创举，既有哲学依据，又有现实针对性。首先，这一原则遵循了对立统一规律，正确地处理了运动训练过程中的各种矛盾关系。例如，"从实战出发"强调"以战为练"，反映了"练与赛"的辩证关系，强调训练的方法、手段及内容应与实战（比赛）的要求相一致，尽可能接近实战，在实战中检验训练成果。再如，大运动量训练符合量变与质变的辩证关系。量变是质变的必要准备，没有大运动量的训练，就不会有竞技水平的质变。其次，"大运动量训练"的要求是针对三年自然灾害之后我国教练员在运动负荷上的保守倾向提出的，具有极强的针对性。它打破了我国60年代初在运动负荷上的保守观念，从理论上揭示了人体具有承受巨大负荷量的可能性。这一原则是对运动训练规律的高度概括，对运动训练活动具有重要的指导意义，是我国体育事业理论与实践经验的科学总结。

按照"三从一大"科学训练原则，中国女排的训练水平到20世纪60年代中期，在"量"的安排上达到了一个新的高度。比如说，日本女排当时的纪录是连续滚翻救球400多次，而中国女排向500次提出了挑战。竞技水平也开始有了质的飞跃。"三从一大"科学训练原则的运用，促进了我国女排当时运动训练水平和成绩的提高。1965年，中国女排战胜了除日本、苏联之外的其他对手，实力也达到了当时世界三、四名的水平。可惜的是，在"文化大革命"期间，体育事业一度停滞，"三从一大"训练也被迫中断。"文化大革命"结束后，"三从一大"的科学训练原则得以继续实施，中国女排在以后的训练中也一直坚持了这一原则。

曾经有观众给时任女排教练的袁伟民写信说："看你们女排比赛，我最欣赏的是——你们总能反败为胜。"袁伟民在自传中解释说："我们能反败为胜，这和我们平时注意从实战需要出发的训练是分不开的。"[1]袁伟民在执教中国女排时，经常在赛前运用情景模拟训练法，这是落实"从实战出发"训练原则的一种创新训练方法。情景模拟训练法是指创建接近真实的比赛环境，并对即将出现或者有可能出现的突发情况进行模拟，达到提高运动员心理素质的目标。

---

[1]　袁伟民：《我的执教之道》，人民体育出版社，1988，第85页。

袁伟民使用这种训练方法的次数并不多，这使女排姑娘们会对其产生新鲜感，而她们也十分关注自己能否在比赛中发挥出正常的技战术水平，这也就激发了她们强烈的表现欲和训练热情，使训练气氛活跃积极。

袁伟民口述：情境模拟训练法

1976年，我在中国女排组队执教后，决定邀请各省的男排队员来为中国女排做陪练；因为中国女排的弱项在于力量，只有适应了同男排队员的对决，在赛场上遭遇他国的女排选手时才能游刃有余。女排的训练本就繁重，每天少说也有上千次的起跳，训练一天下来，队员们全身的骨头像散了架一样。这个时候男陪练发出的球打在身上，几乎能将人砸晕，姑娘们只能扛着。男陪练们除了要帮助女排队员加强力量训练，还有一个特殊任务，那就是模仿国外强手队员的打法。这是从实战需要出发进行的针对性训练。陈忠和是男陪练中的优秀代表。为了帮助中国女排赶超其他世界强队，他向教练和队员了解情况，反复观看比赛录像，白天晚上细细琢磨，一招一式仔细模仿，把外国名手模仿得惟妙惟肖。就这样，女排队员三天两头地与"美国队""日本队"进行模拟比赛，一方面针对自己的特长和存在的问题进行训练，争取扬长克短；另一方面针对对手的长处和短处，练就取胜手段。时间一长，对手的主要打法便深深地印入队员的脑子，等正式打比赛时，队员才会胸有成竹，了如指掌。针对女排打关键球时思想、技术不过硬，以及处于落后比分时应变能力差的弱点，我和邓若曾想出了情境模拟训练法，人为制造磨砺机会：常常让一组从落后局和落后比分打起。比赛开始就算已输两局，从第三局10∶13或14∶14打起，要求能赢。有时规定从13∶13打起，有时又规定一组让二组5分或7分，从7∶12、6∶13打起，赢不回来不能下课，直到完成要求才能结束训练。这使队员一打比赛就进入关键时刻或落后状态，帮助她们培养自我控制能力，练就强大的应变能力，树立反败为胜的信心。

如果有人问中国女排为什么能赢，有人会说，靠拼搏、靠奋斗、靠不放弃！但是，如果没有坚持科学训练，没有坚持正确的训练原则，一味地苦练、傻练是赢不了球的。正是依靠"三从一大"的训练练就的良好体能和先进技术，中国女排才能在比赛中打出水平、打出气势。此外，中国女排"五连冠"时期掌握和具备了世界强队必须具备的四项制胜因素——全、高、快、变。四项制胜条件都处于世界领先地位，才保持了中国女排在世界排坛的霸主地位。

陈忠和接过教鞭之后，非常注重队员身体素质锤炼。他先是从国家田径队请来体能专家，帮助女排队员进行针对性的身体训练；其次，请来了国家体育总局运动医学研究所运动营养中心研究员杨则宜教授，改善运动员的膳食营养结构。实践证明，这些措施很有效果，新女排的身体素质大大提高。杨昊被称为"郎平第二"，日本媒体惊呼她为"中国制铁"。"在球场上，王丽娜一直是位力量型的重炮手，扣出的球势大力沉，颇具男子风范。"[1]张越红参加2004年奥运会时，已经29岁了。当她最后一击拿下奥运会冠军时，很多人惊呼她为"超级替补"，说她"大器晚成"。其实，这"大器晚成"的背后，是需要一定体能储备为基础的。

正是合理的体能训练和膳食营养，奠定了中国女排"高"的基础，使得1.96米的赵蕊蕊能够在3号位真正起到顶梁柱的作用，从而减轻了其他各个进攻点的压力。她在前排时，也减轻了后排防守的压力。陈忠和在加大身体素质练习、提高队员体能水平的基础上，也能够对进攻速度进行改造。

郎平在接过执教中国女排的重担后，更关心"女儿"们的身体健康状况。朱婷的成长让郎平想起了自己。她不会忘记当年袁伟民是怎样训练她的：每周训练六天，她有四天课后都被留下来加练，有时还要叫其他老队员陪着练。不这么练，她的技术不会那么全面。但是，她不能像袁指导训练她那样去训练朱婷。出生在普通农民多子女家庭的朱婷，从小营养不良，瘦如竹竿。她13岁开始接触排球，没有经过专业训练就进省队、国家队，从身体素质到技术都很单薄。刚进国家队时，稍一练她就脸色发白，头晕想吐。最初的一两年郎平都不太敢给她上运动量。为了给她补充营养，郎平从美国给她带蛋白粉，让她长肌肉、增体重，配合针对性的体能训练，朱婷身体素质明显提高。因为朱婷在省队时只管进攻不需要防守，所以对一传、防守基本不会。但排球是一项必须攻防全面的运动，否则前排得分，后排失分，得不偿失。因此，郎平亲自带她

---

[1] 石友宽、屈东华、周屹嵩：《中国排球运动发展研究》，河南大学出版社，2013，第27页。

练一传、防守和后排进攻。经过一年多的用心调教，在2014年女排世锦赛上，朱婷的统计数据令郎平惊喜："6进4"对阵巴西队时，朱婷接22个一传，其中19个到位。

嫩竹扁担挑起了千斤重担。郎平锤炼朱婷，既运用了当年自己接受袁指导训练时的体会，又结合了她在欧美等世界一流球队执教时积淀的经验。在对年轻选手运动量的把控方面，她有计划地融入专项体能训练及康复保障。作为过来人，郎平对女排队员们的辛苦感同身受。直至今日，昔日的伤病依然影响着郎平的健康。看着这些和自己女儿同龄的姑娘们日复一日地在训练场上挥洒汗水，郎平无论是作为一名教练还是作为一名母亲，都不希望这些姑娘们余生与伤病为伴。因此，郎平担任主教练后，就为所有队员安排了体检并从美国专程聘请了专业的康复师，训练内容也是郎平和这些专业人士共同商议后针对每个人的身体条件精心设计的，通过更加科学的手段把球员各个肌肉群全部训练到位。自己当年的艰辛是当时中国发展水平的局限造成的；30年过去了，现在的条件好多了，郎平发自内心地希望这些姑娘不要再经历自己的痛苦。为了队员骨骼的健康，郎平率先废止了国家队沿用数十年的负重深蹲，安排由主教练、助理教练、陪打教练、医生、康复师、体能师、营养师、科研人员等专业人才组成的复合型保障团队随时关注队员的身体状况，为"伤兵"提供及时的治疗[①]。为避免身体方面的过度损耗，减少伤病，郎平要求训练保证做到科学，对训练时间做出严格要求，并且限时要求队员在规定时间内高质量地完成任务。

四是科学管理。科学意味着不单凭经验办事，这要求运动队的管理既要以科学设计为立足点，又要以和谐管理为支撑点，更要以运动成绩为落脚点；既突出训练的科学性，更注重管理的艺术性。科学的管理模式能帮助女排在有效的时间内，取得最大的训练效果，提高排球运动成绩。

中国女排有过辉煌的经历，但从"五连冠"到"黄金一代"，主力阵容几乎都一成不变。多年来，中国女排一直是靠六七名主力队员包打天下。另外，由于国人对金牌的渴望，希望在每一次国际比赛中都获得冠军，因此在舆论的压力下，为了保证最稳定的成绩，教练员只能让主力队员上场，替补队员上场

---

① 宋元明：《阳光总在风雨后——中国女排的故事》，人民出版社，2018，第142页。

的机会少之又少。这不仅是对主力队员的一种"过度消耗"，容易导致主力队员在超负荷的训练和比赛中出现疲劳和运动损伤的现象，也是对年轻后备队员的一种浪费，不利于后备力量培养。

2013年4月，郎平在中国女排低迷之时执掌教鞭。当时正值女排队员青黄不接，后备人才极度不足，面对的是一支年龄老化、伤病多发、士气低落的女排队伍。由于中国女排运动职业化发展不够完善，导致中国女排后备人才培养体系存在明显的缺陷。在女排队伍状态低迷及后备人才不足的局面下，郎平率先对女排队伍的管理模式及训练模式进行了改革。她借鉴国外先进的培养和训练理念，结合多年的执教经验，提出了"大国家队"的管理模式。这一管理模式的科学性在于其中的三大理念：

一是大运动员团队理念。在集中国内优秀排球运动员的基础上，注重对具有排球运动潜力的人才挖掘，通过引入新人，激活竞争机制，加强队伍后备力量建设，并完善训练理念、培养机制和保障体系。分工出效率，竞争提供压力和动力，提高训练的积极性。大运动员团队中，每个位置总会保留三至四个人的竞争，以此来保证队员们良好的竞技状态。

大国家队与"天才少女"的发现

为了能够考察更多球员的表现，郎平在排管中心的鼎力支持下，先后组织了四期集训，调动队员超过30人。第一期北京集训，参加人数多达22人，可谓史无前例。在联赛中表现出色的年轻球员，几乎都获得了到国家队一试身手的机会。这期中第一个被郎平发掘的便是朱婷。2013年还只是国青女排主力的朱婷被郎平"破格"提拔进中国女排一队，并迅速成为首发主攻。2014年郎平给出的大名单多达27人。9月、10月世锦赛和亚洲杯、亚运会三线作战，中国女排能派出两支水平不俗的球队参赛，都很好地完成了比赛任务。特别是在意大利女排世锦赛上，朱婷以77次扣球得分、2次拦网得分和3次发球得分，以82分总得分的成绩力压世界各路高手，荣膺世锦赛"得分王"，那时她才不过20岁。这一年年仅17岁的小将袁心玥也被郎平招入国家队，这位身高近两米的年轻副攻也在世锦赛上一鸣惊人，成为奇兵，整场比赛17次进攻拿到11分，16次拦网贡献5分，发球也给对方制造了很大威胁，全场拿下16分之多，仅次于朱婷。

2015年是"世界杯"年，郎平仍然给出了26人的集训名单。除了朱婷、袁心玥之外，张常宁、林莉、丁霞、刘晏含、郑益昕、王梦洁等新人也在这种模式下，通过层层选拔实现了自己的梦想。

在郎平的"大国家队"中，将国家队分为一队和二队，参加各类国际比赛。在比赛中，教练有较多的队员可供选择，可以灵活地根据对手的情况和比赛的需要选取队员。比如在2015年女排世界杯上，当主力队员惠若琪、徐云丽、杨方旭因伤病而无法参赛，郎平便启用了张常宁、刘晏含、颜妮和林莉等二队队员。在2016年里约奥运会上，郎平根据场上的形势和对手的特点，在对巴西队的四分之一决赛中，除了发挥惠若琪、魏秋月、徐云丽等老将的重要作用，还将朱婷、龚翔宇、张常宁、丁霞等年轻球员的作用发挥到极致。组建女排一队、二队，一方面改变了以往中国女排一套阵容打天下的传统，减少了运动疲劳和损伤发生的概率；另一方面通过增加替补队员加深了板凳深度，二队队员在比赛中得到磨炼，能够作为一队的重要后备力量。

二是大教练员团队理念。"大国家队"不仅体现在运动员队伍上，还体现在教练员团队上。郎平在组建教练员团队上，全面打造了一支由本土化与国际化相结合的复合型教练员团队，负责分析对手、制定训练计划和战术措施，形成自己的战术风格。2015年，教练组人员除了主教练郎平和领队赖亚文之外，设置教练员1名、助理教练5名。教练团队在分工方面是非常明确的，二传、主攻、接应、副攻和自由人，暂停时均有专人进行技术指导，这样更能有的放矢地指出和解决场上的问题。安家杰教练负责协助郎平教练，与女排队员们做好沟通，在比赛中主要负责队员的发球战术；赖亚文是中国女排"白银一代"的代表，在训练中也亲自负责拦网训练；包壮主要负责中国女排自由人训练；助教袁灵犀负责拦网板辅助训练；李童负责模仿主攻的跳发和进攻特点；于飞和吴晓雷在副攻线上为队员们制造困难。"大国家队"战略的实施，具有复合型、分类化、精细化指导的特点，能够发挥每一个教练员的优势，从而提高整个团队的战斗力。

三是多元化技术支持团队理念。包壮是中国女排的陪打教练，有时为了侦查对手，还要客串摄像师，在现场拍摄国家队与其他对手的比赛实况；袁灵犀和于飞在比赛中还是"敌情侦察兵"，利用国际通用的比赛技术统计软件统计

图 3-27　郎平与她的"大国家队"（图源：女排原队长惠若琪微博）

资料，为中国女排提供详尽的数据和影像资料；葛春林负责研究排球教学理论与实践，给予女排理论上的帮助；体能和医疗团队方面，卫雍绩、王凯与来自美国的舍温·S.W.·拉尔森·加勒特、马尔·种·丹尼尔负责医疗康复和体能训练。这种由主教练、助理教练、陪打教练、医生、康复师、体能师、营养师、科研、信息研究、数据统计等专业人才组成的复合型保障团队，能为队员制订科学的训练方案和计划，随时关注队员的身体健康状况，也能及时对队员的伤病采取合适的治疗手段。这体现了专业人士做专业的原则，为中国女排提供多元化的技术支撑。

"大国家队"改革之所以得以实施，一是依靠体制内的国家财政拨款，二是因为中国排协破例网开一面，除千方百计挤出给女排的经费外，还将企业给予中国女排的赞助费也留作队内支出。因此，从某种程度上来说，郎平是既得益于举国体制，又受益于市场经济的"福将"。郎平的"大国家队"管理模式成功。托举起这金光闪闪奥运金杯的，不仅仅是参加里约征战的 12 名女排姑娘，还应该有入围"大国家队"名单的每一个队员，整个教练团队，以及庞大保障团队的每一个人……从某种意义上讲，中国女排的胜利，是中国体育融举国体制、市场经济两种优势于一体的改革尝试的成功体现。

2. 实干是基础

竞技体育是挑战人类极限的运动，比拼的是实力。练花把势、花架式，是无法在体坛立足的。中国女排"五连冠"领队张一沛多次讲过"要想取得超人的成绩和超人的成果，就必须付出超人的代价和超人的劳动"[1]，成为中国女排最喜欢的格言，袁伟民在自传中也提到，"取得超人的成绩，就要吃得超人的苦。"[2]也成为陈忠和、郎平等女排人的重要人生信条。不通过超强度的训练，不付出超人的代价，是不可能成功的。实干精神要求女排运动员在训练过程中认真执行"三从一大"原则，苦练基本功。只有撸起袖子加油干，成就过硬本领，才能摘取体坛桂冠。

服从"三从一大"，苦练过硬本领。"宝剑锋从磨砺出，梅花香自苦寒来。"女排队员为了实现心中的梦想，吃的苦，流的汗，受的累是常人难以想象的。正是因为有这种"不怕苦、不怕累、不怕流血和牺牲"的顽强意志，女排姑娘战胜了一次次挑战，练就了一身过硬本领。

鲁光口述：大松你练吧，我才不怕你呢！

1965年4月，大松博文应周恩来总理邀请，来到国内对中国女排进行为期一个月的特训。在大松的训练计划中，每天的训练至少都要到后半夜，救球训练五秒钟一个往返。由于其严苛残酷的训练，特别是大松博文创造的那种翻滚救球，使中国姑娘们摔得浑身上下青一块紫一块，站都站不稳。在训练中，大松博文给队员的扣球力度之大，速度之快，频率之高，角度之刁，都是中国排球界闻所未闻的。姑娘们练到后来瘫在地上，但大松还是一边叫一边将球猛砸过去。一位当年的队员回忆说，"练到后来，我头发晕，眼发花，房子也旋转起来了；但我还得不停地去飞扑大松扣来的球。"在一次训练中，一位队员实在忍受不了了，瞪圆了眼睛，大声嚷道："你这个日本鬼子，我要跟你拼了！"大松不懂中文，就问翻译，这个姑娘说了什么。翻译机智地告诉他，"大松你练吧，我才不怕你呢！"

---

① 刘城煦：《从秘密基地起飞——中国女排在郴州》，岳麓书社，1998，第16页。

② 袁伟民：《我的执教之道》，人民体育出版社，1988，第74页。

其实，大松已经从姑娘瞪圆的双眼里猜出了她的意思。因为在日本，那些女排姑娘也这么冲他瞪着眼，叫嚷过。不过，经过一个月的残酷训练之后，姑娘们的技术和体能确实发生了翻天覆地的变化，也开始主动加练，残酷的程度甚至超过了日本女排。①

1972年7月22日，我国在首都体育馆举行了"文化大革命"以来的首次中日排球赛。"当总理得知日本队每天要刻苦训练五小时后说，每天实际训练五小时，我们就没做到，为什么不能训练五小时呢？要做！没有认真刻苦的训练，是练不出真本领的。总理的关怀，使我们排除了种种错误思想的干扰，又一次掀起了大运动量的训练高潮……"②

女排姑娘是如何从难从严从实战进行训练的呢？举几个例子来说吧。张蓉芳在练习平拉开扣球时，要求从二传出手到击球之间不超过0.6秒。训练时排球技术指导李安格就在旁边拿着秒表做记录，超时的都不算好球。这样，张蓉芳就需要连扣很多平拉开球才能完成一组30个好球的训练。在练习接发球时，一传到不了规定的位置，也不算好球，每一个球都必须达到规定的要求才算完成。再如，袁伟民给陈招娣的加练任务是救15个球。如果救丢一个，就负一个球。陈招娣在训练过程中难免会出现失误，积攒的球越来越多，她几度都想要放弃，但还是凭借着惊人的意志力坚持了下来，最终完成了救15个球的任务。在2012年备战伦敦奥运会时，中国女排选择广州男排和台山男排进行拉练比赛。这主要是考虑对手身高同世界女排强队相当，并且男子排球力量与速度均很出色，既有快速多变的进攻，又不失技术的细腻。另外，同男子排球队比赛对于女排而言，从技战术到心理都是一次很好的锻炼，可以大幅度地提高队伍的比赛能力和技战术水平。2018年世界锦标赛中，发生了这样一个故事。大战在即，中国女排全队上下容不得一点松懈。在10月18日上午的一次训练中，丁霞在一次对2号位进攻的保护上出现失误，郎指导就要求她在场边练习救球滚20次，算是对她的惩罚。于是，丁霞乖乖地在旁边的场地进行翻滚练习，一直滚了30多次才回到队伍中继续和队友们一起练习。

---

① 鲁光：《中国姑娘》，作家出版社，2009，第43-44页。

② 李宗镛、祝嘉铭、倪丰国：《体育战士寄衷情》，上海教育出版社，1977，第232-238页。

　　陈亚琼的训练非常苦。每次等老队员训练完之后，教练会单独再练她的防守技术。她太瘦弱，被人们戏称为"钢铁将军"；因为翻滚救球，只要一倒地，就能听到她的骨架碰撞地板发出的声音。疼痛是可想而知的，但陈亚琼还是勇敢地往下倒。她的胯部因为着地多磨破了皮肉，鲜血直流。前几天磨破的伤口刚结痂，翻滚几次后就又磨烂了。有时，她因为伤口实在太疼无法着地，就改用男子鱼跃动作救球。[①]

　　球队的技战术提高，包括新技术的运用，都要依靠平日的严格训练把技术练好练精，来培养队员的意志力。袁伟民虽然从来没有打骂过队员，但是他的训练非常严格、一丝不苟，就是要培养队员的自觉性。队员之间互相鼓励，来克服体力上的困难和精神上的压力。

　　女排队员之所以能够在艰苦的条件下完成难度大、要求高的训练任务，是因为她们给自己制定了严苛的标准，要求自己对每一次训练认真负责，哪怕是受伤、身体不舒服也要忍住，不能有一丝一毫的松懈。2007年，中国女排前往瑞士参加女排精英大奖赛期间，冯坤作为二传在接球时被球反弹的力量刮破虎口，导致手臂受伤不能进行正常的训练；但是她并没有因此请假放弃训练，而是训练身体的其他部位。传球时需要做到低姿势，不能用手去接，她就用头去接球，一遍遍地练习身体上的动作，掌握要领，以便在手伤痊愈之后能迅速地投入接下来的训练中。同时期的队员周苏红也是如此。据陈忠和说，周苏红一年也没有请过一次假。有的队员有时会因为身体不舒服而请假，但是周苏红没有。哪怕她十字韧带断裂，她也要坚持到训练场上。腿部不能训练，就练手臂力量，练腰背肌。她说，她不能破例，因为"轻伤不下火线"。

　　正是因为中国女排的教练员在训练中一丝不苟、严格要求，队员们自觉地每球必争，女排姑娘们才能在赛场上打出女排精神。

　　正是因为具有这种虚怀若谷、脚踏实地、胜不骄败不馁的实干精神，中国女排才能在第一次夺得世界冠军后，迅速调整自己，全力为新的比赛拼搏，不断地采用更新的技战术打法，不断地改善新的训练方法，才能为后来连夺几次世界冠军打好基础。

---

① 鲁光：《中国姑娘》，作家出版社，2009，第40-42页。

（四）改革创新是动力

2004 年，中共中央、国务院《关于进一步加强和改进大学生思想政治教育的意见》首次把改革创新作为时代精神的核心。中共十六届四中全会明确提出，"弘扬以改革创新为核心的时代精神"。2006 年召开的中共十六届六中全会，把以改革创新为核心的时代精神与以爱国主义为核心的民族精神一起，确立为社会主义核心价值体系的基本内容。

改革是一个国家、一个民族的生存发展之道。习近平总书记强调："改革开放只有进行时，没有完成时。"①全面深化改革，是顺应当今世界发展大势的必然选择。纵观世界，变革是大势所趋、人心所向。现在世界各国正在加快推进变革，新一轮科技革命和产业变革正在孕育兴起。

继"坚持以人为本，树立全面、协调、可持续的发展观，促进经济社会和人的全面发展"提出之后，习近平总书记提出了创新、协调、绿色、开放、共享五大发展理念，其中创新驱动是引领新发展的第一动力。坚持创新发展，是分析近代以来世界发展历程特别是总结我国改革开放成功实践得出的结论，是应对发展环境变化、增强发展动力、把握发展主动权，更好引领新常态的根本之策。

2015 年，习近平总书记强调："唯改革者进，唯创新者强，唯改革创新者胜。"②以改革创新为核心的时代精神，不仅是当今世界各国发展的潮流，也是马克思主义与时俱进的理论品格、中华民族开拓进取的思想品格与改革开放和现代化建设实践相结合的伟大成果，已经深深融入我国经济、政治、文化和社会建设的各个方面，成为振兴中华的力量源泉。同样，"创新则兴，守旧则衰"③是贯穿整个现代排球运动发展的客观规律。中国女排发扬改革创新的时代精神，坚持走符合自身特点的发展道路，做改革创新的实践者，靠领先的技

---

① 《习近平总书记系列重要讲话读本》，人民出版社，2016，第68页。

② 《习近平的两会时间（四）："创新是引领发展的第一动力"》。新华网 http：//www.xinhuanet.com/politics/2015-03/06/c_1114549235.htm，

③ 陈小蓉：《创新——高水平教练员必备的能力》，《中国体育科技》1995年第1期。

术和过硬的心理素质打造竞技实力，构筑了中国女排永不言败的坚强基石。

1. 一招鲜，吃遍天

说到女排的创新精神，就不能不提李安格。他在大学期间受过力学、逻辑学、创造思维学、流体力学、空气动力学等方面的良好教育，懂得创新的作用，了解创造思维是各种事物能加快发展的动力。这为他后来的排球技术创新奠定了扎实的基础。李安格注重创新思维的培养。有一年，国家体委在中央体育学院（现北京体育大学）办了一期甲级队教练的训练班，请他代课。他带了一堂示范课，从准备活动到训练内容、方法、手段都是新的，然后要求每一位教练都要带一堂全新内容、全新方法、全新手段的训练课，没有新东西就不及格。

1950 年，李安格第一次代表新中国参加在捷克斯洛伐克举行的"世界大学生代表大会"排球比赛时，全世界仅有中国队会打快球。比赛中，二传队员将球传出或传出之前，扣球队员已跳在空中等球；当球传到合适的击球点时，扣球队员以极快的速度挥臂击球。这种快球的特点是：速度快，变化多，牵制力强，命中率高，实效好。有时利用快球佯攻，有利于争取时间、空间和组织快变战术，以达到突然袭击的目的。中国队的"快球"在场上很是威风，每扣必中，这让李安格懂得了什么叫"一招鲜，吃遍天"。

技术发明是排球运动的制胜武器。快球技术，按照攻手与球网之间的距离，可分为近体快球和远网快球；按照攻手和二传的位置关系，可分为背快球、短平快、平拉开球。快攻之所以效果好，是因为它有突破拦网的有利因素。各种快球本身，因其速度快和节奏快，已增加了对方拦网的难度。快球还具有强烈的掩护作用，通过各种快球掩护所组成的快攻技术，突破拦网的威力更大。这种快球技术为我国运动员首创，后来在国际排坛上被其他队伍广泛学习并使用。

李安格作为中国女排技术顾问，发明了许多新技术，其中有一项非常重要的技术即单脚背飞。单脚背飞是一种自我掩护。单脚起跳的动作，由于右脚不需要踏地下蹲再起跳，而是直接上摆助跳，因此缩短了起跳的过程，比原来双脚起跳快了 0.2 秒。同时，右腿上摆不但有助于扣球的右手上举，也可以代替摆臂助跳的作用，腾出手来集中于扣球，从而可以更快地下手击球。通过实验录像的计算，单脚起跳从最后一步着地到空中击球，最快可以达到0.38秒。而双脚起跳扣球，因为要等第二只脚着地后再起跳，最快也要0.52秒，比单脚慢了0.14秒。时间差成就了突破拦网的机会，在多种打法上都可以加以利用。此外还创造了"短平错位单脚前飞""前快错位单脚背飞"等快攻新技术。

李安格口述：单脚背飞的实验经过

"文革"结束后，正赶上国际排球规则改变，我琢磨出了一些排球新技术，发表在《体育科技》杂志上。突然有一天，辽宁省体委副主任康起找到我，问我这些新技战术能否在辽宁女排试用。我问他，辽宁队敢用吗?你们不怕输球?康起说，她们是甲级队的最后一名，第八名，不怕输球，而且我们女排身材条件不错。于是，我就请示了体院领导，同意我在冬训时教她们。我要求他们领导和教练们先听报告，他们都同意后再学这些新技术。报告后我针对大家提出的问题当场解答，并播放录像片进行了说明，大家一致同意采用。我又专门给女排队员讲了一次，得到了她们的支持。我采用循序渐进的教学法，40分钟教会了单脚背飞扣球这项新技术，得到了全体人的认可。冬训过后，辽宁队参加全国甲级女排联赛，第一场就打赢了连获九次全国冠军的四川女排。辽宁女排试验成功后，坚定了我将这项新技术运用到国家女排的决心，亲自教会中国女排学会了单脚背飞快攻技术。1981年首次在香港世界杯亚洲选拔赛上运用，对阵日本女排时，有一个球孙晋芳二传没给4号位的郎平，也没给3号位准备打前快球的周晓兰，而是背传2号位。2号位却没有扣球人，日本队员认为是孙晋芳传球失误，都跑到一起互相拍手庆祝胜利。这时周晓兰快速向2号位跑去，单脚前冲起跳追上去把球扣过网，打在互相拍手的日本队员的脸上，打得日本队员个个都莫名其妙，不知球是怎么打过来的。这一局连打三个"单脚背飞"，连得三分。我在场边给孙晋芳做了个停止的手势，宣布国际比赛"单脚背飞"新技术实验成功。现在需要保密，等世界杯正式比赛时再来个"一招鲜，吃遍天"。

在希望队试验新技术。每一项排球新技术的诞生和运用，背后都离不开创

图 3-28　1980 年李安格（左一）在漳州教女排"单脚背飞"新技术，梁艳在扣球。李安格提供

新思想的火花以及无数次建立在科学理论上的试验。希望队组队的初衷，就是为中国女排培养后备力量，并尝试新的技术。因此，负责组队的李安格对排球技术做了新的探索。他想，既然篮球运动员可以两只手投篮得分，两只脚均可起跳，排球运动员也应该能做到用左右手扣球，两只脚均可做起跳脚；既然乒乓球运动员可以发旋转球，那么排球运动员也可以如法炮制。要重新在排坛立得住脚，就得拿出新东西来。

李安格口述：希望队与日本妈妈队的较量

1994 年我组建了女排希望队，希望能为中国女排培养后备力量。当时我发明了一种新的发球技术"侧旋发球"，是从乒乓球的发球中得到的灵感，并且在一定程度上解决了排球因为重量大而飘不起来的技术难题。这项发球技术在希望队队员中已经试验成功。有一年，日本妈妈队来北京体育大学参观，作为曾经的职业队员，她们和学校代表队进行友谊赛，结果把学校代表队赢了。当时，希望队正巧也在综合训练馆训练。日本妈妈队的领队带着翻译过来问，敢不敢和她们打一局？我心想，那就打吧！于是我把队员叫过来说："她们太看不起我们了，那咱们就打！"我给队员们布置战术，对"侧旋发球"这个武器做了安排。开场后，希望队队员连发

3个球，对方都没能接到。我把发球的队员叫过来之后嘱咐了两句"发稳点！""不要失误！"队员返回赛场中，连发了8个球，她们一个都没接到。我觉得差不多行了，就示意队员们要保密，结束了"侧旋发球"这个秘密武器的测试。最后希望队以3∶0的大比分赢了日本妈妈队，打得她们一句话都说不出来。同时，我在希望队中也成功实验了后排单脚前飞快扣的新技术，已经有三四个队员学会从限制线后起跳扣远网的半高球，落地不会超过中线，对方如果有人拦网，也可以左右变线扣，同时也为我们的前排进攻队员避开了集体拦网。

2. 要么创新，要么死亡

排球运动是一种创造性很强的活动，教练要有敢用新技术的胆识和魄力。教练员的指挥能力和创新思维都影响着球队的发展。袁伟民教练在集训期间，多次在队会上强调苦练不是蛮干，拼搏要靠科学。中国女排"五连冠"时期，率先采用移植男排快攻的打法，在此基础上利用"时间差""空间差"发明了十几种快攻新技术，例如"单脚起跳快球""短平快错位""串平"以及各种"单脚背飞"等技术变种，而且敢于大胆应用到训练比赛中。

李安格口述：五个一块儿上！

1977年国际排球比赛规则有改变，其中有一条是拦网碰手不算一次击球，也就是说，队员在反击时还有三次打球机会，这对我们组织快速反击是个极好的机会，我们在接发球一次攻中的多种战术大有用武之地。于是我对此作了专项的技术统计，女队比赛中有50%的机会可以组织快速反击，这对发挥我们中国排球快攻的特点极为有利。袁伟民请我去当技术顾问，他知道我有不少新技术、新战术。我先讲了五个新技术，看能否一个一个地试用。他说："五个一块儿上！"我当时很吃惊，他是真敢干。这些新技战术也真在大赛中起到了意想不到的作用。但也有教练不敢使用新技术。1988年汉城奥运会，中国女排只获得了季军，还有一局0∶15输给俄罗斯。失败的原因之一是没有拿得出手的新技术和打法，曾经引以为傲的技战术也被别的国家掌握了。出发前问队员们有没有信心。队员们说，没有，我们拿什么打人家？说明没有了秘密武器，会影响士气。

袁伟民执教的中国女排坚决采用"快速反击"的超前战略打法，大胆地学习和掌握了单脚起跳的多种快攻、快抹新技术，走在了世界各队的前面，使对方不适应我们的打法，提高了命中率，为夺得"五连冠"发挥了重要作用。1981年11月，在日本举行的第三届排球世界杯赛中，中国女排以七战七捷的骄人成绩夺得世界冠军。这也是我国第一次荣获世界冠军的称号，我国三大球的翻身仗首战告捷。1982年中国女排夺得第九届世界女子排球锦标赛冠军。1984年中国女排夺得第二十三届奥运会冠军，成就了"三连冠"的辉煌。随后在1985年第四届世界杯赛和1986年第十届世锦赛上，邓若曾与张蓉芳分别担任两次世界比赛的主教练并带领中国女排夺得冠军，最终成就了我国排球历史的"五连冠"荣誉。"快速反击"的超前战略打法是排球发展上一个重大的战略问题，对于荣获"五连冠"起了巨大作用。"五连冠"期间，快攻的命中率60%以上，比反击强攻命中率高一倍。快攻得分占总扣球得分的30.6%。[1] 各国开始学习中国女排的各种快攻技术，引领了排球技术潮流。

排球专家总结道，中国女排之所以能荣获"五连冠"，从技战术上讲就是在全面的基础上，不断发展和创新了自己快速多变的进攻打法，明确地发挥了自己快攻的特点，以快制慢、以变制高，坚定不移地走自己发展道路的结果。如场上六人都打快，不仅一攻快，而且防反中也积极运用快速反击等，都是中国女排的创举。但是任何事物都必须在原有的基础上不断发展、创新，尤其是要决出胜负的体育竞赛项目，更必须有自己独到的新招以出奇制胜"[2]。

2018年12月18日上午，庆祝改革开放40周年大会在人民大会堂举行。100名"改革先锋"称号获得者在大会上受到表彰。其中郎平获得了塑造传承"女排精神"的优秀代表荣誉称号。自2013年郎平就任国家女排主教练以来，她大胆改革创新，大刀阔斧启用新人，把中国女排重新带上巅峰。其中她开创的"大国家队"管理模式一直为人们津津乐道。"大国家队"模式并不是由郎

① 刘城煦：《从秘密基地起飞——中国女排在郴州》，岳麓书社，1998，第209页。

② 李安格、黄辅周：《现代排球》，人民体育出版社，1995，第29~30页。

平创立的，国外的强队早已开始使用；但郎平将这种模式引入国内，也可以说是一大创举。

郎平担任国家女排主教练的优势在于"知彼知己，百战不殆"。她不仅是中国女排"五连冠"时期的核心队员，执教过中国女排，了解中国女排的身体素质及技战术特点，她也有在美国、意大利等世界强队执教的丰富经验，相比于他人更了解他国女排的特点及优劣势。在历史上，中国女排以"高"制亚洲其他队伍的"快"，又以"快"制欧洲队伍的"高"。靠着"小、快、灵""全面、快速、反击"的战术赢得了"五连冠"。此外，"高大化"成为当今世界排坛的发展趋势。因此，对原有的技战术体系进行改革成为大势所趋。截至2018年7月份，中国女排的平均身高显示达到了1.869米，居于世界第一。郎平在如今的训练及用人选人上，既看重身高、发挥身高方面的优势，又注重身体的灵活性，发挥"小、快、灵"的看家本领，创建"立体高速"的打法，在打法上以高度来制约对方，同时又提高战术性速度，提高防守和反击的效率，朱婷就是很好的例子。

我国体育要想在新时代屹立于世界之巅，就必须要有改革创新的精神。改革创新是要改掉旧的、不合理的部分，使之更合理完善，并开创新的局面。改革创新是体育发展的重要动力，是体育产业的自我完善和自我发展，更是推动竞技体育全面高速发展的重要条件。中国女排必须与时俱进，以逢山开路、遇水架桥的执着，跟紧世界排坛的发展方向，树立坚定的决心和必胜的信心，锐意进取，勇于实践，闯出一条不断创新的发展道路。

"学而不思则罔，思而不学则殆。"求实与创新是密不可分的，两者要互相结合。求实的同时要善于思考，否则就是不懂变通，停滞不前；创新要走科学化的道路，要遵循规律，否则就是天马行空、不切实际。纵观中国女排的技战术发展之路与教练员的执教思想发展，只有真正的将符合实际需求的技战术安排和训练计划与创新点进行结合，才能获得成功。女排的求实创新精神具有与时俱进的时代性，正如同郎平的"大国家队"理念，既有从前辈那里继承的、符合实际的技战术思想和训练方法，又有利用先进科学技术、先进管理理念的创新思想，既可以利用举国体制，又利用市场经济，随着时代的发展不断地被赋予新的内涵，才能使得中国女排的发展道路更加光明。

习近平总书记指出，"抓住了创新，就抓住了牵动经济社会发展全局的

'牛鼻子'"①。树立创新发展理念，就必须把创新摆在国家发展全局的核心位置，不断推进理论创新、制度创新、科技创新、文化创新等各方面创新，让创新贯穿党和国家一切工作，让创新在全社会蔚然成风。创新不仅需要智慧，还需要勇气。任何一项新技战术、一种新执教思想都是需要排球人经过无数次的试验和论证得出来的。而真正能够去将它们付诸实践则需要更大的勇气，或是成功，或是失败，总能为女排精神创新画下浓墨重彩的一笔，推动它不断前行。求实创新永在路上！

---

① 《习近平总书记系列重要讲话读本（2016年版）》，人民出版社，2016，第133页。

｜女排精神地位与作用｜

中国女排是一所学校。走进这所学校，人生一定会受益。

——《体坛周报》记者马寅

女排精神如同一个多棱镜，折射出奥林匹克精神、中华体育精神、中国革命精神乃至中华民族精神等色彩纷呈的精神光谱。从女排队员的身上，我们不仅看到了以爱国主义为核心的民族精神和以改革创新为核心的时代精神，而且看到了"一不怕苦、二不怕死"的大无畏的革命英雄主义精神，更看到了追求"更高、更快、更强、更团结"的奥林匹克精神。

一、女排精神的地位

党的十八大以来，习近平总书记特别重视从文明的高度审视中国道路，尤其重视精神文明建设，特别是精神谱系梳理和构筑。一位来自美国的青年留学生迪伦·奥斯汀·沃克（中文名武淡然）发现，中国的制度优势之一是文化建设领域非常重视国家精神、民族精神、党的精神塑造、培育、弘扬和传承。中国共产党把中华民族精神、革命精神和时代精神结合起来，不断发扬光大，使中国人民对社会主义和共产主义有着坚定的信仰，能够胸怀大局，把个人的命运同社会和国家的前途联系在一起。女排精神作为奥林匹克精神、中华体育精神、中华民族精神、党的革命精神乃至中国精神的重要体现，则是体育战线为全社会奉献的一笔宝贵的精神财富。

（一）女排精神是奥林匹克精神的具体体现

女排精神是现代奥林匹克精神与中国排球运动实践相结合的产物，是奥林匹克精神中国化的代表成果。女排精神与奥林匹克精神在理念和价值上高度契合。1991年，《奥林匹克宪章》首次将"奥林匹克精神"正式表述为"互相理解、友谊、团结和公平竞赛的精神"。现代奥林匹克运动的发起人顾拜旦先生始终强调通过以奥林匹克精神的体育活动教育青年，目标是养育人的灵魂，个体成为身心和谐的人，社会成为公正和平的共同体。奥林匹克运动始终以"更快、更高、更强"（2020年东京奥运会上又增加了"更团结"表述语）的格言号召人们永不满足于现状，而向更高的目标奋进。中国女排从1981年首获世界杯冠军、1984年首获奥运会冠军到2016年夺得里约奥运会金牌，奥林匹克主义所倡导的"强化的身体练习""集体荣誉观念""大公无私的精神"，无不被中国女排努力践行并代代传承。女排精神深刻地回应了奥林匹克精神关于团结奋进、拼搏进取的号召。

（二）女排精神是中华体育精神的集中体现

中华体育精神作为民族精神在体育领域的高度凝结，突出地表现为"为国争光、无私奉献、科学求实、遵纪守法、团结协作、顽强拼搏"。它是体育工作者在艰苦的体育实践活动中创造的体育文化的精华，可以说是体育领域的行业价值观，即社会主义核心价值观在体育领域的具体体现，也是奥林匹克精神在中国土壤上结出的精神硕果。这束五光十色的精神光谱，是由各个运动项目的体育人共同描绘、勾勒的。也可以说，中华体育精神又是各个运动项目精神浓缩的精华。20世纪50年代新中国体育开创了登山精神、乒乓精神，80年代又凝炼出女排精神，更加鲜明地彰显了中华体育精神的丰富内涵。2019年9月30日，就在中国女排第十次夺冠的第二天，习近平总书记亲切接见了中国女排队员和教练员代表，表扬中国女排"在提前一轮锁定冠军的情况下，在最后一场比赛中没有丝毫懈怠，尊重对手，尊重自己，坚持打好每一个球，很好地诠释了奥林匹克精神和中华体育精神"[1]。

（三）女排精神是党的革命精神在体育行业的体现

女排精神是中国共产党人精神谱系中最具体育特色的精神光谱。中国共产党在艰苦卓绝的革命斗争实践中和改革建设的汹涌浪潮中，传承了中华民族优秀的精神基因，创造了先进的革命文化，形成了无数令人赞叹的革命精神，绘成了绚丽多彩的革命精神谱系。中国体育工作者在党的领导下继承了党的革命精神，传承了红色基因，女排精神就是杰出代表。中国女排是在党的革命精神滋养下，成长为体育战线上一支能打胜仗、功勋赫赫的英勇之师的。女排精神也是党的革命精神在体育行业的充分体现，是党领导新中国体育事业创造的标志性精神文明成果。新中国成立70多年来，广大体育工作者正是在这些精神力量的支撑和鼓舞下，筚路蓝缕、艰苦创业，才在竞技体育、群众体育、学校

---

① 《习近平会见中国女排代表》，《人民日报》2019年10月1日，第1版。

体育等领域取得了巨大的成就。2019 年 10 月，中央党史和文献研究院将女排精神纳入了中国共产党人精神谱系，委托北京体育大学女排精神研究团队开展课题研究。在中央宣传部第一批发布的 46 种中国共产党人精神谱系中，女排精神是唯一一个来自体育行业的项目精神。

（四）女排精神是中华民族精神的时代标识

女排精神是一种能够超越自身行业领域，跨越时空、历久弥新的运动项目精神。它影响了几代人的精神面貌，塑造了国人奋发图强、积极向上的精神品格，充分体现了体育的精神魅力。女排精神是中华民族精神宝库中一颗璀璨的明珠，它传承了中华民族团结统一、勤劳勇敢、自强不息、艰苦奋斗、富于梦想、善于创造等优秀精神基因，改善了民族形象。女排精神是中华民族精神在体育领域的集中体现。在五千多年的发展进程中，中华民族形成了以爱国主义为核心的团结统一、爱好和平、勤劳勇敢、自强不息的伟大精神。而祖国至上的女排精神体现了爱国主义这一中华民族的核心精神，中国女排对"升国旗奏国歌"理想的执着追求，体现了中华民族的伟大梦想精神；团结协作的女排精神，体现了中华民族的伟大团结精神；顽强拼搏的女排精神，体现了中华民族的伟大奋斗精神。中国女排靠科学创新打造永不言败的坚强底气，生动诠释了中华民族的伟大创造精神。

中国女排成为世界其他民族了解中华民族的一张"名片"和一个"窗口"。20 世纪 60 年代，应周恩来总理邀请多次来华指导中国女排进行"魔鬼训练"的日本教练大松博文，通过对中国女排的观察发现了中华民族刻苦勤奋、笃行笃学等许多可贵的精神。他在自述中写道，体育不仅彰显了一个国家各个方面的实力，而且显示了一个民族的精神。"中国人本来就有着刻苦精神，在这种情况下，她们有着为了国家经受一切痛苦磨炼的坚强信念，她们用自己的身体来体验'想干就能干'的事实。"[①] 有一次训练时遇到群众游行，队员们乘坐的大轿车开不过去，大松在电话里要求跑过去。当队员们一个小时后浑身

---

① 大松博文：《"魔鬼"大松的自述》，刘璐、李惠春译，人民体育出版社，1984，第 80 页。

湿透准时出现在训练馆时，他惊呆了，"如果在日本，即使让跑来，也不会真跑来。最后只能说声没办法才迟到的。……这些年轻人，只要想做什么，必然会想办法达到目的。这种精神是多么伟大啊！这不仅仅表现在排球等体育运动方面，而是贯穿于全体中国人的性格之中，它是一种大有希望的可靠力量。"[1]在训练过程中他发现，中国女排与日本队员有个很大的差别是，中国队员每次都问练习每个动作的理由，然后认真记在本上。时间长了，大松好奇地想探个究竟。原来，中国队员有写训练日记的习惯，不管多么晚，哪怕是深夜两点结束训练，都要开讨论会进行总结。这让他感到很吃惊。日本队员没有一个人问过他为什么要这样训练，尽管他多次劝告要写日记，可是没有一个人坚持，"这是新中国教育的结果……这点，也许正是一个国家发展、前进的推动力量。"[2]正是从中国女排身上看到了中华民族的希望，他才坚信，中国女排一定能够走上冠军领奖台。

女排精神成为改革开放时代中华民族的精神图腾。民族精神是民族之魂，是维系各族人民共同生活的精神纽带。对中华民族的认同感、归属感、自尊心和自强心，使中国女排产生强烈的共鸣。中国女排成了中华民族最优秀的形象代言者，仿佛中华民族的一面镜子，照见了自己，使国人走进自己的灵魂深处，是国人心中想成为的那个"自己"。中国女排因而成为"40后""50后""60后"乃至"70后"等几代人共同的偶像。1986年1月，在湖南郴州排球训练基地中国女排召开的队会上，主教练邓若曾讲到，国家围棋队教练聂卫平听邓小平同志讲过，女排苏联队、古巴队的比赛都看了，云南老山前线有的战士伏击两个月回来，第一句话就问："女排赢没有？""为什么这么多人关心我们，认为我们打胜了对他们鼓舞很大？是我们有多大能耐吗？是国家的荣誉是民族的精神。"[3]2000年悉尼奥运会上，中国女排跌落至第五名，时任国家体育总局局长袁伟民对排球运动管理中心的同志语重心长地说道："女排这个成

---

① 大松博文：《"魔鬼"大松的自述》，刘璎、李惠春译，人民体育出版社，1984，第86页。

② 同上书，第91页。

③ 刘城煦：《从秘密基地起飞——中国女排在郴州》，岳麓书社，1998，第231页。

绩，排球界不满意，老百姓不答应，全国上下对女排有着很深的情结。"①中国人对女排的深厚情结，不只是对女排单纯的爱，中国女排已成为中华民族的精神象征，成为各行各业的精神旗帜。

（五）女排精神是中国精神的重要体现

中国精神是新时代中华民族的精神标识和文化基因。精神是人对自身主观世界的高度概括。每个民族都有着不同于其他民族的精神特质。精通9国语言、学贯中西的清末国学大师辜鸿铭，可以说是最早提及中国精神的人。1914年，辜鸿铭在《中国人的精神》（原名《春秋大义》）中赞扬道，中国精神是永葆青春的精神，是民族不朽的精神。中国人精神不朽的秘密在于心灵与智慧的完美和谐。不过，他所说的中国精神，更多的是指中国人的温良人性。著名历史学家钱穆认为，中国精神是一种绵延数千年的道德精神，是以道德为核心的精神。它在承平盛世不太彰显，而在乱世之中更为旺健优壮。著名哲学家张岱年先生对中国精神的概括是"爱国报国、自强不息、厚德载物"。 那么，到底什么是中国精神呢？新时代中国精神又是什么呢？2013年3月17日，习近平总书记在第十二届全国人大一次会议闭幕会上首次提到中国精神，将其概括为"以爱国主义为核心的民族精神和以改革创新为核心的时代精神"。中华民族精神除了爱国这个核心，还有哪些精神呢？党的十六大报告把中华民族精神概括为"以爱国主义为核心，团结统一、爱好和平、勤劳勇敢、自强不息"。经过世世代代中华文化的熏陶，中华民族精神已嵌入中华民族的文化基因，成为中华民族有别于其他民族的独特标识。时代精神除了改革创新，还有与时俱进、实事求是、求真务实的精神，等等。中国精神作为民族精神和时代精神的有机结合，相对于民族精神的内生性而言，具有较明显的外塑性，昭示着新时代中国人民在世界民族舞台上的精神形象和风貌。在2014年全国文艺工作座谈会上，习近平总书记把中国精神称作社会主义文艺的灵魂。在2017年党的十九大报告中，习近平总书记进一步提出，"社会主义核心价值观是当代中国精神

---

① 张式成、高湘春：《女排腾飞的"娘家"——记中国女排集训郴州体育基地》，《湘潮》2008年第8期。

的集中体现"①。可见，社会主义核心价值观是对中国精神的高度凝练和集中表达。

中国女排不仅出色地践行了以爱国主义为核心的民族精神，还是践行以改革创新为核心的时代精神的突出代表。特别是在技术全面的基础上，大胆尝试单脚背飞等快速多变的进攻技术，靠着"全面、快速、灵活、多变"的战术，以"高"制亚洲队伍的"快"，以"快"制欧洲队伍的"高"，找到了适合自己的排球发展道路，赢得了"十冠王"的殊荣。从中国女排这个体育领域的"窗口"，我们能够看出体育人是如何结合行业特点来践行和诠释中国精神的。日本教练大松博文指导中国女排进行"魔鬼训练"的时间不长，却发现了中国女排身上体现的可贵的国家精神。他在自传中写道："我到今日的中国访问，感受最深的是每个中国人对自己的国家有一种绝对的自豪感，胸中燃烧着'中国人是最好的人民'这种自信。"②他发现，"中国队员的精神支柱是为自己的国家舍命而积极、自觉地学习"，就像队员们说的那样，"多苦的训练我们也要坚持到底，我们是为祖国训练的，有多艰巨的困难也能克服！"③这种以爱国主义为核心的民族精神，体现在中国女排身上，就具体化为国争光的国家精神。正是因为看到中国女排身上这些可贵的中国精神，他一直坚信中国女排总有一天，一定能够超过日本女排获得冠军。

二、女排精神的作用

民族自尊心、自强心、自豪感和自信心，是中华民族自立于世界民族之林的精神基础。女排精神四十多年来一直是支撑国人底气、志气和骨气的精神力量。创造这个精神的中国女排，在国人心中俨然成为民族英雄。每次夺冠凯旋

---

① 习近平：《决胜全面建成小康社会 夺取新时代中国特色社会主义伟大胜利——在中国共产党第十九次全国代表大会上的报告》，人民出版社，2017，第42页。

② 大松博文：《"魔鬼"大松的自述》，刘璇、李惠春译，人民体育出版社，1984，第120页。

③ 同上书，第93-95页。

而归，机场上迎接的人群上至国家领导，下至各行各业普通球迷百姓。听到女排夺冠，或看到女排走出机场，人们兴高采烈的呼喊声如火山爆发，甚至自发地唱起国歌。中国女排带给我们的，不愧是满满的精神超能量。

（一）女排精神唤醒了民族自觉

中华民族的仁人志士从未失去民族自尊与自豪。少年时立志"为中华之崛起而读书"的周恩来，在日本女排获得世界冠军后说："日本人同样也是黄种人，都是亚洲人，作为我们中国人也是黄种人，日本人能够做到，我们也应该能够做到。"[1]中国女排做到了，她们在体育场上英勇顽强的表现，让世界重新认识了中国，也向世人展现出"东方雄狮"的形象。

20世纪80年代是需要向世界证明"中国人行"的时代，是国人争先恐后用勤奋与智慧改变祖国面貌的年代。改革开放之初，国人放眼世界，发现了与世界的巨大差距，产生了几种不同的心态：一些人怨天尤人甚至妄自菲薄，对中国传统文化失去了自信，产生了民族自卑感；一些人迷茫彷徨、迟疑观望，甚至消极坐等。当时体育行业流行这样一些悲观消极的观点：一是中国人小球行，大球不行；二是中国的体育有进步，但是要登上世界体坛同体育大国全面较量，那还是遥远的事儿，十年八年也做不到，因为中国人以"慢腾腾"著称；三是即使中国人体育行，经济、科技、文化不行，还是落后。还有一些人不甘落后，向这些消极观点发出了挑战，蓄力迸发、奋起直追，要放开手脚大干一场，全国上下一派千帆竞发、百舸争流的局面，各行各业掀起一股勇攀世界高峰的时代潮流。无论哪一种心态，都反映了国人想要重新回到世界舞台中央的焦虑与企盼，对祖国强盛和民族复兴的强烈渴望和期待。人们迫切需要在世界舞台上能够迎来一场胜利，满足民族的自尊心和自豪感，点燃民族复兴的希望。中国女排向世人证明了，外国人能做到的，中国人也能做到！中国人不仅小球行，大球也能行！就像2021年中国在东京奥运会田径项目上的全面崛起态势一样，它在向全世界昭示：中国人不仅水上项目行，田径项目也能行！

---

[1] 《奠基——老一辈革命家与新中国体育》（第一集 起步）。中华全国体育总会官方网站 https://www.sport.org.cn/gasc/2008/0609/85665.html。

20世纪80年代是爱国主义主旋律高扬的时代，是一个崇尚理想、激情迸发、拼搏奋进的年代。1981年女排首次夺冠后，激起了国人高涨的爱国主义热情。一位年轻的教师在给女排的信中写道："由于你们的胜利，为国家民族争得了荣誉，唤起了全国人民，特别是青年学生的爱国热情，也唤起了我对国家前途的信心，使我心灵深处的一潭死水重新荡漾起希望之波。我以前看不到出路，只是徘徊。现在我看到了，为了民族，为了中华之觉醒，我们这一代不能徘徊，要奋斗、奋斗！"[①]

（二）女排精神激励民族自强

40多年来，中国女排一直成为鼓舞国人自强的精神力量。从中华文明古老文字的起源来看，"精神"寓示着种子在萌芽、开花、结果的循环过程中蕴含的使万物孳生不息的力量，表达了人类对生命能量最高形式的崇拜。精神以其勃然生气支撑人们改造赖以生存的世界，内化于心、外化于行，成为人类文明进步绵延永续的动力，为国人提供了民族自强的精神滋养。1981年中国女排首次夺冠后，亿万人民的爱国主义热情像火山一样爆发。这场胜利全国人民和海外华人等得太久了，这股要赢的心气儿憋得太长了：中华民族不仅要站起来，还要站到世界前列去！女排的胜利让国人看到祖国在崛起、民族在振兴，激发各行各业的人们奋起赶超。北大校园喊出的"向中国女排学习""体育胜劲敌，科学超强国"的口号此起彼伏；中国兵工、航空、铁道、通信、自动化五个学会的科普工作委员会表示，要动员所属科技工作者，以女排为榜样，勇攀高峰，为"四化"作贡献。郎平的母校表示，要培养更多的"铁榔头"。东海舰队、大别山驻军、边防战士、拉萨群众也深受鼓舞。诗人提笔赋诗庆贺，生产战线的工人表示要用出色的成绩向女排表达敬意，锦州纺织工业局1.9万名职工决心提前40天完成全年生产任务。1982年，中国女排第二次夺冠后，《人民日报》开辟了"学女排，见行动"专栏，汇集了国内各行各业发愤图强的感人事迹，喊出了"学习女排，振兴中华"的响亮口号。

---

① 鲁光：《中国姑娘》，作家出版社，2009，第74页。

（三）女排精神增强了民族自信

1981年中国女排首次夺冠证明，中国人可以创造世界第一的业绩，中华民族有信心、有能力跻身世界民族之林，站在世界前列。女排"五连冠"的胜利如同给全国人民打了自信"五联针"。女排精神极大地丰富了民族自信的文化源泉。国际排联终身名誉主席魏纪中对中国女排在海外华侨界的影响深有感触。他说，女排到哪个国家都受到当地华侨的最热烈欢迎。华侨对女排说，只要你说要什么，就给什么，你就说就行了。因为华侨感觉到，女排赢球了，他们在海外都能挺起胸膛了。

1981年中国女排首次夺冠的第二天，香港地区《新报》发表社评《十亿神州尽舜尧》。社评称，显然，中国体育在内地出现的进步和惊世战绩，是在"四人帮"黑暗时期结束以后的一个新发展。这也可以说，是在没有斗争的安定情形下才能启发出来的一个民族的优秀表现。中国拥有十亿人，只要有适于人的发展环境，中国人的体能与智慧，何止"十亿神州尽舜尧"，多方面都可能显出其为世界上的优秀民族。

当五星红旗在承办国体育馆里升起的那一刻，中国观众欢欣鼓舞、发自肺腑地喊道："你们是中国的骄傲！女排的精神要发扬光大！"一位观众专程从中国香港赶去巴西做奥运会志愿者，为的就是能够现场观看女排的比赛。当时并没有想到中国队会赢，看到女排赢了比赛，这位观众激动得说不出话来。

在很多运动项目中，更多强调的是身体素质和战术配合。那么，新时代的中国女排是否还需要女排精神呢？郎平认为，女排精神仍有意义，任何一个项目都需要这种敢于拼搏、忘我的精神。集体项目更加强调团队的精神。当然没有技术也不行，可是光靠技术，没有牺牲个人的集体主义精神也不行，精神与技术两者都要兼备。

一位报社记者感叹道："这支球队已经不是一支球队了，好像是我们整个国民的图腾。她们的集体是我们心中的一种财富——在心里埋藏着的宝贵的财富，这是民族的东西。"一位青年说道，现在强调实现中国梦需要有一种不服输、艰苦创业的精神，才能实现我们民族的伟大复兴，女排精神正是我们需要的这种精神。

第五章 05

女排精神价值传承

　　一种精神所涵盖的优秀文化成分越多，便越发灿烂。女排精神如同一个多棱镜，折射出奥林匹克精神、中华体育精神、党的革命精神、中华民族精神乃至新时代中国精神等色彩纷呈的精神光谱。我们从女排队员的身上，不仅看到了以爱国主义为核心的民族精神和以改革创新为核心的时代精神，还看到了"一不怕苦、二不怕死"的大无畏的革命英雄主义精神和敢闯敢试的改革开放精神的影子，以及追求"更高、更快、更强、更团结"的奥林匹克精神。它的光芒穿透时空，照进了一代又一代人的心灵世界，滋润着人们的精神。保护好、传承好中国女排留给我们的这份宝贵的精神财富，是每一代人、每个人共同的历史责任。在女排精神的价值传承上，既要不忘初心，又要与时俱进。随着时代的发展，精神的发展不仅需要重构评价标准，丰富多元内涵，而且需要有更立体、更接地气的表达。中国女排历史上形成的爱国主义、团结协作等传统精神，本身是改革开放精神萌发的初始元素，与改革创新的时代精神同频共振、同向先行。从"团结起来，振兴中华"到延续至今的女排精神，中国人在体育舞台上展示了正在崛起的东方大国的力量，更找到了振奋民族精神的触点和支点，成为中国国家精神形成和发展的推动力。

一、在服务体育强国战略中传承女排精神

2013年8月31日，习近平在会见全国体育先进单位和先进个人代表时强调，广大体育工作者在长期实践中总结出的以"为国争光，无私奉献，科学求实，遵纪守法，团结协作，顽强拼搏"为主要内容的中华体育精神来之不易、弥足珍贵，要继承创新、发扬光大。国务院办公厅印发了《体育强国建设纲要》，把体育作为中华民族伟大复兴的标志性事业，将促进体育文化繁荣发展、弘扬中华体育精神列为五大发展战略任务之四，强调要深入挖掘中华体育精神，将其融入社会主义核心价值体系。这是基于事物发展规律的把握。正如习近平总书记2017年2月24日在北京考察时强调的那样，"体育强中国强，推动我国体育事业不断发展是中华民族伟大复兴事业的重要组成部分。"中华体育精神作为体育行业的价值观，正是社会主义核心价值观在体育领域的体现，是体育强国建设的价值引领。党的二十大提出，新时代新征程党的中心任务是以中国式现代化全面推进中华民族伟大复兴，并制定了"两步走"战略，到2035年建成体育强国。当前，无论是冬季项目发展，还是体育改革深化，都需要发扬女排精神、登山精神、国乒精神等中华体育精神。

（一）用女排精神引领全面深化体育改革

体育强国建设为全面深化体育改革提出了要求，包括体育管理体制改革的深化，体育发展方式的转变，支持和培育体育社会组织发展机制的完善，竞技体育结构的合理布局，以及体育产业、体育文化、体育人才队伍培育和进一步发展，等等。这意味着将会打破原有格局，面临各种责任与利益的冲突，更多未知领域的风险和僵化思想的阻力，需要开拓进取、不怕阻碍、攻坚克难的决心和魄力，需要精神力量引领、带动和支撑。

女排精神作为中华体育精神的集中体现，极大地丰富了体育文化内容和中华体育精神的内涵。中华体育精神作为体育文化的精华，是体育行业价值观的

集中表达，为体育领域培育和践行社会主义核心价值观提供了路径指引。全面深化体育改革，建立与全面建成小康社会相适应的体育发展新机制，实现体育治理体系和治理能力现代化，需要体育战线工作者发扬"祖国至上"的女排精神，增强体育强国建设的使命担当，尽快扭转竞技体育强、群众体育弱，"夏强冬弱""冰强雪弱"等失衡局面，助力健康中国建设；需要发扬"团结协作"的女排精神，树立大局观和全局意识，打破条块分割，把体育改革作为复杂的系统工程，上层加强顶层设计，下层加大执行力度，相关部门联动配合、协同创新；需要发扬"顽强拼搏、永不言败"的女排精神，敢于挑战新时期体育改革遇到的各种困难，应对未来更多难以预料的各种风险。

（二）用女排精神带动弱势体育项目发展

女排精神能够为体育行业精神文明建设提供示范引领。女排精神的形成、培育和发展过程，就是精神文明建设的过程，是中国女排精神文明建设的最大成果。因此，注重精神文明建设（包括思想道德建设和科学文化建设）是优秀运动队成长、成功的重要保证。中国女排的成功经验，为其他竞技体育项目提升综合实力具有强大的牵引和示范作用。历届女排教练都十分重视运动队的思想作风建设：袁伟民教练回忆自己在做队员思想工作上所花费的心血，并不亚于带队伍训练所下的功夫；陈忠和上任后第一周先抓思想政治教育，搞军训、升国旗等是女排常规教育，这是运动队必不可少的一项铸魂工程。女排精神启示各运动队，要重视精神文明建设，特别是运动队的思想文化建设，重点是以弘扬中华体育精神为重心开展项目文化建设。以项目精神为核心的项目文化建设，是精神文明建设的"纲"。纲举目张，运动队应把项目文化建设尤其是项目精神培养和践行作为抓手，促进精神文明建设。当前，国家体育总局已经意识到了运动队项目文化建设的重要性，并把体育文化建设列为体育强国建设五大战略任务之一。只有培育和践行项目精神，树立科学正确的价值观，才能凝聚人心、鼓舞士气，激发和调动人的巨大潜能。

通过弘扬以女排精神为代表的中华体育精神，为各个项目运动队培育和践行社会主义核心价值观提供了有效路径，为各个项目运动队加强文化建设、实现以文化人提供了示范样板。各运动队尤其是弱势短板项目，已经越来越意识到自身项目文化建设的紧迫性，开始挖掘、凝练自己的项目运动精神。我们有责任把女排精神这份精神超能量传递给年轻队员。国家队应重视项目文化建设，特别是项目精神的凝练，作为与技战术训练同等重要的最大软实力来抓。俗话说，"磨刀不误砍柴工"，要从技战术水平提高和发挥的高度重视这项铸魂工程。

二、在统筹推进两个大局中践行女排精神

2016年10月21日，习近平总书记在纪念红军长征胜利80周年大会上强调："人无精神则不立，国无精神则不强。精神是一个民族赖以长久生存的灵魂，唯有精神上达到一定的高度，这个民族才能在历史的洪流中屹立不倒、奋勇向前。"①女排精神对于实现中国梦具有凝神聚力的作用，能够为加快现代化强国建设、实现中华民族伟大复兴中国梦凝魂聚气。女排精神的影响早已超出了体育范围，辐射到各行各业，成为中华民族精神的时代标识，陪伴了几代人的精神成长，影响了几代人的精神面貌。据《体育报》报道，女排首次夺冠当天，冶金工业部90名赴四川讲师团发贺电表示，"中国女排的拼搏精神将激励我们完成支教任务"。类似的报道不胜枚举。女排精神以其鲜明的体育特色构成党的革命精神谱系中一道亮丽的光谱，丰富了红色革命文化内涵，也成为社会主义先进文化的组成部分。习近平总书记在会见中国女排代表时，赞扬女排精神是中国精神在体育行业的集中体现。作为以爱国主义为核心的民族精神和以改革创新为核心的时代精神的体育文化符号，女排精神已渗透到广泛的文化生活中，出现在新闻报道、报告文学、电影电视剧中，以及明信片、折叠歌片、邮票和火柴盒贴画上……通过各种生动鲜活的文化作品，激发了人们的爱国主义热情和现代化建设的昂扬斗志，展现了体育精神的魅力。党的十八大以来，习近平总书记多次强调要统筹国际国内两个大局。2020年10月29日，党

① 习近平：《在纪念红军长征胜利80周年大会上的讲话》，载《习近平谈治国理政》第2卷，外文出版社，2017，第47-48页。

的十九届五中全会公报明确提出，全党要统筹中华民族伟大复兴战略全局和世界百年未有之大变局，保持战略定力，发扬斗争精神，需要我们践行女排精神。

（一）在女排精神的鼓舞下奋力实现第二个百年奋斗目标

站在实现"两个一百年"奋斗目标的历史交汇点，女排精神将为鼓舞全国人民奋进新征程，最终实现中华民族伟大复兴的中国梦提供精神支撑。在统筹推进中华民族伟大复兴战略全局的新征程中，依然需要振奋人心的精神力量。40多年前，《人民日报》评论员在《学习女排，振兴中华》文章中写道，如果各行各业都来学习女排精神，那么何愁四个现代化实现不了。40多年后，我们依然可以说，如果各行各业都能够像中国女排那样永攀高峰，向行业前沿发起冲锋，那么何愁实现不了社会主义现代化强国目标？相信，只要各行各业、每个人都能以女排那样的精神状态工作和生活，到本世纪中叶，一定能够把我国建设成为综合国力和国际影响力领先的富强民主文明和谐美丽的社会主义现代化国家，中国梦圆必将指日可待，中华民族必将傲立于世界舞台中央。

（二）在女排精神的激励下争取各种伟大斗争的胜利

当今世界正面临百年未有之大变局，一些新兴国家迅速崛起。2017年12月28日，习近平总书记在驻外使节工作会议上强调，要正确认识当今时代潮流和国际大势，"放眼世界，我们面对的是百年未有之大变局。"[1]百年未有之大变局，是继李鸿章提出三千年未有之大变局之后的又一变局。1872年，晚清重臣李鸿章在给同治皇帝复议制造轮船未裁的撤折中指出，"臣窃维欧洲中国百十年来，由印度而南洋，由南洋而中国，闯入边界腹地，凡前史所载，亘古所未通，无不款关而求互市。我皇上如天之度，概与立约而通商……合地球

---

[1] 《习近平接见2017年度驻外使节工作会议与会使者并发表重要讲话》，《人民日报》2017年12月29日，第1版。

东西南朔九万里之遥，胥聚于中国；此三千余年一大变局也。"①所谓三千年未有之变局，是指中国社会自夏朝开国以来，由于欧洲列强入侵，曾是昔日的天朝上国遭遇了政治、外交方面的变局而引发的经济、文化等全方位的变局。如果说三千年未有之大变局是华夏中国由盛而衰的变局，那么21世纪正在发生的百年未有之大变局将是中华民族对三千年未有之大变局的翻盘逆袭，用四字概括就是"东升西降"。首先，经济结构的变动是百年未有之大变局的基础。进入21世纪，人类将告别"G7"（即英国、法国、德国、美国、加拿大、意大利、日本七大工业发达国家）时代，迎来"E7"（即中国、俄罗斯、巴西、印度、土耳其、墨西哥、印度尼西亚等新兴市场国家）时代。世界经济七把交椅将换位易主，"E7"国家将取代"G7"国家的地位，成为未来世界经济的最大动能。1995年，"E7"国家的经济总量只有"G7"国家的一半；2015年，"E7"和"G7"的经济总量基本相当。据普华永道预测，未来30年，"E7"国家将以"G7"国家2倍的GDP增速发展；到2040年，"E7"的经济总量将是"G7"国家的2倍，成为全球经济重要主体。到2050年，"E7"国家GDP占全球的比重将达到50%。其中，最大的变局是中国的崛起，中国将成为百年未有之大变局的主角。根据美国丹佛大学2017年制作的世界各国经济增长动态模型预测，从2020年起，中国将用8年时间，以每年1万亿美元左右的GDP增幅追赶美国，并于2028年超过美国，成为世界最大经济体，占世界经济总量约五分之一。到2050年，中国人均GDP排名将处于中等水平，与美国的差距越来越小。这是在新冠病毒疫情暴发前预测的，后疫情时代，中国已成为世界经济恢复和发展的"火车头"和"领头羊"。考虑到疫情的变量，中国赶超美国、经济总量成为世界第一可能会提前。世界经济变局必将引发世界政治变局，中国在国际上的领导地位和话语权将随之提升。早在新冠病毒感染疫情暴发前西方国家就已经意识到，中国这头"东方睡狮"已经醒来。2017年11月，德国《明镜周刊》封面用汉语拼音"xinglai"作标题，美国《时代周刊》封面用汉字"中国赢了"作标题，法国《世界报》头版以汉字"中国，强国崛起"为标题报道中国。然而，中国崛起的道路不会平坦，社会主义中国与西方发达资本主义国家之间，特别是中美两个新兴大国与守成大国之间的摩擦和冲

---

① 李剑农：《中国近百年政治史》，商务印书馆，2017，第129页。

突将会越来越激烈，加之21世纪不稳定性不确定性因素增多，"黑天鹅"事件防不胜防，"灰犀牛"事件层出不穷，更增加了百年未有之大变局的变数，给百年未有之大变局罩上一层神秘的面纱。当今世界形势云谲波诡、变化莫测，在实现中华民族伟大复兴第二个百年奋斗目标的新征程上，必须统筹百年未有之大变局遇到的风险和挑战，将面对来自国际国内、各种复杂的充满新的特点的伟大斗争，需要发扬女排精神，提振赋能，共克时艰。

2019年6月18日，习近平总书记给北京体育大学2016级研究生冠军班回信，鼓励冠军班的同学们和体育战线的工作者发扬"使命在肩，奋斗有我"的精神，为建设体育强国多作贡献，为社会传递更多的正能量。女排精神堪称精神层面的超能量，它影响了几代人的精神风貌，体育人有责任把它传递给体育战线和其他各条战线上强国事业的建设者。

北京体育大学2016级研究生冠军班的同学们：

你们好！来信收到了，得知你们珍惜深造机会，边努力学习，边刻苦训练，积极参与全民健身推广工作，我感到很高兴。

我看过你们不少比赛，每当看到我国体育健儿在重大国际赛事上顽强拼搏、勇创佳绩、为国争光时，我从心里面为大家喝彩。新时代的中国，更需要使命在肩、奋斗有我的精神。希望你们继续带头拼、加油干，为建设体育强国多作贡献，为社会传递更多正能量。祝你们学业有成。请转达我对北体大全体师生和正积极备战奥运等赛事的运动员、教练员的诚挚问候！

习近平

2019年6月18日

三、实现以文化人，涵养民族精神

一个民族的精神命脉蕴藏于久经传承的传统文化中，以价值观的形式展现文化内核。2013 年 8 月 19 日，习近平总书记在全国宣传思想工作会议上强调，要推动文化事业全面繁荣和文化产业快速发展、建设社会主义文化强国①。2014 年 2 月 24 日，习近平在十八届中央政治局第十三次集体学习时强调，核心价值观是文化软实力的灵魂、文化软实力建设的重点。这是决定文化性质和方向的最深层次要素。一个国家的文化软实力，从根本上说，取决于其核心价值观的生命力、凝聚力和感召力。2016 年 5 月 17 日，习近平在全国哲学社会科学工作座谈会上再次强调，文化自信是更基本、更深沉、更持久的力量。历史和现实都表明，一个抛弃了或者背叛了自己历史文化的民族，不仅不可能发展起来，而且很可能上演一场历史悲剧。2016 年 7 月 1 日，习近平在庆祝中国共产党成立 95 周年大会上指出，在五千多年文明发展中孕育的中华优秀传统文化，在党和人民伟大斗争中孕育的革命文化和社会主义先进文化，积淀着中华民族最深层的精神追求，代表着中华民族独特的精神标识。

2016 年 4 月 24 日至 27 日，习近平总书记在安徽调研时强调指出："革命传统教育要从娃娃抓起，既注重知识灌输，又加强情感培育，使红色基因渗进血液、浸入心扉，引导广大青少年树立正确的世界观、人生观、价值观。"历史文物会说话，要让革命文物"活起来""活下去"，充分发挥革命文物馆、革命文化馆等红色基因库的思想政治教育作用。2021 年 4 月，习近平总书记对革命文物工作做出了重要指示，指出："革命文物承载党和人民英勇奋斗的光荣历史，记载中国革命的伟大历程和感人事迹，是党和国家的宝贵财富，是弘扬革命传统和革命文化、加强社会主义精神文明建设、激发爱国热情、振奋民族精神的生动教材……加强革命文物保护利用，弘扬革命文化，传承红色基因，是全党全社会的共同责任。"

从体育文化结构看，中华体育精神属于体育精神文化范畴，居于体育文化的最高层次，对体育行为文化和组织文化起导向作用，是为其"魂"；从价值形态看，体育同时具有物质、精神、人际交往三种形态的价值，中华体育精神作为精神形态的价值，是体育价值的最高形态，是为其"核"；从价值观功能看，中华体育精神作为体育行业价值观，具有导向、规范、凝聚、激励四大功

---

① 《习近平在全国宣传思想工作会议上强调：胸怀大局把握大势着眼大事 努力把宣传思想工作做得更好》，《人民日报》2013 年 8 月 21 日，第 1 版。

能，对体育事业发展起引领、约束、凝魂聚气和提振赋能的作用。不仅如此，体育的精神价值早已跨出体育范围，辐射到各行各业，形成健康向上的精神风貌，具有塑造中国精神的作用，从而赋予中国特色社会主义鲜明的文化特征。因此，要实现体育文化发展战略任务，必须抓住文化建设的关键。大多数体育运动与艺术表演类活动（少数艺术表演类运动项目除外）的区别在于，它是集速度、力量、技巧、灵活性等竞技实力于一体的一种现实比拼和展示，借助现代化媒体的放大传播作用，相比之下具有更强的生动性和现实感，更富于动感，非常符合学习者或欣赏者形象化的需要，因而是更有效的育人载体。

（一）打造女排文化建设高地，促进体育文化繁荣发展

女排精神为体育领域培育和践行社会主义核心价值观，加强体育文化建设提供了优秀样板。凝练、培育和践行团队精神，不仅是社会主义精神文明建设的需要，也是培育和践行社会主义核心价值观、加强社会主义文化建设的

图5-1　20世纪80年代出厂的以女排精神为主题的火柴盒商标贴画

需要。

女排精神经过四十余年的演进和发展，不仅成为独特的体育文化现象，而且因为其巨大的精神感染力、感召力而辐射到更广泛的文化领域，渗透到各种文化产品元素中，产生丰富的泛文化现象。法国社会学家哈布瓦赫认为，集体记忆是一个特定社会群体的成员共享往事的过程和结果，大多数时候，集体记忆是符号化的。女排形象出现在老百姓家中的挂历墙画上，人们喜爱的邮票收藏中，火柴盒的商标贴画上，电影电视剧中，诗歌传记文学中，明信片、扑克牌、折叠歌片里……熔铸在中国共产党人的精神谱系中，构成了社会主义先进文化的重要组成部分，塑造了跨越代际与圈层的集体记忆，成为彰显时代精神的文化符号，沉淀在新中国和改革开放的历史中，为团队的文化建设提供了培育社会主义核心价值观的有效途径。

图5-2　20世纪80年代以中国女排为题材的年画

习近平总书记强调，核心价值观是"一个民族赖以维系的精神纽带，一个国家共同的思想道德基础"[①]，它承载着民族、国家的精神追求，是凝聚社会共识的最大"公约数"，构成团结社会的"同心圆"，具有最持久、最深层的力

---

① 习近平：《在文艺工作座谈会上的讲话》（2014年10月15日），载《十八大以来重要文献选编》（中），中央文献出版社，2016，第133页。

量。民族精神、中国精神乃至行业精神无不是社会主义核心价值观的体现。古人云："四维不张，国乃灭亡。"中华体育精神作为体育领域的行业精神融入社会主义核心价值观，与新时代文化强国建设和体育强国建设息息相关。国家体育总局训练局原局长、排球运动管理中心原主任徐利感叹道："中国体育界最不缺的就是冠军，多种项目的世界冠军数不胜数，但冠军背后能够总结成精神的项目却不多。"[①]2018年8月21日，习近平在全国宣传思想工作会议上强调，坚持文化自信是更基础、更广泛、更深厚的自信，是更基本、更深沉、更持久的力量。[②]精神是文化建设的最高成果，从某种意义上看，文化建设的核心工作就是价值观塑造，也就是精神塑造，这是衡量文化建设成功与否的标志。一种文化如果不能孕育出精神层面的成果，很难说它是一种有生命力的先进的文化，这是衡量一种文化是否具有先进性和生命力的成果指标。精神如同文化土壤孕育生长的果实，把它播撒在人们的心田，就会在人们的精神土壤中

图 5-3　1985 年倪萍、濮存昕主演的《中国姑娘》 剧照

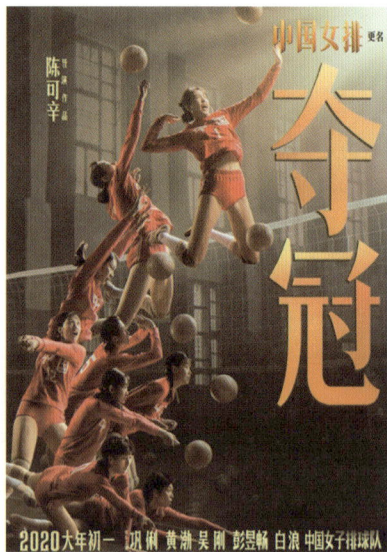

图 5-4　2019 年拍摄的《夺冠》（原名 《中国女排》）电影宣传海报

---

① 刘亚茹：《中国精神：那些年我们一起追过的中国女排》，中信出版集团，2019，第 211 页。

② 习近平：《举旗帜聚民心育新人兴文化展形象 更好完成新形势下宣传思想工作使命任务》，《人民日报》2018 年 8 月 23 日，第 1 版。

不断生根发芽，结出新的果实，化为行动，变成现实力量，因此是铸魂育人最好的精神食粮，不断滋养人的心灵，是以文化人最有效的内容。各省市应充分利用当地的女排精神相关资源，加大女排文化建设力度，引领其他项目文化建设，推动体育文化大发展、大繁荣，从而丰富文化自信的精神源泉。

（二）借鉴女排文化建设经验，丰富团队文化经典案例

女排精神不仅作为文化符号和印记植入人心，成为寄托民族复兴希望的精神图腾印入人们的脑海，而且凭借广大群众对女排的喜爱，成为极具说服力、亲和力的教育素材。中国女排发展历程中积累了大量的体现爱国主义、集体主义、革命英雄主义的感人事迹，经由大众媒介传播形成了丰富的思想政治教育资源，为以体育人、以文化人提供了生动的案例。几十年来，女排事迹时见报端，大到国家媒体，小到地方报刊，女排从未离开公众视线。进入21世纪，随着女排不断取得辉煌战绩，电视、网站、微博、微信、报刊等媒体多层次、多方位的宣传报道，使人们对女排精神的认识愈加普遍与深化。尤其借助新媒体的互动功能使更多人加入集体记忆的生产与构建中，互联网条件下有关女排精神的各种表情包、漫画、短视频、金句等符号化产品加快了传播，加深了体验和印象，达到了润物细无声的效果。

图5-5　湖南郴州基地中国女排群雕

图5-6　福建漳州基地中国女排群雕

中国女排为所有团队文化建设实现价值塑造提供了优秀示范。价值塑造是团队文化建设的重点，可以从物质文化、制度文化和精神文化三个层面入手：队服、队歌、宣传标语、口号仪式等价值塑造的物质载体必不可少；队规、队纪等管理制度至关重要；团队精神与队训的凝练，是价值塑造的核心和关键。再借助文学、绘画、歌曲、影视作品等艺术载体和现代化信息技术手段营造浓厚的文化氛围，通过耳濡目染的熏陶可达到深入人心的效果。

从中国女排身上能够找到优秀团队的共性特征。找到了它，就掌握了团队文化建设的秘籍，可归纳为以下七大工程：

一是铸魂工程。成功来自团队灵魂的吸引和凝聚。打造优秀团队，首先要凝神固魂，通过核心价值观铸造团队的灵魂，找到推动团队发展的核心动力。这样才能使每个队员身心合一、身心俱在，才能统一思想、高效行动。

二是团队形象塑造工程。优秀的团队必须把团队的灵魂外显勾勒出来，通过队名、队训、队歌加以形象塑造。它包括：体现团队核心价值观、意义鲜明的团队名称，反映团队价值理想、朗朗上口的队训或团队口号，以及反映团队核心价值理念和价值追求的队歌。三者都能起到时时刻刻鼓舞士气的作用。

三是物质文化环境美化工程。它包括：宽敞明亮、干净整洁的活动场地，耀眼夺目的宣传标语，团队信息丰富的队服、队标，等等。

四是制度文化建设工程。组织性和纪律性是团队有序的保证，队规制定及施行是优秀团队必不可少的。

五是团队文化教育路径。对父母、对家庭、对他人、对祖国的爱是个人和团队发展的动力。通过学会感恩激发事业心、上进心，在此基础上培养责任。引导团队成员用事业成功回报父母、回报社会和国家的培养，从感恩父母上升到感恩社会和国家，再转化为为父母争光、为祖国争光。在教育方法上多采用仪式化教育、体验式培训、社会实践等实效性较强的方法，文体活动是大家喜闻乐见的教育载体。

六是团队动力系统建设工程。首先是目标建设。目标的设定、分解和达成是优秀团队成功的关键。失去目标陷入盲目和迷茫，没有目标如同深陷黑暗中的盲人只能任人宰割。成功的标志：首先，是否树立了远大的目标，目标的高低决定了成功的大小，目标应尽可能是明确可量化、可实施的蓝图，可达成；其次，是否把总目标分解、细化为子目标（也叫阶段性目标）；再次，要求队员从每一天做起，做好量的积累，并保持个人目标与团队目标的统一；最后，要永葆追逐梦想的激情和意志，形成完善的动力系统。不同团队追求的目标大小不同，因而团队的梦想也有远近之分、高低之别，追逐成功的激情和意志也各异，要善于把失败转化成正能量。

七是和谐团队建设工程。团队成员要尽量卸掉包袱、轻装上阵，即使有所牵绊、负重累累，也要负重前行、决不放弃。靠责任聚拢团队，以团队为家，不相互挑剔指责；靠沟通团结队友，提供机会化解隔阂，消灭负能量和能量"黑洞"。

四、探索以体育人，塑造中国精神

著名记者马寅从 2003 年起专注于中国女排报道，宣传女排和女排精神，成功地打造了"我爱女排"自媒体宣传互动平台。在她看来，中国女排没有最好的身体条件，却连续登上世界女排的巅峰，靠的正是女排精神。虽然她们在前进道路上总是困难重重，但是越被困难挤压，她们就越坚强、越勇敢、越自信。这其实就是世界冠军特有的气质。在她们身上，集中体现了中华民族优秀儿女特有的不屈不挠、敢于抗争的气质。女排精神不仅是女排人形象的简笔素描，也是中国精神最有效的形象塑造。马寅深感女排精神对自己职业生涯的巨大影响。每当她写稿子写到疲倦想偷懒的时候，当她在工作中遇到困难想要放弃的时候，就常常想起女排的故事，马上意识到自己该如何对待工作。笔者作为女排精神研究团队的带头人，也有相同的体会。女排精神的魅力在于，一旦你因为工作需要接触女排和女排精神时，你就会一下子爱上中国女排，很快成为女排的铁杆粉丝（虽然有些人向来不喜欢追星），会被女排深深地打动和吸引。你越是了解女排，就越会自动自发地用女排精神对待工作，提升职业责任感，可以通宵达旦、热情高涨地完成紧急任务。中国女排如同一个巨大的能量场，每个队员就是一个个超级能量块。她们使女排精神的正能量光芒四射，无不感受到它的巨大吸引力和感染力。2019 年，在庆祝新中国成立 70 周年前夕，中国女排"五连冠"群体与袁隆平、孔繁森等 278 人和 22 个集体荣获新中国70年"最美奋斗者"荣誉称号，的确是实至名归、名副其实。

"少年强则中国强"，青少年是祖国的未来。弘扬女排精神，对于青少年完善人格魅力、塑造民族精神尤其重要。女排精神为教育广大青少年、促进人的全面发展提供了优质的思政资源。体育的多方面育人功能，决定了它具有多元的价值，不仅能够育体、育智，而且能育心、育德、育美。以体育人是青少年喜闻乐见的生活方式，是一种非常有效的隐性思想政治教育形式。传承和弘扬女排精神这份宝贵的精神财富，把这一红色基因一代代传承下去，是我们共同的责任。家庭、学校、社会应以女排精神、中华体育精神为核心，共同挖掘和利用体育自身蕴含的丰富的思政资源，开发体育的思政功能，深化体教融合。只有这样，才能使培育践行社会主义核心价值观落实落地。

大国崛起过程中的国家形象塑造，需要由各行各业的精神凝练来完成。中国精神可谓新时代中国形象的简笔素描。以女排精神为代表的中华体育精神塑造的体育人形象，生动地勾勒出当代中国人阳光向上、刚毅挺拔、精神抖擞的气质和风骨。北京体育大学为从身心内外塑造国民形象作出了历史贡献，有着深厚的红色革命基因。2021年春季，女排精神课题组带领北京体育大学传媒学院、马克思主义学院的学生对本校原青训队教练吴中量教授、吴守煊教授进行了访谈。通过听他们讲述20世纪70年代初培养陈招娣、曹慧英、杨希三位

图5-7　2021年4月，女排精神课题研究团队带领学生采访北京体育大学原青训队教练吴中量先生（左三）

老女排冠军队员时的感人故事，增进了师生对母校深厚的红色文化基因的了解，增强了自豪感和责任感。

学校积极落实习近平总书记给北京体育大学2016级研究生冠军班的重要回信精神，发扬"使命在肩，奋斗有我"的精神，传承北京体育大学青训队红色基因。各届研究生冠军班还培养了17名国家队女排队员，其中有：退役队员周苏红、杨昊、魏秋月、杨方旭、宋妮娜、张娜、张晓雅等，现役队员丁霞、刘晏含、王梦洁、林莉、曾春蕾、颜妮等。如今，正进一步大力加强其他运动项目"青训队"建设，努力为国家培养体育后备人才，为建设体育强国多作贡献，向社会传递更多正能量。

北京体育大学教师认真学习习近平总书记关于女排精神、中华体育精神的重要论述，组建了女排精神、中华体育精神研究团队，深耕细作地挖掘体育自身丰富的思政资源，开发体育思政案例库，产出了一系列研究成果，并将研究成果快速转化到理论宣讲和思政课改革中，在党史学习教育活动中组建了女排精神宣传队，为国家队、高校师生、社会公众提供线上线下宣讲服务，利用人民网、新华网、央视网等重要媒体向社会公众提供女排精神直播宣讲。

同时，与排球专业课教师跨教研室集体备课，在探索女排精神"双融入"

图5-8 北京体育大学研究生冠军班为中国女排先后培养了20名研究生

思政课程与课程思政协同育人新模式上取得了突破性进展，并将探索推广大中小学女排精神"双融入"思政课程与课程思政纵向协同育人模式。

（一）挖掘女排精神育人价值，丰富大中小幼德育内容

体育与德育、智育、美育都有着十分亲密的关系，发展学校体育可谓一举四得。这是由体育丰富而独特的功能和价值决定的。南开教育的开创者张伯苓，被称为中国注重体育的第一人。在张伯苓看来，体育的效用不仅仅是锻炼个人体能，更赋予强国强种的爱国情怀和基础，至少有三大好处：一是通过体育培养团队合作。二是通过体育改造国民形象。"强国必先强种，强种必先强身"，希望"手无缚鸡之力""心无一夫之雄"不再是、更不会永远是中国读书人的标配。三是通过体育克服民族积病。张伯苓认为，近代中华民族之大病有"愚、弱、贫、散、私"五端，其中"弱、散、私"三病均可通过体育来根治。

2018年9月10日，习近平总书记在全国教育大会上回答了教育要培养什么样的人的问题。我们的教育要培养社会主义建设者和接班人，就是拥护中国共产党领导和我国社会主义制度、立志为中国特色社会主义奋斗终身的有用人才[①]。要培养这样的人，首先要在坚定理想信念上下功夫，树立共产主义远大理想和中国特色社会主义共同理想，增强学生的中国特色社会主义道路自信、理论自信、制度自信、文化自信，立志肩负起民族复兴的时代重任。厚植爱国主义情怀，不仅爱国，还要爱党，立志听党话、跟党走，爱人民，奉献国家。其次要在思想品德修养上下功夫，培育践行社会主义核心价值观。再次要在增长知识见识上下功夫。最后要在培养奋斗精神上下功夫。还有在增强综合素质上下功夫，创新思维，健康身心，提高人文素养等。

祖国意识有最容易实施、最生动活泼、最丰富多彩的教育形式。与时俱进、日益强大的祖国，越来越放射出令人折服的光彩。树立牢固的祖国意识，不仅能提高思想觉悟，而且为发展带来更宽广的眼光和更加创新的思路。思政

---

① 习近平：《坚持中国特色社会主义教育发展道路 培养德智体美劳全面发展的社会主义建设者和接班人》。习近平系列重要讲话数据库 http://jhsjk.people.cn/article/30284598。

课效果好不好，直接关系到社会主义建设者和接班人的颜色是否变色，能否坚守意识形态前沿阵地。2019年11月12日，中共中央、国务院颁布了《新时代爱国主义教育实施纲要》，强调将爱国教育融入各级教育环节。

学校教育改革中，"体教融合"为将以女排精神为代表的中华体育精神融入社会主义核心价值观提供了有效的实现路径。它不仅提供了理念思路，还提供了实践场域。新时代社会主义核心价值观的培育和践行需要充分挖掘体育自身丰富的教育资源，使其不仅能够育体、育心、育智，还能育德、育美。毛泽东指出："非第调情感也，又足以强意志。体育之大效，盖尤在此矣。""夫体育之主旨，武勇也。武勇之目，若猛烈，若不畏，若敢为，若耐久，皆意志之事。""意志也者，固人生事业之先驱也。"① 体育由身及心，以中华体育精神涵养道德可以淬炼人格。现代奥林匹克运动创始人皮埃尔·顾拜旦认为，"对精神的塑造、意志的培养、品格的熏陶，如果没有体育运动这条重要途径，一定是不完整的、不健全的。健全的思想寓于健全的身体。"② 只有通过体教融合，才能发挥体育在育人格局中的价值引领作用。2020年8月，国家体育总局、教育部联合提出"深化体教融合"改革意见，强调将竞技人才培养融入国民教育体系，使广义体育向广义教育复归，实现体育、教育在价值、功能和目的上的充分、深度融合。9月，习近平总书记会见教育文化卫生体育领域专家代表时再次强调，"要坚持健康第一的教育理念，加强学校体育工作，推动青少年文化学习和体育锻炼协调发展，帮助学生在体育锻炼中享受乐趣、增强体质、健全人格、锻炼意志"③。这为学校深化体教融合改革提供了遵循。

（二）开发女排精神育人功能，丰富体育课程思政资源

2016年12月7日，习近平总书记在全国高校思想政治工作会议上的重要

---

① 毛泽东：《体育之研究》，载《新青年百年典藏》第3卷第2号，河南文艺出版社，2019，第257-258页。

② 皮埃尔·顾拜旦：《奥林匹克宣言》，奥林匹克宣言传播委员会译，人民出版社，2008，第87页。

③ 习近平：《在教育文化卫生体育领域专家代表座谈会上的讲话》，《人民日报》2020年9月23日，第2版。

讲话中强调，在加强思政课程建设的同时，其他各门课都要守好一段渠、种好责任田，使各类课程与思想政治理论课同向同行，形成协同效应。2019年3月18日，习近平总书记会见了全国思政课教师代表，发表了重要讲话。他强调，思想政治理论课是立德树人的关键课程，要树立大思政理念，构建大思政格局，实现"全员""全方位""全过程"育人。他提醒教育者回归立德树人的初心。习近平总书记还强调通过显性教育和隐性教育的结合实现大思政理念，课程思政正是开展思想政治理论隐性教育的实现形式。探索思政课程和课程思政的衔接和融合，是思政课教师面临的重大课题。

2020年5月28日，教育部颁布了《高等学校课程思政建设指导纲要》（以下简称《纲要》）①，强调全面推进课程思政建设是落实立德树人根本任务的战略举措，是大学生思想政治教育综合施治的要求，从传统中医文化中的方剂配伍方法看，君臣佐使、相互配合才能出现最好的疗效，需要将价值塑造、知识传授和能力培养三者融为一体，寓价值观引导于知识传授和能力培养之中。真正构建全员全程全方位育人大格局。课程思政建设是培养德智体美劳全面发展的社会主义建设者和接班人的需要，旨在全面提高人才培养质量的需要。为此，必须解决好专业教育和思政教育"两张皮"问题，不断完善课程思政工作体系、教学体系和内容体系。同时，要紧紧围绕国家和区域发展需求，结合学校发展定位和人才培养目标。

课程思政的内容包括理想信念，以爱党、爱国、爱社会主义、爱人民、爱集体为主线，围绕政治认同、家国情怀、文化素养、宪法法治意识、道德修养等重点优化课程思政内容供给，系统进行中国特色社会主义和中国梦教育、社会主义核心价值观教育、法治教育、劳动教育、心理健康教育、中华优秀传统文化教育。一是要用习近平新时代中国特色社会主义思想铸魂育人，坚定四个自信；二是要培育和践行社会主义核心价值观，提高个人的爱国、敬业、诚信、友善修养，不断追求国家的富强、民主、文明、和谐，以及社会的自由、平等、公正、法治；三是要加强中华优秀传统文化教育，大力弘扬以爱国主义为核心的民族精神和以改革创新为核心的时代精神，传承中华文脉，富有

---

① 《教育部关于印发〈高等学校课程思政建设指导纲要〉的通知》，中华人民共和国教育部政府门户网站。 http://www.moe.gov.cn/srcsite/A08/s7056/202006/t20200603_462437.html

中国心、饱含中国情、充满中国味；四是深化职业理想和职业道德教育，教育引导学生深刻理解并自觉实践各行业的职业精神和职业规范，增强职业责任感，培养遵纪守法、爱岗敬业、无私奉献、诚实守信、公道办事、开拓创新的职业品格和行为习惯。《纲要》要求体育类注重爱国主义教育和传统文化教育，培养学生顽强拼搏、奋斗有我的信念，激发学生提升全民族身体素质的责任感。

课程思政需要科学设计教学体系。一要修订人才培养方案。二要根据不同学科专业的特色和优势，深入研究不同专业的育人目标，深度挖掘提炼专业知识体系中所蕴含的思想价值和精神内涵，科学合理拓展专业课程的广度、深度和温度，从课程所涉专业、行业、国家、国际、文化、历史等角度，增加课程的知识性、人文性。《纲要》要求，要充分发挥教研室、教学团队、课程组等基层教学组织的作用，建立课程思政集体教研制度。鼓励支持思政课教师与专业课教师合作教学教研。

体育蕴含丰富的思想政治教育资源，这是由体育的多元功能决定的。体育的功能不仅仅是强身健体，更重要的是能够完善人格，塑造高尚的精神。新时代学校教育强调德智体美劳"五育"并举，体育是最能全面推动"五育"、实现"并举"的教育。中国女排十次夺取排坛三大桂冠，不仅成为体育人和全民族的骄傲，还为社会贡献了一笔十分宝贵的精神财富——女排精神，并成为中华民族精神的重要标识。体育是众多文化育人形式中最具实践性、亲和力和实效性的铸魂育人途径，富含天然的思想政治教育资源，等待我们去勘探、采掘、冶炼、加工、再融入，如盐在水，化雨春风。女排精神中蕴含着家国情怀（政治认同、国家意识、社会主义核心价值观、民族精神、文化自信）、人格养成（学会如何做人，如社会公德、职业道德、个人品德、人格完善，包括思想、情感、行为、心理等；智力发展，包括观察、思想、推理、逻辑、思维、判断等）、科学观念（学会如何做事，如方法论、求真务实精神、开拓精神、创新意识、毅力、视野、批判性思维、学术诚信等）。

女排精神融入课程思政，是具有示范意义的思政课改革探索，是打通女排精神研究成果和思想政治教育"最后一公里"的尝试，是开展体育思政的一个突破口，从而作为中华体育精神融入社会主义核心价值观的抓手。"体育思政"并非"体育"与"思政"的简单相加，亦非"体育课程思政"的简称，而是一个广义的大思政概念，是指挖掘、整合运用体育本身具有的思想政治教育资源，将为国争光、团结协作、顽强拼搏等中华体育精神的元素有机融入各类课程，实现思政课程与课程思政协同育人。它为专业技术课注入了人文的元素，提供了专业课程铸魂工程的有价值元素。

对于排球运动项目而言，重点要培养排球项目文化的精华——女排精神，采取思想政治教育丰富多样的方法和手段，把女排精神融入训练内容中。这项改革也丰富了排球专业课的教学方法和手段，除讲授法外，还配合案例式、参与互动式、研讨式、情景体验式等突出主体性的教法。为增强课程思政的亲和力，需要话语体系从理论化、书面化向生活化、故事化转化，授课场所尝试从训练场上行走到校史馆，挖掘学校排球发展史上的思政资源，特别是袁伟民、曹慧英所在的青训队历史，还有老女排技术指导、退休教师李安格，以及冠军

图5-9 北京体育大学女排精神"双融入"思政课程与课程
　　　　思政协同育人公开课

班里的女排队员，等等。2019年秋季，北京体育大学马克思主义学院与中国排球运动学院跨学院组织了十余次联合集体备课，初步设计了课程思政教案模板，包括每次课认知目标、情感态度价值观目标和技能三级目标的制定，以及每次课训练内容中思政元素的体现，最后准备推广到整门课程的教学实践中。排球教研室授课教师感到课程思政集体备课恰逢其时，几次备课便初见成效。术科教师对课程目标的认识有了很大提高，对知识传授和价值引领的融合路径有了初步的感觉，相信能够提升专业课程教学的思政水平，最终全面提升专业课程教学效果。2020年12月，北京体育大学举行了女排精神"双融入"（马克思主义基本原理课和排球专项课）思政课程和课程思政协同育人公开课，其中"原理课"中还邀请了女排冠军杨昊同上思政课，和学生们分享郴州基地发扬老女排精神刻苦训练的经历。公开课被新华网新华思政平台报道，浏览量达45万人次。在首届全国课程思政研讨会上分享了北体案例，受到同行专家和参会教师的好评。该课程模式被评为全国课程思政示范课程，其教学团队被评为名师团队。

2019年11月，女排精神课程思政团队向国家体育总局局长苟仲文汇报了女排精神研究成果和融入排球专业课程思政的教学改革情况。苟仲文局长听后给予了高度评价，他说："我为国家感到高兴。你们正在履行总书记要求你们做的事情。老师们的发言很踊跃，很真实，我听了很感动。我看到了总书记关于全国思政课教师座谈会上的重要讲话精神在落地、开花、结果。"

排球专业的课程思政，对于其他运动项目的课程思政具有引导示范作用。新中国体育发展史是一部红色的奋斗史、拼搏史，体育的红色基因和思政资源就像一座文化的宝藏，等待着我们去挖掘。希望专业能够体验到专业课的广度，在提升专业素养的同时，实现文化素养的提升，培养对专业领域的人文关怀，体会到专业课的力度，感受到价值引领的力量。这为今后构建马克思主义体育理论体系、体育文化理论人才培养等工作打下了坚实的基础。

女排精神是中国女排留给全社会的一笔宝贵精神财富。共同守护这幅国人心中的精神图腾，是我们大家的共同责任。北京体育大学承担了全国思想政治工作网女排精神宣传专栏建设，发起了"我是女排精神传承人"优秀作品征集活动。活动主题为弘扬女排精神，传承红色基因。活动的意义在于继承体育领域的中国精神，通过弘扬以女排精神为代表的中华体育精神，培育和践行社会主义核心价值观。活动内容是常年向全社会征集女排精神相关的艺术作品，包括歌曲、舞蹈、绘画、诗歌朗诵、话剧表演等，以及访谈报告、调研报告、演讲、宣讲、微视频等实践案例。每年由北京体育大学马克思主义学院、党委宣传部组成评审委员会，按照公平、公开、公正的原则评选出30多项优秀作品和实践案例，颁发证书及奖品，并推荐到全国高校思想政治工作网"女排精神宣传专栏"进行展示。希望有越来越多的人参与进来。我们将通过这一活动形式践行习近平总书记给北京体育大学2016级研究生冠军班的重要回信精神，向社会传递更多正能量，打造弘扬、传播女排精神的平台，带动大家都来做女排精神的传承人，把这份红色体育基因一代一代传承下去，共同见证女排精神的永恒魅力。

五、结语

《体坛周报》著名记者马寅经过对中国女排持续多年的跟踪采访，得到的最大感受是：中国女排是一所学校，走进这所学校，人生一定会受益。我深有同感，从2017年到现在，我带领女排精神研究团队通过多项课题研究，也得到了相同的体会。我真的受益了，从中国女排身上汲取了无尽的精神营养，在我知天命的年纪改变了我的很多人生信条，譬如战胜自己、无我境界、被人需要是幸福的、做好每一天、超人的努力换来超人的成绩、把不可能变为可能……现在，我把这五年里在中国女排这所学校学习的感悟和认识与大家分享，希望有更多的人能够受益。

新时代中国特色社会主义现代化强国建设需要进一步塑造中国精神，为实现中华民族伟大复兴中国梦提供精神动力。习近平总书记在第十二届全国人大一次会议闭幕会上强调，实现中国梦必须弘扬中国精神，中国精神是凝心聚力的兴国之魂、强国之魂，是强大的软实力。他指出："以爱国主义为核心的中华民族精神始终是把中华民族坚强团结在一起的精神力量，改革创新始终是鞭策我们在改革开放中与时俱进的精神力量。"可见，精神富有生命力的象征，能够产生向心力。

精神的力量体现了意识的能动性。2013年9月26日，习近平总书记在会见第四届全国道德模范及提名奖获得者时说："自强不息、厚德载物的思想，支撑着中华民族生生不息、薪火相传，今天依然是我们推进改革开放和社会主义现代化建设的强大精神力量"。

在不忘初心、砥砺前行的新时代，需要我们以女排那样的精神状态，踏上实现第二个百年奋斗目标的新征程。中国女排身上有很多精神值得我们学习。我们要学习她们牢记为祖国荣誉而战的执着初心，学习她们实现排球翻身并保持世界前列的使命担当，学习她们对"升国旗、奏国歌"理想的坚持和追求，学习她们以报国行践行爱国情和报国志的务实精神。

未来的中国在发展道路上依然充满艰辛与未知，困难依旧"接踵而至"。让我们共同守护这幅中华民族的精神图腾，弘扬女排精神，续写中华民族新辉煌，像中国女排一样，把它内化于心、外化于行，用自己的实际行动书写出中国精神亮彩的一笔。

参考文献

[1]　马克思,恩格斯. 马克思恩格斯全集:第1卷[M]. 北京:人民出版社,2006.

[2]　毛泽东. 毛泽东文集:第7卷[M]. 北京:人民出版社,1999.

[3]　邓小平. 邓小平文选:第3卷[M]. 北京:人民出版社,1993.

[4]　江泽民. 江泽民文选:第1卷[M]. 北京:人民出版社,2006.

[5]　胡锦涛. 胡锦涛文选:第3卷[M]. 北京:人民出版社,2016.

[6]　习近平. 之江新语[M]. 杭州:浙江人民出版社,2007.

[7]　习近平. 习近平谈治国理政:第1卷[M]. 北京:外文出版社,2018.

[8]　习近平. 习近平谈治国理政:第2卷[M]. 北京:外文出版社,2017.

[9]　习近平. 习近平总书记系列重要讲话读本:2016年版[M]. 北京:人民出版社,2016.

[10]　鲁光. 中国姑娘[M]. 北京:作家出版社,2009.

[11]　伍绍祖. 伍绍祖文集:社会交往卷[M]. 北京:人民出版社,2011.

[12]　袁伟民. 我的执教之道[M]. 北京:人民体育出版社,1988.

[13]　谢琼桓. 守望体坛[M]. 北京:人民体育出版社,2003.

[14]　郎平. 激情岁月:郎平自传[M]. 北京:东方出版中心,1999.

[15]　陈忠和,陈继共. 笑对人生:陈忠和自述[M]. 福州:海潮摄影艺术出版社,2004.

[16]　宋元明. 阳光总在风雨后:中国女排的故事[M]. 北京:人民出版社,2018.

[17]　刘城煦. 从秘密基地起飞:中国女排在郴州[M]. 长沙:岳麓书社,1998.

[18]　大松博文. "魔鬼"大松的自述[M]. 刘璇,李惠春,译. 北京:人民体育出版社,1985.

[19]　孔宁. 大逆转:中国女排重新崛起纪实[M]. 北京:同心出版社,2005.

[20]　刘亚茹. 中国精神:那些年,我们一起追过的中国女排[M]. 北京:中信出版社,2019.

[21]　何慧娴,李仁臣. 巅峰对话:袁伟民郎平里约之后话女排[M]. 武汉:长江

文艺出版社,2016.

[22] 李静轩.顽强拼搏:中国女排实现"五连冠"突破[M].长春:吉林出版集团有限责任公司,2009.

[23] 李振.现代排球理论与技战术创新发展研究[M].北京:中国纺织出版社,2018.

[24] 石友宽,屈东华,周屹嵩.中国排球运动发展研究[M].开封:河南大学出版社,2013.

[25] 徐利,钟秉枢.科学发展观视野下的排球运动科学探蹊[M].北京:北京体育大学出版社,2011.

[26] 廖钟锋.现代排球技战术创新发展与实战训练探析[M].北京:中国书籍出版社,2013.

[23] 吉松.新竞争格局下中国女排技战术模型的优化与创新[M].北京:北京体育大学出版社,2017.

[24] 杨一波.中国第1团队:向精神的组织学管理[M].北京:清华大学出版社,2005.

[25] 严复.论世变之亟:严复集[M].沈阳:辽宁人民出版社,1994.

[26] 《贺龙传》编写组.贺龙传[M].北京:当代中国出版社,2015.

[27] 张岱年.中国文化传统简论[M].杭州:浙江人民出版社,1989.

[28] 国际奥委会.奥林匹克宪章[M].北京:奥林匹克出版社,2001.

[29] 卢元镇.中国体育社会学[M].北京:北京体育大学出版社,1998.

[30] 顾拜旦.奥林匹克理想:顾拜旦文选[M].詹汝琮,译.北京:奥林匹克出版社,1993.

[31] 何力.赢聚力:团队从管理策略到场景沙盘[M].北京:化学工业出版社,2018.

[32] 李安格,黄辅周.现代排球[M].北京:人民体育出版社,1995.

[33] 刘鹏.女排精神闪耀时代光芒[J].人民论坛,2016(28):6-8.

[34] 邓星寿.周晓兰重提竹棚精神[J].辽宁体育,1989(5):4-5.

[35] 王丁.三大球不上去,死不瞑目:贺龙同志开创新中国体育事业片段[J].体育文史,1986(2):4-7.

[36] 周强.体育精神:中华民族精神的重要表现形式[J].河南师范大学学报

(哲学社会科学版),2008(5):241-243.

[37] 何慧娴. 我所认识的郎平[J]. 新民周刊,2016(34):42-54.

[38] 罗更前. 中国女排五连冠是思想解放的胜利[J]. 瞭望周刊,1986-08-17(5).

[39] 田子彬. 民族传统体育文化在"一带一路"沿线传播路径探析[J]. 安徽体育科技,2019(3):5-7.

[40] 陈静,梁建平. 再读中国"女排精神"的现实意义[J]. 体育科技文献通报,2006(6):60-61.

[41] 陆文虎. 极限曲培兰[N]. 光明日报,2006-03-08.

[42] 孟春雷. 新时代语境下"女排精神"的价值及其实现[J]. 体育研究与教育,2018(6):12-15.

[43] 钟秉枢. 女排夺冠背后的文化传承与精神永续[N]. 中国体育报,2015-11-06.

[44] 奋斗! 从37年前首冠至今,中国女排从来都是拼尽全力[N]. 北京日报,2018-11-16.

[45] 古维秋,等. 关于"奥运三问"真伪的辨析[J]. 成都体育学院学报,2009(4).

[46] 马寅. 我爱女排[M].昆明:云南人民出版社,2008.

[47] 谢亚龙,王汝英. 中国优势竞技项目制胜规律[M]. 北京:人民体育出版社,1992.

[48] 焦永超. 子根论:甲骨文形意说解[M]. 西安:三秦出版社,2012.

[49] 皮埃尔·顾拜旦. 奥林匹克宣言[M]. 北京:人民出版社,2008.

[50] 刘勇,杨志.奥林匹克人文之光[M]. 北京:文化艺术出版社,2008.

附录　中国女排人物介绍

一、中国女排历任主教练和教练

　　袁伟民　1939 年生，江苏苏州人。1958 年入江苏省男子排球队，任二传，同时入南京体育学院学习。1962 年入选国家男子排球队，任主力二传。同年加入中国共产党。1964 年毕业于南京体育学院。1974 年退役。1976 年出任国家女子排球队主教练。1981 年 11 月 7—16 日，在日本大阪举行的第三届世界杯排球赛上，袁伟民指挥中国女排七战七捷，以 3∶2 击败日本队夺得冠军。1982 年 9 月 12—25 日，在秘鲁举行的第九届世界女排锦标赛上，在袁伟民的带领下，中国女排首次问鼎世锦赛。1984 年 7 月 28 日—8 月 12 日，第二十三届奥运会在美国洛杉矶举行，中国队以 3∶0 完胜美国队，不仅夺得奥运会冠军，而且实现了国人翘首企盼的"三连冠"。从 1984 年起，袁伟民历任国家体委副主任、中华全国体育总会副主席、中国奥委会副主席、国家体育总局局长、中国奥委会主席、中国排协主席、中国奥委会反兴奋剂委员会主任。2004 年 12 月，袁伟民从国家体育总局局长岗位上退休。2007 年 10 月 13 日，袁伟民被美国排球名人堂授予优秀教练员奖，成为第二个入选排球名人堂的中国人。袁伟民是中共第十二届、十五届中央候补委员，第十三届、十四届、十六届中央委员。

邓若曾

邓若曾　1936 年生，四川江津人。1955 年入四川省男子排球队，1958 年获"运动健将"称号。1959 年入选国家男子排球集训队，其所在球队获 1959 年欧、亚、美三大洲排球赛第八名。1960 年任中国男排队长。其球队 1962 年获第五届世界男排锦标赛第九名，1963 年夺得亚洲新兴力量运动会男排比赛冠军，1966 年获第六届世界男排锦标赛第九名，同年夺得亚洲新兴力量运动会男排比赛冠军。1979 年起任中国女排教练，此前曾带领中国青年女排在巴西举办的世青赛上获亚军。1980 年获国家级教练称号。他与时任主教练袁伟民带领中国女排，1981 年和 1982 年在第三届世界杯排球赛、第九届世界女排锦标赛及第九届亚运会女排比赛中夺冠，1984 年夺得第二十三届奥运会女排比赛冠军，实现了"三连冠"的夙愿。1984 年袁伟民调任国家体委副主任后，邓若曾出任主教练。1985 年，带领中国女排夺得第四届世界杯赛冠军，邓若曾获最佳教练员奖。1981、1983、1984、1985 年，获国家体委颁发的体育运动荣誉奖章。1985 年离任，进入国家体委训练局咨询委员会。1997 年，组建重庆必扬邓若曾女排俱乐部。现已退休。

张蓉芳　1957 年 4 月生，四川成都市人。1970 年进入四川省女子排球队。1976 年被选入国家女子排球队。1977 年，在第二届世界杯女排比赛中获第四名。1978 年，在第八届世界女排锦标赛上获第六名，在第八届亚运会女排比赛中获亚军。1979 年，在第二届亚洲女排锦标赛上夺冠。1980 年，张蓉芳获运动健将称号。1981 年，中国女排在第二届不来梅国际女排邀请赛上夺冠，她个人获

张蓉芳

"最佳防守球员奖"；同年在第三届世界杯女排比赛上首次夺冠。1982 年，在第九届世界女排锦标赛上夺冠，在第九届亚运会女排比赛中夺冠。她出任中国女排队长后，中国女排 1983 年夺得世界超级女排赛冠军，1984 年夺得第二十三届奥运会女排比赛冠军，实现了"三连冠"目标。张蓉芳三次

获得国家体委颁发的体育运动荣誉奖章。1984年被评为"全国十佳运动员"，获全国"三八红旗手"称号，被评为新中国成立35年杰出运动员之一。1986年，张蓉芳出任中国女排主教练。任主教练期间，率领中国女排夺得第十届世界女排锦标赛和第十届亚运会女排比赛冠军，张蓉芳被这届世界女排锦标赛评为最佳教练员。同年，张蓉芳出任国家体委训练局副局长，全国青联副主席，国家体育总局排球管理中心副主任。1989年，她被评为新中国成立40年杰出运动员之一。

郎　平　1960年12月生，天津市人。1976年进入北京市女子排球队。1978年，入选国家女排集训队。1981年，随中国女排夺得第三届世界杯赛冠军，郎平获优秀运动员奖。1982年，随中国女排夺得第九届世界女排锦标赛冠军，并荣膺世界女排锦标赛"MVP"。1984年，随中国女排夺得洛杉矶奥运会女排比赛冠军，协助中国女排实现"三连冠"目标。1985年，郎平被评为"全国十佳运动员"。1986年，郎平宣布退役。1995年，郎平被聘为中国女排主教练。1996年，郎平被国际排联授予"世界最佳教练"称号。2002年10月，郎平正式入选排球名人堂，成为亚洲排球运动员中获此殊荣的第一人。2013年4月25日，郎平再度被聘为中国女排主教练。2015年2月，郎平获2014 CCTV体坛风云人物年度最佳教练奖。2016年2月，郎平被评为"感动中国2015年度人物"；3月，获"影响世界华人大奖"；8月，以主教练身份带领中国女排夺得里约奥运会冠军；10月，成为中国"火星大使"；12月，获2016中国十佳劳伦斯冠军奖最佳教练称号；12月15日，获得2016 CCTV体坛风云人物年度最佳教练奖。2017年2月8日，被评为"感动中国2016年度人物"；5月，出任中国排协副主席。2018年12月18日，党中央、国务院授予郎平"改革先锋"称号，颁授其改革先锋奖章。2019年1月，任中国奥委会委员；9月，率领中国女排夺得女排世界杯冠军。2021年7月在东京奥运会上，中国女排卫冕失败；9月1日，郎平正式卸任中国女排主教练。现任中国排协副主席。

郎平

陈忠和

陈忠和　1957年10月生，福建龙海市人。1976年进入福建省男子排球队。1986年，任福建女排教练。在此期间，福建女排获全国女排甲级联赛第三名，夺得第六届全运会女排比赛冠军。1989年，调任国家女排助理教练，协助主教练胡进工作。1993年，回福建女排担任主教练，带领福建女排从甲B晋升为甲A。1999年，担任国家女排教练，协助主教练胡进，带领中国女排夺得第十届亚洲女排锦标赛冠军，获第八届世界杯女排比赛第五名、第二十七届奥运会女排比赛第五名。2000年，作为女排教练，指导中国女排获得悉尼奥运会第五名。2001年2月2日，被聘为中国女排主教练。2001年，率队夺得世界女排"大冠军杯"赛冠军。2002年，率队获得女排世界锦标赛第四名。2003年，率队夺得在意大利举办的第九届世界女排大奖赛总决赛冠军，夺得在日本举办的女排世界杯赛冠军，个人被评为"感动中国2003年度人物"。2004年8月29日，率队在雅典奥运会女排决赛中击败俄罗斯女排夺得奥运会冠军。2005年，率队获得日本世界女排大奖赛总决赛第三名。2008年8月23日，率队在北京奥运会女子排球铜牌战中击败古巴女排夺得铜牌。2009年3月23日，卸任中国女排主教练，就任福建省体育局副局长。2016年担任福建省政协港澳台侨和外事委员会副主任。

李耀先　河北唐山人。1953年被选入北京男排（即当时的国家男子排球队），成为一名优秀的二传手，多次参加国际大赛。退役后，1965年任中国女排副教练。1981年回到河北，出任河北女排主教练。在李耀先精心培育下，从河北女排走出了李桂芝、苏惠娟、张晓华等国手。1986年，河北女排获全国甲级联赛季军。1987年，出任中国女排主教练。1988年，在汉城奥运会上，

李耀先

李耀先带领的中国女排获得第三名。奥运会后，李耀先离开了中国女排。

胡 进 辽宁鞍山人。1976年入选中国男排，技术全面，二传稳，进攻威力较大，发球攻击性强。曾多次参加国际比赛。1977年，中国男排获第三届世界杯赛第五名。1978年，中国男排获第九届世界男排锦标赛第七名，获第八届亚运会男排比赛第三名。1979年，中国男排在第二届亚洲排球锦标赛上夺冠，胡进获最优秀运动员奖。1980年，胡进获运动健将称号。1981年，他随中国男排在第四届

胡 进

世界杯赛上获第五名。1982年，他随中国男排获第十届世界男排锦标赛第七名，在新德里第九届亚运会男排比赛中获亚军。1984年12月至1986年6月，任中国女排助理教练。1988年2—5月，任中国青年女排主教练。1988年5月至1989年1月，任中国女排二队主教练。1989年1月至1993年3月，任中国女排主教练。1999年3月，再次出任中国女排主教练。

栗晓峰

栗晓峰 辽宁鞍山人。1969年入选国家男子排球队。1974年退役。1978年起，历任八一男排教练、主教练。1986年援外，到新加坡执教两年。1993年3月，任中国女排主教练。1993年，带领中国女排夺得亚洲锦标赛冠军。1994年，中国女排在世界女排锦标赛上获得第八名。栗晓峰随后辞职，离开中国女排。

蔡 斌 1978年进入上海市青少年体校。1985年进入上海市男子排球队。1989年进入国家男排。1990年，代表上海参加全国甲A联赛夺得冠军。1991年，作为国家队队员在亚洲俱乐部赛中夺得冠军，在第十六届世界大学生运动会上获第五名。1996年退役。1997年担任上海女排主教练，带领队伍在全国甲A联赛中四次蝉联冠军。1999年起，兼任女排国青队主教练。2001—2008年，任女排国青队专职主教练。2001年竞聘中国女排主教

蔡 斌

练，未果。2009年3月23日，正式入主中国女排；9月13日，率领中国女排在亚洲锦标赛上获得亚军。2010年3月25日，国家体育总局排球运动管理中心正式宣布，天津女排原主教练王宝泉接替蔡斌，出任中国女排主教练。2010年5月5日，蔡斌签约北京女排。2017年4月6日，荣获2016—2017排球联赛"最佳女排教练"称号；9月26日，荣获2016—2017中国排球联赛最佳教练奖。2022年2月3日，国家体育总局排球运动管理中心正式宣布，蔡斌出任中国女排主教练。

王宝泉

王宝泉 1961年生，天津市人。1977年进入天津男排，担任主力二传。1992年退役，同年担任天津女排主教练。1993年接受援外任务，到克罗地亚职业队效力一年。1994—1997年，任天津女排助理教练。1998—1999年，任中国女排陪打教练，协助主教练郎平工作。2000—2001年，任中国女排陪打教练，协助主教练胡进工作。2001年，任中国女排助理教练，协助主教练陈忠和工作。2001年6月，因病退出国家队。2002年，任天津队主教练。2010年3月25日，接替蔡斌任中国女排主教练；9月2日，因病辞去中国女排主教练一职。2010年10月，任天津体工大队副大队长，分管排球工作。2011年，获第三届全国道德模范提名奖。2012年3月13日，重掌天津女排帅印。2017年，任第十三届全国运动会圣火点燃环节第二棒火炬手。2017年全运会后，正式辞去天津女排主教练一职，升任天津排球总教练。

俞觉敏 浙江绍兴东浦人。国家一级运动员，排球高级教练。曾是浙江男排和国家男排主力队员。曾作为中国男排主力副攻参加了1984年洛杉矶奥运会，随队取得了第八名的好成绩。1990年退役后，开始在浙江男排担任教练，从助理教练到主教练，培养出了王贺兵、郑亮等名将，曾带领浙江队夺得全国冠军。2005年进入中国女排，主要负责队员训练工作，率中国女排夺得多哈亚运会女排冠

俞觉敏

军。2010年9月正式任中国女排主教练，带领中国女排夺得广州亚运会女排比赛冠军和女排亚洲杯赛冠军，2011年获得瑞士女排精英赛季军，夺得俄罗斯总统杯女排比赛冠军、亚洲女排锦标赛冠军，获得女排世界杯赛季军。2012年卸任中国女排主教练。

安家杰 1972年7月生，山东人。20世纪90年代，任中国男排主力接应。在21世纪初退役后，在山东队担任教练。2014年4月，中国女排教练团队大调整，时任山东女排主教练安家杰被郎平选为助手。比赛中，安家杰主要负责布置队员发球战术。2016年，助理教练安家杰协助主教练郎平带领中国女排夺得里约奥运会冠军。2017年3月29日，安家杰担任执行教练。2018年，随着主教练

安家杰

郎平的回归，安家杰继续担任助理教练。2019年，教练安家杰随中国女排获得第十三届女排世界杯赛冠军。

包 壮

包 壮 1970年生，辽宁鞍山人。中国女排教练。2001年起担任中国女排陪打教练员，随队夺得2003年世界杯赛冠军、2003年世界女排大奖赛冠军、2004年雅典奥运会冠军、2006年多哈亚运会冠军。他主要负责中国女排自由人训练。包壮师从吕国信、张强。1988年进入中国青年男排、辽宁男排，司职主攻手，并代表辽宁男排多次获得全国冠军。1998年8月退役。1993年包壮入选中国沙滩排球队，是中国最早的一批沙滩排球运动员。1996年，借调到中国女排担任陪打教练员。1998年从辽宁男排退役，进入辽宁电视台担任体育记者。2001—2016年，在中国女排担任陪打教练。2016年7月18日，巴西里约热内卢奥运会中国奥运代表团成立，包壮名列出征排球教练名单。2019年8月15日，中国排协公布2019年女排亚锦赛中国队参赛名单，包壮担任主教练。

袁灵犀

袁灵犀 陪打教练兼数据分析师，前中国男排运动员，司职主攻，曾效力于天津男排，现已退役。学习能力强的他，精通电脑和英语。仅一个赛季便将一套由意大利人编写的英文版排球数据分析软件研究透。平均每场比赛，需要记录千条左右的数据。2005年，时任天津女排主帅王宝泉，挑中了袁灵犀，给天津女排做陪打教练。2007年，由于袁灵犀丰富的陪打经验，中国女排主帅陈忠和把袁灵犀借调到国家队，备战2008年北京奥运会。其间，袁灵犀任劳任怨，主动承担很多工作。2008年北京奥运会结束后不久，袁灵犀选择退役，全身心地为中国女排服务。

李 童 1995年生，江苏宿迁人。原江苏男排青年队队员。现任中国女排陪打教练，负责模仿其他各个国家攻手的击球方式。2006年进入苏州市体育运动学校练习排球，并担任主攻。2008年，进入江苏男排青年队，并连续夺得2008年、2009年江苏省青少年沙滩排球比赛冠军。2011年，在第十一届中学生运动会排球比赛中荣获第一名。2013年，代表江苏青年男排征战在辽宁举办的全运会；11

李 童

月，李童收到了中国女排陪打教练的试训通知，并成功入选。

卫雍绩

卫雍绩 1963年生，山西新绛人。1985年开始任田径、乒乓球、游泳、排球等运动队医生。1993年至今，专职任国家女排队医，他是冠军背后的英雄之一。近三十年来，球队起起伏伏，他一直没离开过。中国女排能够有如此出色的成绩，离不开在其背后默默无闻的队医们，他们为中国女排付出了许多心血。卫雍绩会根据队员的预约进行治疗，除了为队员提供医疗服务外，还会在治疗和用药中注意预防兴奋剂，并对队员能否出场提出建议。另外，他还会针灸，随时为运动员的状态负责。在中国女排，除了郎平和赖亚文，进队时间最长者当属队医卫雍绩。截至目前，中国女排共十次夺得世界冠军，除了"老女排"的五次，后面的三届世界杯冠军、两届奥运会冠军，卫雍绩都在现场亲眼见证。

二、中国女子排球队历任队长

曹慧英 1954 年生，河北唐山市滦南县人。1972 年进入北京体育学院接受排球训练。1973 年参加中国人民解放军，并进入八一排球队。1976 年被选入国家队，是中国女排重新组建后的首任队长和主攻手。1977 年，曹慧英所在排球队在第二届世界杯女排比赛中获第四名，她本人获得"敢斗奖""最佳拦网奖""最佳选手奖"。1976 年加入中国共产党。1978 年当选为第五届全国人大代表。1979 年被

曹慧英

总政治部授予模范运动员称号，并荣立一等功。1980 年获运动健将称号。1981 年 11 月，随中国女排在第三届世界杯赛上夺冠，这是中国女排第一次夺得世界冠军，也是中国"三大球"的第一个世界冠军。1981、1983 年分获国家体委颁发的体育运动荣誉奖章。1983 年起任八一体育工作大队科研处副处长，同年入北京体育学院学习，毕业后分配到国家体委。1982 年中国女排夺得秘鲁世界锦标赛冠军后，曹慧英等人退役。

孙晋芳

孙晋芳 1955 年 4 月生，江苏苏州人。1971 年，孙晋芳进入苏州市业余体育学校进行排球训练，同年进入江苏女子排球队。1976 年，孙晋芳被选入国家女排集训队，是中国女排第二任队长。其所在球队于 1977 年获第二届世界杯赛第四名。1978 年获第八届世界女排锦标赛第六名，同年参加第八届亚运会并获女排比赛亚军。1979 年夺得

第二届亚洲排球锦标赛冠军。1980年，孙晋芳获运动健将称号。1981年在第三届女排世界杯赛中首次夺冠，孙晋芳获"最佳运动员奖""优秀运动员奖""最佳二传手奖"。1982年夺得第九届世界女排锦标赛冠军和第九届亚运会女排比赛冠军。1981、1982年，孙晋芳被评为全国十名"最佳运动员"之一。1981、1983年，孙晋芳获国家体委颁发的体育运动荣誉奖章。1984年，孙晋芳被评为中华人民共和国成立三十五年来杰出运动员之一，在其带领下，中国女排夺得"三连冠"。

杨锡兰

杨锡兰　1961年3月生，天津人。1976年参加中国人民解放军，进入八一队。1980年加入中国共产党。1981年被选入国家女排青年队，次年被选入国家女排。她是中国女排第五任队长。1982年在第九届世界女排锦标赛上夺冠，在第九届亚运会女排比赛中夺冠。1983年在世界超级女排赛上夺冠。1984年在第二十三届奥运会女排比赛中夺冠，获总政治部授予的模范运动员称号，并立一等功。1985年任中国女排副队长，率队在第四届世界杯女排赛上夺冠，她本人获最佳二传手奖和优秀运动员奖，并以两战全胜的成绩击败国际排球联合会组织的世界明星联队。1986年任中国女排队长，在第十届世界女排锦标赛上夺冠，她本人被评为该届锦标赛最佳运动员，并获最佳二传奖。同年在第十届亚运会女排比赛中夺冠，是中国女排"四连冠"队员。1987年当选全国人大代表。1988年奥运会结束后，杨锡兰退役。

苏惠娟　1964年4月生，天津人。13岁时开始打排球。17岁时成为河北女排主力二传手。手感好，具备优秀二传手的身体素质和扎实的传球基本功，后排防守、拦网和扣二次球比较出色，技术全面。1983年入选中国女排，当年获世界超级女排比赛冠军。1984年参加洛杉矶奥运会女排比赛，夺得冠军。1985年参加第四届世界杯女排比赛，夺得冠军。1986年参加第十届世界女排锦标赛并

苏惠娟

夺得冠军，同年夺得汉城第十届亚运会女排比赛冠军。1984年和1986年，两次获国家体委颁发的体育运动荣誉奖章。她是中国女排第六任队长。

　　许　新　1968年7月生，上海人。1975年进入上海市普陀区业余体校排球训练班。1978年被选入上海市普陀区少年体校，接受排球系统训练，成为上海女排主攻手。她弹跳力好，爆发力强，挥臂动作快，扣球凶狠，尤其擅长跑动进攻。1984年入选中国女排，对二传的适应能力强，能扣二传手传来的每个球（无论传球质量好坏）。许新的一传、防守也不错，靠勤学苦练成为中国女排主攻

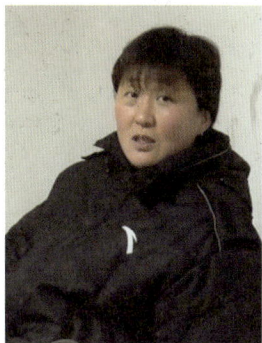

许　新

手。她扣球手感好、线路刁，心理稳定，头脑清醒，是兴奋型加技术型运动员。1989年在荷兰国际排球邀请赛中获个人全能奖，同年在世界杯女排比赛中获季军。1990年在世界女排锦标赛中获亚军，同年在第十一届亚运会女排比赛中夺得冠军。1991年在世界杯女排比赛中获亚军。1992年回上海队，获"国际级运动健将"称号。1997年在第八届全运会女排比赛中夺得冠军。1999年在全国女排锦标赛中夺得冠军。她是中国女排第七任队长。

李国君

　　李国君　1966年生，上海人。1977年进入上海市普陀区业余体校排球班。1979年进入上海市青少年体校。1980年入选上海女排青年队。1981年入选上海女排一队，任主攻手。1983年入选中国女排青年队，任主攻手。1984年，获亚洲青年女排锦标赛亚军。1985年，获世界青年女排锦标赛季军。1986年底入选中国女排。1987年，夺得亚洲女排锦标赛冠军。1988年参加汉城奥运会女排比赛获季军，同年在香港"超霸杯"女排比赛中被评为"明星队员"。1989年后，担任中国女排主攻手，在第五届世界杯女排比赛中获季军，并被评为"优秀运动员"。1990年在第十一届亚运会女排比赛上夺得冠军，同年在第十一届世界女排锦标赛上获亚军。1991年在第六届世界杯女排比赛中获亚军，并被国际排联评为"最佳运动员"。1992年参加巴塞罗那奥运会获第七名，同年获

"国际级运动健将"称号。李国君是中国女排第八任队长。

赖亚文

赖亚文 1970年9月生，辽宁大连人。北京体育大学2006级研究生冠军班学生。现任国家体育总局排球运动管理中心主任，中共十九大代表。作为中国女排在20世纪90年代最著名的球星之一，赖亚文经历了胡进与郎平两任女排主帅时代。1993—1998年任中国女排第九任队长，帮助中国女排获得1996年奥运会女排比赛亚军。1998年世界女排锦标赛是赖亚文的告别之战，她拖着病躯坚持到了最后的决赛。赛后，赖亚文掩面痛哭流涕的场景深深感动了所有的球迷。从1999年起，赖亚文担任中国女排助理教练，从主教练胡进到陈忠和再到郎平，赖亚文见证了中国女排从低谷到辉煌的全过程。2009年重新回归中国女排，协助主教练带队夺得2003年、2015年两届女排世界杯赛冠军，以及2004年雅典奥运会、2016年里约奥运会女排比赛冠军。

孙 玥 江苏镇江人。14岁进入江苏省女子排球队，18岁入选国家女子排球队。连续参加三届夏季奥运会。曾获得亚特兰大奥运会亚军、世界排球锦标赛亚军、世界杯女排比赛季军、亚洲排球锦标赛冠军、亚运会冠军等，个人获得MVP、最佳得分手、最佳防守、最受欢迎运动员、最有价值运动员等荣誉。2000年赴意大利职业联赛打球。

孙 玥

2004年入读南京大学新闻系，2006年任职江苏女排助理教练，2008年5月28日，担任奥运火炬传递南京站火炬手。孙玥曾是中国女排第十任队长。

吴咏梅 1975年1月生。1988年进入八一青年女排队。1989年进入八一女排，任副攻手。1992年底入选国家女排集训队。1995年6月夺得全国女排甲级联赛冠军，10月夺得第八届亚洲女排锦标赛

吴咏梅

冠军。1996年获第二十六届亚特兰大奥运会亚军，同年获国家体委颁发的体育运动一级奖章。1998年11月，获第十三届世界女排锦标赛亚军；12月，夺得第十三届亚运会排球比赛冠军。1999年，代表八一队参加全国女子排球甲级联赛，与队友合作，获第五名；同年8月，获世界女排大奖赛总决赛季军；9月，夺得亚洲女排锦标赛冠军；同年获解放军总政治部文化部评选的第九届全军"福来奖"，获1998年度解放军"十佳运动员"称号。1999年被中国排协评为1999赛季全国女子排球甲级联赛"最佳防守"。2000年9月参加悉尼奥运会。吴咏梅曾是中国女排第十一任队长。

　　冯　坤　1978年12月生，北京人。1994年1月，年仅15岁的冯坤因其扎实的基本功，顽强的比赛作风，被直接选入北京女子排球队一队。从此她正式开始了专业排球的运动生涯。她是中国女排主力二传，是中国队快、变战术的核心，帮助中国女排夺得了雅典奥运会冠军。2011年12月，冯坤宣布退役，走上体育管理之路。2012年4月27日，中国排球协会公布了国家女子排球二队19人

冯　坤

集训名单，冯坤任教练。2012年10月，冯坤带领球队在第十六届亚洲青年女排锦标赛上八战全胜、仅失一局，以明显优势夺得冠军。曾任中国女排第十二任队长。2020年担任亚洲排联教练员，现任亚洲排联委员会委员。

周苏红

　　周苏红　1979年4月生，江苏盐城人。北京体育大学2016级研究生冠军班学生。1994年2月参加工作，2003年5月加入中国共产党。曾为浙江女排主力队员、中国女排国家队队员。曾夺得2003年世界杯女排比赛冠军、2004年雅典奥运会女排比赛冠军、2008年北京奥运会女排比赛季军，2002、2006、2010年三届亚运会女排比赛冠军。现任共青团浙江省委副书记、党组成员，浙江体育职业技术学院大球系主任。周苏红曾是中国女排第十三任队长。

魏秋月

魏秋月 1988年9月生，天津人。中国女排运动员，司职二传。北京体育大学2017级研究生冠军班学生。效力于天津女排俱乐部。曾任共青团天津市委副书记，现任天津体育职业学院副院长，中共十九大代表。2006年入选中国女排。2008年获奥运会季军。2012年第二次征战奥运会，获得第五名。2014年5月，魏秋月重新入选中国女排。2015年夺得女排世界杯赛冠军。2016年8月21日夺得里约奥运会女排比赛冠军。2017年1月15日，中国女排获得2016年度CCTV体坛风云人物最佳团队奖、评委会大奖；2月8日，中国女排获得"感动中国2016年度特别致敬"奖。魏秋月曾是中国女排第十四任队长。

惠若琪 1991年3月生，辽宁大连人。现任江苏省青年联合会副主席。2007年，凭借在2006—2007赛季全国女排联赛上的出色表现，惠若琪进入中国女排集训大名单。2011年，惠若琪在中国女排成为主力，和队友夺得亚洲女排锦标赛冠军，获得女排世界杯赛季军。2013年，惠若琪出任中国女排第十五任队长。2014年，在世界女排锦标赛上获得亚军。2016年8月21日，在里约奥运会

惠若琪

上，中国女排闯入决赛，最终以3：1战胜塞尔维亚女排，夺得奥运会冠军；10月20日，惠若琪获得2016网易时尚跨界盛典"年度最具人气运动员"大奖。2017年2月26日，2016—2017赛季中国排球联赛全明星赛上，惠若琪荣获"最佳人气女运动员"奖；5月3日，惠若琪当选"爱岗敬业好青年"，并获得2017年"全国向上向善好青年"称号。2018年2月3日，惠若琪正式宣布退役。

曾春蕾 2009年首次入选国家女排队。北京体育大学2015级研究生冠军班学生。她真正在国家队崭露头角，是在2012年伦敦奥运会之前的

曾春蕾

一系列热身赛上。有着上佳表现的她，被选入最终征战伦敦奥运会中国女排集训大名单。在2014年意大利举行的世界排球锦赛上获得亚军，创造了16年来的最佳战绩。在2015年女排世界杯赛中以3：1战胜日本队，夺得冠军。2017年2月，中国女排获得"感动中国2016年度特别致敬"奖。2019年5月，曾春蕾入选中国女排出征世界女排联赛巴西站12人名单，担任接应。曾春蕾曾是中国女排第十六任队长。

朱　婷　1994年11月生，河南周口市人。2013年正式入选中国女排。2015年夺得女排世界杯赛冠军，中国女排在时隔11年后再获冠军，朱婷首次获得三大赛MVP称号。2016年8月，中国女排夺得奥运会女排比赛冠军，朱婷加冕里约奥运会女排MVP与最佳主攻。2019年，中国女排在世界杯赛上以11战全胜的佳绩成功卫冕，中国女排第十七任队长朱婷再度荣膺MVP。2016年，朱婷

朱　婷

加盟土耳其瓦基弗银行俱乐部女排队，连续三年获得土耳其海峡体育大学年度最佳排球运动员提名。连续三年蝉联WorldofVolley年度最佳女排运动员奖项。2019—2020赛季，朱婷加盟天津女排，以联赛13战全胜的战绩夺得冠军，斩获了个人联赛首个MVP。2020年4月，朱婷获颁第二十四届"中国青年五四奖章"。同年5月，朱婷被提名为中央和国家机关青年联合会第一届委员会委员。

袁心玥

袁心玥　1996年12月生，重庆人。2009年被选入八一女排。2013年，从国家女排少年队升入国家女排，随后被国际排联评为世界十大新星。身高2.01米的袁心玥不仅是中国女排历史上第一高，而且被视为中国女排重振辉煌的最大希望之一。2016年8月21日，随中国女排夺得里约奥运会女排比赛冠军。2017年1月15日，中国女排获得2016年CCTV体坛风云人物最佳团队奖、评委会大奖；2月8日，中国女排获得"感动中国2016年度特别致敬"奖；6月，袁心玥

获得中央军委政治工作部授予个人一等功荣誉；9月9日，在女排大冠军杯第四轮比赛中，提前一轮夺冠，也是时隔16年再夺大冠军杯冠军。2018年9月1日，夺得雅加达亚运会女排比赛冠军。2019年10月17日，入选2019福布斯中国30岁以下精英榜。2022年参加世界女排锦标赛获第六名。她是中国女排第十八任队长。

三、中国女子排球队队员

许秀梅

许秀梅　1950年生，福建省涵江区江口镇人。1965年入选福建女排，接受排球运动专业训练。1974年，许秀梅入选中国女排，随队参加第七届亚运会女排比赛并获得季军。1975年，参加第一届亚洲女排锦标赛并获得季军。1977年参加第二届世界杯女排比赛，获得第四名。1978年，参加第八届世界女排锦标赛并获第六名；同年，在香港排球邀请赛上夺得冠军。1979年，在第九届世界大学生运动会女排比赛上获得第五名。赛后许秀梅退役，出任福建女排教练。1999年获国家体育总局颁发的体育运动荣誉奖章。

陈招娣　1954年生，浙江杭州人。1973年毕业于北京体育学院青年训练队，并参加中国人民解放军。1974年进入八一女排。1976年被选入国家女排集训队。1977年获第二届世界杯女排比赛第四名。1978年获第八届世界女排锦标赛第六名，获第八届亚运会女排比赛亚军。1979年夺得第二届亚洲女排锦标赛冠军。1980年获运动健将称号。1981年夺得第三届女排世界杯赛冠军，这

陈招娣

是中国女排首次夺得世界冠军，国家体委颁发体育运动荣誉奖章。1982年夺得第九届世界女排锦标赛冠军和第九届亚运会女排比赛冠军。1983

年当选为第六届全国人大代表，出任八一女排副政委，获国家体委颁发的体育荣誉奖章。1986 年出任国家青年女排主教练后，任中国女排教练。1993 年，陈招娣回总政治部文化体育局工作，曾任解放军总政治部文化体育局局长、总政治部直工部副政委、总政治部宣传部副部长。2006 年 7 月晋升少将军衔。2013 年 4 月 1 日，因病在北京去世，时年58 岁。

　　杨　希　1956 年生，河北保定人。1972 年进入北京体育学院。1973 年被选入八一女子排球队。1976 年被选入国家女子排球集训队。攻防技术全面，擅长四号位平拉开进攻，吊打结合，战术意识强。曾多次参加国际比赛。其所在球队 1975 年在第一届亚洲排球锦标赛中获季军。1977 年在第二届世界杯女排比赛中获第四名。1978 年在第八届世界女排锦标赛上获第六名，参加曼谷第八届亚运会女排

杨　希

比赛获亚军。1979 年夺得第二届亚洲女排锦标赛冠杨希军。1981 年在第三届世界杯女排比赛中首次夺冠。1982 年夺得第九届世界女排锦标赛冠军，同年在新德里第九届亚运会女排比赛中夺冠。1980 年荣获运动健将称号。1981、1983 年荣获国家体委颁发的体育运动荣誉奖章。1982 年世界女排锦标赛后，杨希选择了退役。2002 年荣获莎拉娜世界精英模特大赛东北赛区冠军。

张洁云

　　张洁云　1956 年生，江苏南通市人。1971 年被选入江苏女排队。1976 年被选入国家女排队。在国赛冠军。1981 年 11 月，参加在日本大阪举行的第三届女排世界杯赛，与队友合作，夺得冠军。她不仅具有出色的组织能力，而且掌握着一手不俗的进攻技术。她在二号位扣球下手快，隐蔽性好，常能出其不意，悄然命中对手要害。日本媒体曾将张洁云称为"无声手枪"。退役后在江苏省体委工作，曾担

任江苏省体委办公室副主任等职务。

沈散英

沈散英 1954年生，福建莆田县人。1971年进入福建省体工队，同年被选入北京体育学院青训队。1973年毕业后进入八一女排。1975年代表中国女排参加首届亚洲排球锦标赛，获季军。1976年调入中国女排。1977年参加第二届世界杯女排比赛，获第四名。1978年参加第八届世界女排锦标赛，获第六名。1980年回到八一女排担任教练兼运动员。1984年被授予大校军衔。

齐丽霞 1954年生，辽宁人。1976年入选重新组建后的中国女排。1977年参加第二届世界杯女排比赛，获第四名。1978年参加第八届世界女排锦标赛，获第六名。1980年，已届退役年龄的齐丽霞，逐渐淡出中国女排。从中国女排退役后，先后担任辽宁女排少年队、辽宁女排青年队主教练，培养出了张越红、杨昊、王一梅、刘亚男等一大批国手。2005年应邀出任辽宁女排主教练。此后，曾任中国女排青年队主教练。

齐丽霞

韩晓华

韩晓华 1957年生，山东人。1976年入选重新组建后的中国女排队，打3号位。1978年12月，随队参加在泰国曼谷举办的第八届亚运会女排比赛，获得亚军；同年参加世界女排锦标赛，获得第六名。1980年因伤退出中国女排。2009年6月，担任中国老年人体育协会排球、健身球操专项委员会增补委员；7月，担任中国排协第七届委员会训练科研委员会委员。曾担任山东省第一届全民健身运动会毽球比赛竞赛委员会副主任、山东省排球运动管理中心主任、山东省体育局小球运动管理中心党委书记。

周晓兰 1957年生，江苏南京人。1973年进入业余体校进行排球训练，同年被选入山西女子排球队。1977年被选入国家青年女排集训队、国家女排集训队，在第一届世界青年女排锦标赛上获亚军。1978年在第八届世界女排锦标赛上获第六名，在第八届亚运会女排比赛中获亚军。1979年在第二届亚洲女排锦标赛上夺冠，个人获"最佳表现奖"。1980年获运动健将称号。1981年在

周晓兰

第三届女排世界杯赛上首次夺冠，个人在预选赛上被评为最佳运动员。1982年在第九届世界女排锦标赛上夺冠，在第九届亚洲运动会女排比赛中夺冠。1983年在世界超级女排赛上夺冠。1984年在第二十三届奥运会女排比赛中夺冠。1981、1983、1984年三次获国家体委颁发的体育运动荣誉奖章。1984年获全国三八红旗手称号。1988年进入国家体委工作，出任排球处处长。

陈亚琼

陈亚琼 福建永春人。运动健将。1972年进入福建女排。1978年被选入国家女排。弹跳好，滞空能力强，尤善拦网。在第三届女排世界杯赛中被评为个人拦网第三名。其所在的中国女排曾获第二届亚洲女排锦标赛、第三届女排世界杯赛、第九届世界女排锦标赛和第九届亚运会女排比赛冠军。1981年11月，参加在日本大阪举行的第三届女排世界杯赛，与队友合作，夺得冠军。这是中国女排第一次夺得世界冠军，也是中国三大球运动第一次夺得世界冠军。1982年9月，参加在秘鲁举行的第九届世界女排锦标赛，与队友合作，夺得冠军。1982年12月，因腰伤困扰，退役休养。1984年9月，参加在美国洛杉矶举行的第二十三届奥运会女子排球比赛，与队友合作，夺得冠军。1985年就职于新华社香港分社，2016年退休。两次获国家体育运动荣誉奖章。

梁 艳

　　梁 艳　1961年10月生，四川成都人。1975年，进入成都市业余体校进行排球训练。1976年，进入成都女子排球队。1977年，进入四川省女子排球队。1979年，入选国家女子排球集训队，夺得第二届亚洲女排锦标赛冠军。1980年获得"运动健将"称号。1981年夺得第三届女排世界杯赛冠军。1982年夺得第九届亚洲运动会女排比赛冠军、世界女排锦标赛冠军。1983年夺得世界超级女排比赛冠军，获体育运动荣誉奖章。1984年夺得第二十三届奥运会女排比赛冠军，获体育运动荣誉奖章，被授予全国"三八"红旗手称号。1985年夺得第四届女排世界杯比赛冠军，获国际级运动健将称号。1986年夺得第十届世界女排锦标赛冠军、第十届亚运会女排比赛冠军，获"全国十佳运动员"称号，任中国女排副队长，是中国女排夺得"五连冠"的唯一参赛选手。1986年底，梁艳宣布退役。

　　周鹿敏　1956年生，浙江海宁人。1972年初中毕业后，被选进上海市青年女子排球队练习二传。1975年入选上海市女子排球队。1979年入选国家女子排球集训队，在第四届全运会上获"最佳二传手"称号，在第二届亚洲女排锦标赛上夺冠。1980年在国际四强邀请赛中夺冠。1980年获运动健将称号。1981年在第三届世界杯女排比赛中夺冠，为中国女排率先实现三大球的突破立下战功，

周鹿敏

获国家体育运动荣誉奖章。1982年回上海市女子排球队。1984年退役后进入上海体育学院深造，后任上海市女排教练。1997年后在上海市社会体育管理中心从事行政工作。排球赛场之外的周鹿敏，在不断学习新的知识和技术。她从未离开排球，至今还在做老年排球推广工作。

　　朱 玲　1957年7月生，山东莱芜人。1970年在重庆六中接受业余排球训练。1975年进入四川省女子排球队。1979年被选入国家女子排球集训队。1980年获运动健将称号。1981年，夺得第三届世界杯女子排球赛冠

军。1983年，在第三届亚洲女子排球锦标赛上获亚军。1984年在中国、日本、美国、苏联四国女子排球邀请赛上夺冠，同年在第二十三届奥运会女排比赛中夺冠。1981、1984年两次获得国家体委颁发的体育运动荣誉奖章。1984年12月至1988年5月，任四川省运动技术学院党委副书记。1988年任四川省体育运动委员会副主任。1998年4月，任四川省体育运动委员会副主任、党组副书记。2000年5月，任四川省体育局副局长、党组副书记。2004年8月，任四川省体育局局长、党组书记。2016年，任政协四川省第十一届委员会文体医卫委员会副主任。

朱 玲

郑美珠

郑美珠 1963年11月生，福建漳州人。1975年进入福州业余体校进行排球训练。1977年进入福建省女子排球队。1979年两次被选入国家女排集训队。1982年第三次进入国家女排集训队。1979年夺得第二届亚洲女排锦标赛冠军。1980年获运动健将称号。1982年夺得第九届世界女排锦标赛冠军、第九届亚运会女排比赛冠军。1983年夺得世界超级女排赛冠军。1984年夺得第二十三届奥运会女排比赛冠军，获国家体委颁发的体育运动荣誉奖章，获全国"三八"红旗手称号。1985年夺得第四届世界杯女排比赛冠军，获国际运动健将称号，获国家体委颁发的体育运动荣誉奖章。1986年夺得第十届世界女排锦标赛冠军，在第十届亚运会女排比赛中夺冠，获国家体委颁发的体育运动荣誉奖章。1987年获全国"五一"劳动奖章。1988年在第二十四届奥运会女排比赛中获季军。2008年，郑美珠成为北京奥运会火炬手。

李桂芝 1962年生，河北石家庄人。1976年进入河北省体工大队练跨栏，后进入河北青年女排。1979年入选中国女排青年队，从副攻改打主攻。1980年底正式进入中国女排，但由于身体原

李桂芝

因未能参加世界大赛。1989年再次入选中国女排，参加亚洲女排锦标赛并夺得冠军，参加世界杯女排比赛并获得季军。1993年退役后，先后担任河北女排青年队、河北女排、河北男排教练。

姜 英

姜 英　1963年7月生。1977年进入辽宁省青年排球队。1981年被选入国家青年排球集训队。1982年被选入国家女子排球集训队，同年在第九届世界女排锦标赛、第九届亚洲运动会女排比赛中夺冠。1983年夺得世界超级女排比赛冠军。1984年在第二十三届奥运会女排比赛中夺冠。1985年在第四届世界杯女子排球赛上夺冠，同年以两战全胜的成绩击败国际排球联合会组织的世界明星联队。同年获"国际级运动健将"称号。1986年在第十届世界女排锦标赛上夺冠，在第十届亚洲运动会女排比赛中夺冠。姜英随中国女排夺得1982—1986年的"四连冠"。1990年退役后，到澳大利亚并担任南澳大利亚体育学院女子排球队教练。2005年成为澳大利亚女排主教练。

杨晓君　北京人。1976年进入北京工人体育场业余体校进行排球训练。1978年进入北京市女子排球队。1982年在第九届太平洋地区青年排球锦标赛上获亚军。1983年被选入国家女子排球集训队，在第三届亚洲女排锦标赛上获亚军，在世界超级女排比赛中夺冠。1984年在中国、日本、美国、苏联四国女子排球邀请赛上夺冠，在第二十三届奥运会女排比赛中夺冠，获运动健将称号、全国"三

杨晓君

八"红旗手称号。1985年击败世界明星联队，在第四届世界杯女子排球赛上夺冠，获国际级运动健将称号。1984、1985、1986年三次获得国家体委颁发的体育运动荣誉奖章，在第十届世界女排锦标赛上夺冠，个人获"最佳接球奖"，在第十届亚洲运动会女排比赛中夺冠。1987年在第四届亚洲女排锦标赛上夺冠。1988年在第二十四届奥运会女排比赛中获季军。

　　侯玉珠　1963年3月生。1977年进入福建省业余体校进行排球训练。1980年进入福建省女子排球队。1982年在第二十届托米斯杯国际排球邀请赛上获亚军，在第九届太平洋地区青年排球锦标赛中获亚军，其本人被评为"优秀运动员"，获"运动健将"称号。1983年入选国家女子排球集训队，夺得世界超级女排比赛冠军。1984年在中国、日本、美国、苏联四国女子排球邀请赛上夺

侯玉珠

冠，在第二十三届奥运会女排比赛中夺冠。1985年在第四届世界杯女子排球赛上夺冠，以两战全胜的成绩击败国际排球联合会组织的世界明星联队。1985年获国际级运动健将称号。1986年夺得第十届世界女排锦标赛冠军，夺得第十届亚洲运动会女排比赛冠军。1984、1986年两次获得国家体委颁发的体育运动荣誉奖章。1988年在汉城奥运会女排比赛中获季军。1989年，侯玉珠从国家女排退役。曾任福建省体育中心副主任，福建省体育科学研究所所长兼体育竞赛管理中心主任，福建省体育局竞技体育处调研员、青少年体育处处长。现任福建省政协科教卫体委员会副主任、福建省体育局二级巡视员。

李延军

　　李延军　1963年3月生，辽宁抚顺市人。1975年进入辽宁省体校。1977年进入南京部队。1981年被选入八一女排。1982年获运动健将称号。1983年，李延军从八一女排被选入国家女子排球队，夺得世界超级女排比赛冠军。1984年在洛杉矶举行的第二十三届奥运会女排比赛中夺冠。1985年在第四届世界杯女子排球赛上夺冠，并以两战全胜的成绩击败国际排球联合会组织的世界明星联队，获国际级运动健将称号。1986年在第十届世界女排锦标赛上夺冠。1984、1986年两次获国家体委颁发的体育运动荣誉奖章。1987年退役。1991年，李延军从八一女排转业后去奥地利打球。三年后，她开始从事体育推广工作。1997年，她成为中央国家机关党工委党校分校的一名公务员。

殷　勤　1962 年生，江苏南通市人。国际级运动健将。1979 年入选江苏省女子排球队。在 1984 年全国排球甲级队联赛中，被大会评为防守第二名。多次随国家女排集训队出访并取得优秀成绩，曾代表我国参加第十二届世界大学生运动会并获女排比赛亚军。1985 年参加在日本东京举行的第四届世界杯排球赛并夺冠。1986 年夺得第十届亚运会女排比赛冠军，夺得第十届世界女排锦标赛冠军。1985、1986 年两次获国家体委颁发的体育运动荣誉奖章。现在广东省工作。

殷　勤

巫　丹　1968 年生，四川内江人。1983 年入选四川女排，1984 年入选中国女排青年队。1985 年入选中国女排，任主攻手。1985 年代表中国女排夺得世界杯赛冠军。1986 年夺得世界女排锦标赛冠军，为中国女排夺得"五连冠"立下功劳。1988 年，作为主力参加了汉城奥运会排球比赛，获得季军。1989 年，参加女排世界杯赛，获得季军。1990 年，参加世界女排锦标赛，获得亚军。

巫　丹

1991 年，参加女排世界杯赛，获得亚军。1992 年，代表中国女排参加第二十五届奥运会排球比赛，获得第七名；2000 年，32 岁的巫丹代表中国女排参加第二十七届奥运会排球比赛，获得第五名。巫丹的接应技术，尤其是快攻中的背飞，曾被国际排联主席阿科斯塔誉为"排坛一绝"。

林国清　1959 年生，福建莆田人。1974 年入选福建女排二队。1981 年入选中国女排青年队，担任副攻手。1982 年入选中国女排，后因病回到福建女排。1985 年再次调入中国女排，参加第四届世界杯女排比赛并夺得冠军。曾获国家体育运动荣誉奖章。1988 年退役后，在福建省体工队担任女排教练。

林国清

胡小凤　1965 年生，湖北武汉人。初中时被选入武汉市青山业余体校。1979 年入选武汉市中心体校。1980 年进入湖北女排青年队。1982 年入选湖北女排，担任主攻手。1983 年入选中国女排青年队。1985 年、1986 年两次入选中国女排。1986 年参加第十届亚运会女排比赛并夺得冠军，同年参加在捷克斯洛伐克举办的第十届世界女排锦标赛并夺冠。创造了"五连冠"的奇迹。退役后，曾到土耳其排球俱乐部打球。

刘　玮　1969 年生，河北人。1986 年入选中国女排，任副攻手；同年参加第十届亚运会女排比赛并夺得冠军，参加第十届世界女排锦标赛并夺得冠军。创造了中国女排"五连冠"的奇迹。1987 年被授予国家体育运动荣誉称号。

刘　玮

崔咏梅

崔咏梅　1969 年生。左手扣球，手腕动作变化多。她是中国队中最早采用跳发球技术的球员，擅长在二号位打二次球，进攻突然，力量大。在二、三号位的跑动进攻起运快，起跳及时、隐蔽性强。一传及防守出色。1995 年 6 月，她与队友合作，使八一女排夺得 1995 年全国女排甲级联赛冠军。1995 年 10 月 1 日，在泰国清迈举行的第八届亚洲女排锦标赛中，与队友合作夺得冠军。1996 年 8 月，被国家体委授予体育运动一级奖章。同年，在美国亚特兰大举行的第二十六届奥运会上，与队友合作，获女排比赛亚军。1998 年 11 月，参加在日本大阪举行的第十三届世界女排锦标赛，与队友合作，获亚军。她在退役后也一直致力于中国体育事业发展，特别是排球运动发展。

潘文莉　1969 年生，1984 年进入八一女排。1986 年入选国家青年女排，夺得亚洲青年女排锦标赛冠军，同年首次被选入国家女子排球集训

潘文莉

队。1987年参加第六届全运会，获得亚军。1989年，获全国女排甲A联赛亚军，夺得全国女排锦标赛冠军。1990年，获全国女排甲A联赛季军、全国女排锦标赛亚军。1991年，获全国女排甲A联赛季军，夺得全国女排锦标赛冠军；1992年，夺得全国女排甲A联赛、全国女排锦标赛冠军；1993年夺得第五届亚洲女排俱乐部杯女排比赛冠军，同年再次被选入国家队，参加世界女排大奖赛，获得最佳拦网奖。1994年，夺得全国女排甲A联赛冠军、全国女排锦标赛冠军、"八一"杯女排比赛冠军。1995年，夺得全国女排甲A联赛冠军、第七届亚洲女排俱乐部杯女排比赛冠军、第八届青年女排锦标赛冠军，获第一届世界军体运动会季军，代表中国队参加世界杯女排比赛获季军。1996年夺得第八届亚洲女排俱乐部杯赛冠军，代表中国队参加1996年奥运会并获亚军。1997年，夺得第八届全国运动会亚军。1999年夺得意甲联赛冠军。2004年至今，担任多伦多大学女排教练。

李月明

李月明　1968年1月生，上海人。1982年被选入上海女排青年队。1985年入选上海女排，司职主攻。1987年入选中国女排，司职副攻。1988年参加汉城奥运会女排比赛，获得季军。1989年参加世界杯女排比赛，获季军。1990年参加世界女排锦标赛并获亚军，同年参加北京亚运会女排比赛夺得冠军。1991年参加世界杯女排比赛获得亚军。1992年参加巴塞罗那奥运会获得第七名。1996年重返上海女排，夺得全国女排锦标赛冠军。1997年夺得第八届全运会女排比赛冠军。

毛武扬　1967年6月生，江苏高邮人。司职二传，擅长二次进攻。1989年入选中国女排，同年参加第五届世界杯女排比赛并获季军，参加第五届亚洲女排锦标赛并夺得冠军。1990年参加第十一届世界女排锦标赛并获亚军，同年参加北京亚运会女排比赛夺得冠军。现任江苏省体育局排球运动管

毛武扬

理中心副主任兼江苏女排领队。2021年，被授予"江苏省先进工作者"荣誉称号。

何云舒　1969年10月生，福建福州人。1982年被选入福建省体工大队田径队。1983年转入排球队。1986年入选中国女排青年队。1987年参加第四届世界青年女排锦标赛并获得季军，被评为"最佳运动员"。1988年入选中国女排青年队。此后，1989、1990年连续两次入选中国女排，担任替补主攻手。1989年，获女排世界杯赛季军，夺得亚洲女排锦标赛冠军。1990年，夺得北京亚运

何云舒

会女排比赛冠军，获得第八届世界女排锦标赛亚军。1993年退役。

周　红　曾供职辽宁女排。1989年入选中国女排。1990年代表中国女排参加第十一届世界女排锦标赛并获得亚军，同年参加北京亚运会女排比赛并夺得冠军。1991年参加第六届世界杯女排比赛获得亚军。1992年参加巴塞罗那奥运会女排比赛，获得第七名。

周　红

戚丽丽　1971年生，浙江衢州人。1984年被选入浙江省少年体校。1988年入选中国女排青年队，同年参加亚洲青年女排比赛并获亚军。1990年入选中国女排。1990年参加第十一届世界女排锦标赛并获亚军，同年参加第十届亚运会女排比赛并夺得冠军。1991年参加第六届世界杯女排比赛并获得亚军。1994年参加第十二届世界女排锦标赛，获得第八名。退役后，曾任浙江女排青年队主

戚丽丽

教练、中国女排青年队助理教练、浙江女排助理教练，培养出像罗瑜、杨舟等司职副攻的国手。

王 怡

王 怡 1973年生，上海人。中国女排前副攻手。1997年，王怡率领上海女排夺得第一届中国排球职业联赛冠军，并被评为最有价值运动员。曾代表中国女排参加过两届奥运会。1998年，王怡悄然淡出排坛，前往美国加利福尼亚州开始她的留学旅程。在加利福尼亚州贝尔蒙特市 Notre-Damede Namur 大学攻读工商管理专业。她在读书的同时，还加盟了当地大学的球队。这位身高1.89米、技术全面的副攻手代表学校出征 NAIA 全美大学联赛，在1999年和2000年连续两度入选了联赛的最佳阵容。2003年，王怡成为美国 PSU 大学女排的志愿助理教练；4次获得院长奖，并得到 Notre-Damede Namur 大学的优秀运动员奖学金。

马 芳 1965年生，浙江诸暨市城关人。1974年进入县少年体校排球队。1982年入选浙江女排青年队。1990年入选中国女排，司职主力二传。1991年参加第六届世界杯女排比赛并获亚军，个人被评为世界"最佳二传手"；同年参加第六届亚洲女排锦标赛并蝉联冠军，个人再获"最佳二传手"称号。1992年被国家体委授予"国际级运动健将"称号，同年参加巴塞罗那奥运会女排比

马 芳

赛，获得第七名。1994年退役后出任浙江女排教练，培养出周苏红等优秀运动员。2004年荣获国家体育运动荣誉奖章。

苏立群

苏立群 1970年生，曾任八一女排副攻手。1990年入选中国女排，同年参加北京亚运会女排比赛夺得冠军，参加第十一届世界女排锦标赛获亚军。1992年参加巴塞罗那奥运会女排比赛，获第七名。1994年参加第十二届世界女排锦标赛，获第八

名。曾在日本和意大利联赛中效力。

高　林　辽宁人，辽宁队主攻手。1991年参加第六届世界杯女排比赛，并获得亚军。1992年正式入选中国女排；同年参加巴塞罗那奥运会排球比赛，获第七名。

王子凌　1972年生，福建漳州人。1990年10月加入中国共产党，国家女子排球队接应二传手，中共十五大代表，国际级排球裁判员。1996年在美国亚特兰大举行的第二十六届奥运会上，与队友合作获亚军，同年8月被国家体委授予体育运动一级奖章。1997年9月，参加在菲律宾马尼拉举行的亚洲女子排球锦标赛，与队友合作夺得冠军。1998年11月，参加在日本大阪举行的第十三届世界女

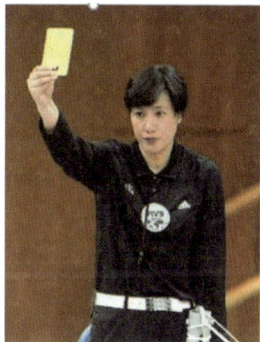
王子凌

排锦标赛，与队友合作获亚军；12月，参加在泰国曼谷举行的第十三届亚运会女排比赛，与队友合作夺得冠军。2008年5月11日，北京奥运会圣火在福州传递，王子凌作为火炬手在福州传递奥运圣火。2012年11月30日，王子凌出任福建省篮排球运动管理中心副主任。

茅菊兰　1974年1月生。1989年入选江苏省排球队。因为身材高、弹跳好，扣球力量大，比赛中进攻强于防守，助跑摸高3.13米，20岁时便占得江苏队主力主攻的位置。1993年入选国家女

茅菊兰

子排球队，夺得第七届亚洲女排锦标赛冠军。1994年10月在日本广岛第十二届亚运会女排比赛中获亚军。

殷　茵　1974年生，浙江人。代表中国女排参加了1994年和1998年世界女排锦标赛、1995年和1999年世界杯女排比赛、2000年悉尼奥运会女排比赛。1995年获世界杯女子排球赛季军。1998年获世界女排锦标赛亚军。2005年全运会后退役。

殷　茵

计丽萍

计丽萍　1968年生，重庆市人。1982年进入重庆市体工队（现重庆市运动技术学院）女排。1988年入选四川女排，任主力二传手。1992年底入选中国女排集训大名单。1993年参加世界女排大冠军杯比赛并夺得冠军，同年参加第七届亚洲女排锦标赛并夺得冠军。1994年获得亚运会女排比赛亚军，同年参加第十二届世界女排锦标赛并获亚军。退役后在四川大学体育学院任教。

诸韵颖　1978年生。7岁开始在体校练篮球，后进入上海女排青年队。1994年进入上海市女子排球队，仅两个月后就成为国家女排队员。1995年获世界杯女排比赛季军。1996年获亚特兰大奥运会女排比赛亚军，同年夺得第八届全运会女排比赛冠军，被国家体委授予体育运动一级奖章，获国际级运动健将称号。1998年获世界排球锦标赛亚军，同年夺得亚运会女排比赛冠军。1997—1999

诸韵颖

年在三届亚洲女排锦标赛上夺冠。1999年在亚洲女排锦标赛上被评为"亚洲最佳二传手"。2000年获悉尼奥运会女排比赛第五名，1996—2000年连续四届夺得全国女排比赛冠军，连续四届全国女子排球"中国最佳二传"。1998年被评为全国女子排球"中国最有价值球员"（MVP）。2001年夺得世界大学生运动会女排比赛冠军，被评为该赛"女排最有价值球员"（MVP）。2002年退役。现从事青少年排球体育事业。

何　琦　彝族，云南红河人，曾为中国女排队员，二传手。1984年被选入云南省体委少年体校女排队。1990年进入云南省女排队。1994年，与队友合作夺得全国首届沙滩排球赛冠军。1995年首次入选国家女排队。1996年，在美国亚特兰大举行的第二十六届奥运会上，与队友合作，获

何　琦

亚军；1998 年 11 月，参加在日本大阪举行的第十三届世界女排锦标赛，与队友合作，获亚军；12 月，参加在泰国曼谷举行的第十三届亚运会排球比赛，与队友合作，夺得女排比赛冠军。1999 年 9 月，参加在香港举行的亚洲女排锦标赛，与队友合作夺冠。1996 年 8 月，获国家体委颁发的体育运动一级奖章。1998 年 4 月，被国家体委授予"全国体育系统先进工作者"称号。2001—2005 年，加入意大利甲级俱乐部"圣女"队。2005 年开始担任云南女排总教练。

李 艳 1976 年 5 月生，福建福州市人。1986 年在福建省体校开始排球训练。1988 年，入选福建省体校。1989 年进入福建女排。1991 年进入福建省体工队排球队。1993 年入选国家青年女排。1995 年入选国家女排集训队，教练郎平、胡进、陈忠和。1996 年获亚特兰大奥运会亚军，国际排联最佳女运动员排名第三。1998 年在泰国曼谷亚运会女排比赛中夺冠，获世界女排锦标赛亚军。

李 艳

1999 年夺得亚洲女排锦标赛冠军。2000 年获悉尼奥运会女排比赛第五名。2003 年获世界青年女排锦标赛亚军。2007 年成为福建体育职业技术学院教师。现任福建体育职业技术学院就业指导中心副主任。

刘晓宁

刘晓宁 山东青岛人。1987 年入选南京军区政治部女排，任副攻手、队长。1994 年入选中国女排青年队，参加第七届亚洲青年女排锦标赛并夺得冠军。1995、1996 年代表八一女排参加第七、第八届亚洲俱乐部杯女排比赛，均夺得冠军，并被授予"最佳拦网"称号，被评为最佳运动员。1995 年入选中国女排。1996 年参加亚特兰大奥运会女排比赛并获亚军。2001 年退役后，任南京军区女排青年队主教练。2008 年任南京军区女排领队、教练。曾先后培养出孙小青、杨珺菁等优秀运动员。

王丽娜

王丽娜　1978年2月生，辽宁营口人。曾为中国女排主力主攻手。2004年奥运会女排比赛冠军成员。1990年进入营口盖州市体校，同年入选八一女排二队。1995年升入八一女排一队。1996年入选国家队，曾三次获女排联赛"最佳发球奖"。2011年加盟广东恒大女排。她的跳发球是中国女排有力的"武器"。在2003年世界杯女排比赛发球榜上，王丽娜以平均每局发球得分0.32个名列发球榜第八名。她是中国女排中发球得分最多的球员。获2002—2003赛季全国女排联赛亚军，被评为最受欢迎运动员。2003年夺得世界女排大奖赛冠军，亚洲女排锦标赛冠军、世界杯女排比赛冠军。2004年夺得雅典奥运会女排比赛冠军。2005年退出国家队。

邱爱华　1977年1月生，江苏南通启东市人。她于1988年进入江苏省南通市体校，开始接受专业的排球训练，主要练主攻位置。后于1990年入读江苏省少年体校。1992年进入江苏省女排一队。1993年被选入国家青年女排队。1995年，代表中国大学生队参加世界大学生运动会女排比赛，与队友合作夺得冠军。1997年进入郎平执教、新组建的国家女排。1998年11月，参加在日本大阪举行的第十三届世界女排锦标赛，与队友合作，获亚军；12月，参加在泰国曼谷举行的

邱爱华

第十三届亚运会女排比赛，与队友合作夺得冠军。1999年8月，参加在云南举行的世界女排大奖赛总决赛，与队友合作获季军；9月，参加在香港举行的亚洲女排锦标赛，与队友合作夺得冠军。

李轶之　1977年生，上海人。1989年进入上海市青少年体校。1990年进入上海市女排队。1995年获运动健将称号。1997年入选国家女排。1996—2000年一直是上海排球队的主力，在全国女排甲级

李轶之

联赛中五次蝉联冠军。1997年参加第八届全运会夺得冠军。在国家队也是主力队员，参加1998年世界女排锦标赛并获亚军，同年在第十三届亚运会女排比赛上夺冠，获国际级运动健将称号。曾参加世界女排比赛28次，参加洲际女排比赛12次，参加国内排球比赛128次。

陈　静　1975年9月生，四川成都人。曾为中国女排副攻。1990年8月进入四川省青年排球队。1997年入选国家女排队，教练郎平。2001年夺得世界女排大奖赛总决赛冠军。2002年获得世界女排锦标赛第四名，夺得世界女排大奖赛冠军。2003年夺得亚洲女排锦标赛冠军、女排世界杯赛冠军。2004年夺得雅典奥运会女排比赛冠军。2010年起担任四川女排领队一职。

陈　静

张　静　1979年10月生，上海人。10岁开始打排球，场上司职主攻，曾效力于上海市少年体校、中国女排、上海东方女排。在拦网方面，凭借1.90米的身高，优势很明显。在发球方面，原来是上手飘球，在2002年的大奖赛上开始改用大力跳发球，效果不错。与队友夺得1996—1998两届全国排球联赛冠军、第八届全运会冠军。1998年夺得亚洲俱乐部杯女排比赛、亚洲青年女排锦标赛冠军。参加了2002年世界排球锦标赛。

张　静

李　珊　1980年5月生，天津市人。1992—1995年在天津市体育运动学校。1995年9月进入天津市女排队。1998年入选国家青年女排队。1999年再次入选国家青年女排队，同年入选国家女排队。1999年获世界女排大奖赛总决赛季军，夺得亚洲女排锦标赛冠军。2001年夺得世界女排大奖赛总决赛冠军，获全国女排联赛季军。2002年获世界女排大奖赛总决赛亚军，夺得全国女排联赛冠

李　珊

军，获得世界女排锦标赛第四名。2003年夺得世界女排大奖赛冠军、全国女排联赛冠军、亚洲女排锦标赛冠军、女排世界杯赛冠军。2004年夺得雅典奥运会女排比赛冠军、全国女排联赛冠军。2005年夺得全运会女排比赛冠军，获全国女排联赛亚军。2006年获瑞士女排精英赛亚军，夺得全国女排联赛冠军，获世界女排大奖赛总决赛第五名、世界女排锦标赛第五名。2007年夺得全国女排联赛冠军。2008年夺得全国女排联赛冠军。2009年夺得全运会女排比赛冠军、全国女排联赛冠军。2010年夺得全国女排联赛冠军。获得2011—2012赛季全国女排联赛季军。

李 颖

李 颖 1979年2月生，辽宁大连人。曾为中国女排场上自由人和八一女排的绝对主力自由人。李颖曾多次帮助球队在全国女排联赛中夺得前三名的好成绩，也曾随中国国家女排出征过世界女排大奖赛，世界女排锦标赛等赛事。1999年获得世界女排大奖赛总决赛季军，夺得亚洲女排锦标赛冠军。2001年夺得世界女排大奖赛总决赛冠军。2002年获世界女排大奖赛总决赛亚军、世界女排锦标赛第四名。如今，李颖已成功转型为幕后排球工作者，球迷们可以经常在全国女排联赛电视直播、多项国际女排比赛直播中听到李颖的解说。

张越红 1975年11月生。曾是中国女排中弹跳最好的主攻手，是中国女排的老队员。1989年开始在辽宁省沈阳市体校练排球。1990年进入辽宁省体校。1999年获世界女排大奖赛总决赛季军。2000年入选国家女排队，获得悉尼奥运会女排比赛第七名。2001年获世界女排大奖赛亚军。2002年获世界女排大奖赛亚军，同年获世界女排锦标赛第四名。2003年夺得世界女排大奖赛冠

张越红

军、女排世界杯赛冠军（是女排世界杯赛上的主力替补）。2004年夺得雅典奥运会女排比赛冠军。2008年，张越红在家乡沈阳参加了北京奥运会圣火传递活动。2011年底，张越红成为辽宁女排主教练，带领辽宁女排征战2011—2012赛季全国女排联赛。

杨　昊　1980年3月生。北京体育大学2005级研究生冠军班学生。2001年底入选国家女排队，同年获得世界女排大奖赛总决赛亚军，夺得世界女排大冠军杯赛冠军，被评为世界女排大奖赛总决赛最受欢迎球员、世界女排大冠军杯赛MVP。2002年获得瑞士女排精英赛季军、世界女排大奖赛总决赛亚军，夺得釜山亚运会女排比赛冠军，被评为世界女排大奖赛总决赛"最佳发球"。2003年，夺

杨　昊

得世界女排大奖赛冠军、瑞士女排精英赛冠军、亚洲女排锦标赛冠军、女排世界杯赛冠军，被评为世界女排大奖赛总决赛"最佳发球"。2004年，获得瑞士女排精英赛季军，被评为瑞士女排精英赛"最佳扣球"，夺得雅典奥运会女排比赛冠军。2005年，获得瑞士女排精英赛亚军、世界女排大奖赛总决赛季军、女排大冠军杯赛季军，夺得亚洲女排锦标赛冠军，被评为世界女排大奖赛总决赛"最佳发球"。2006年，获得瑞士女排精英赛亚军，夺得俄罗斯总统杯女排比赛冠军、多哈亚运会女排比赛冠军。2007年被评为"最佳发球"。2008年，获得瑞士女排精英赛亚军、北京奥运会女排比赛季军，夺得首届亚洲杯女排比赛冠军。

刘亚男

刘亚男　1980年9月生，辽宁大连人。1991年进入辽宁省大连市业余体校。1994年进入辽宁女排青年队。1998年进入中国女排青年队。2001年入选中国女排。2002年获得瑞士女排精英赛季军、世界女排大奖赛总决赛亚军、世界女排锦标赛第四名，夺得釜山亚运会女排比赛冠军。2003年夺得世界女排大奖赛冠军、亚洲女排锦标赛冠军、世界杯女排比赛冠军。2004年夺得雅典奥运会女排比赛冠军。2005年，获得瑞士女排精英赛亚军、世界女排大奖赛总决赛季军、女排大冠军杯赛季军，夺得亚洲女排锦标赛冠军。2006年，获瑞士女排精英赛亚军、夺得俄罗斯总统杯女排邀请赛冠军，获世界女排大奖赛总决赛第五名、世界女排锦标赛第五名，夺得多哈亚运会女排比赛冠军。2007年，

夺得瑞士女排精英赛冠军、俄罗斯总统杯女排邀请赛冠军，获世界女排大奖赛亚军、亚洲女排锦标赛亚军。2008年，获得瑞士女排精英赛亚军、世界女排大奖赛总决赛第五名、北京奥运会女排比赛季军，夺得首届亚洲杯女排比赛冠军。

赵蕊蕊

赵蕊蕊　1981年10月生，江苏南京人。曾有"中国女排第一高"之称。赵蕊蕊曾经多次受伤。2004年一次重伤对她的职业生涯影响很大。她于2009年退役。赵蕊蕊2002年夺得釜山亚运会女排比赛冠军。2003年夺得世界女排大奖赛冠军，同年夺得世界杯女排比赛冠军，并被评为最佳扣球手。2004年夺得雅典奥运会女排比赛冠军。2008年夺得亚洲杯女排比赛冠军，同年获得北京奥运会女排比赛季军。

宋妮娜　1980年4月生，辽宁鞍山人。北京体育大学2008级研究生冠军班学生。1990年开始练排球。1991年进入八一女排队。1996—1998年在国家青年女排队。1999年入选国家青年女排队。2001年入选国家女排队。1999年获世界女排大奖赛总决赛季军，夺得亚洲女排锦标赛冠军。宋妮娜被评为最佳二传手。2001年夺得世界女排大奖赛总决赛冠军。2002年获世界女排大奖赛总决赛亚军、

宋妮娜

世界女排锦标赛第四名。2003年夺得世界女排大奖赛冠军、亚洲女排锦标赛冠军、女排世界杯赛冠军。2004年夺得雅典奥运会女排比赛冠军。2005年获得瑞士女排精英赛亚军、世界女排大奖赛总决赛季军、女排大冠军杯赛季军。2006年获瑞士女排精英赛亚军。

熊姿

熊　姿　1976年11月生，四川人。曾为中国女排场上自由人。1996年夺得全国排球锦标赛冠军。1997年夺得第八届全运会沙滩排球比赛冠军。1999年获世界女排大奖赛总决赛季军，同年夺得亚

洲女排锦标赛冠军。2001年夺得世界女排大奖赛总决赛冠军。2002年获得世界女排大奖赛总决赛亚军、世界女排锦标赛第四名。

　　张　娜　1980年4月生，天津人。北京体育大学2008级研究生冠军班学生。2004年雅典奥运会上，张娜一传成功率高达90%。自入选国家队以来，一直是队中主力，同时是国家队中最好的自由人，有"不死鸟"之称。现任中国排球学院常务副院长，曾任天津市南开中学副校长。北京航空航天大学硕士研究生毕业。1995年10月进入天津女排队，教练赵雪琪。1999年入选国家青年女排队。

张　娜

2001年入选国家女排队。2001年夺得世界女排大奖赛总决赛冠军。2003年夺得世界女排大奖赛冠军、亚洲女排锦标赛冠军、女排世界杯赛冠军。2004年夺得雅典奥运会女排比赛冠军。2008年获得北京奥运会女排比赛季军。北京奥运会后，张娜退役。

张　萍

　　张　萍　1982年3月生，天津人。曾获全国联赛"最佳发球奖"。1995年进入天津体育运动技术学校。1998年进入天津排球队。2002年2月入选中国女排，参加世界女排锦标赛获第四名。2003年夺得世界女排大奖赛冠军、亚洲女排锦标赛冠军、女排世界杯赛冠军。2004年夺得雅典奥运会冠军，被评为雅典奥运会女排比赛"最佳攻手"，并获得最佳扣球奖。2005年获瑞士女排精英赛亚军、世界女排大奖赛总决赛季军、国际排联大冠军杯季军。2006年，参加世界女子排球锦标赛，获得第五名。2009年，张萍因伤退役。退役后赴香港中文大学求学，获得学士和硕士学位。现任香港中文大学（深圳）体育讲师。

　　王一梅　1988年1月生，辽宁大连人。2000年，进入辽宁省少年女排队练排球。2002年，进入

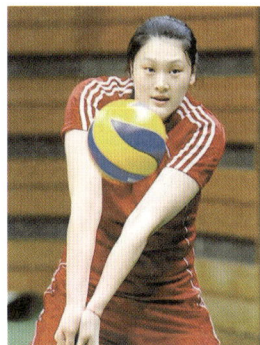

王一梅

辽宁省青年排球队，同年入选辽宁女排一队。2003年，入选国家女排队，随国青队获世青赛亚军，她本人获得"最有价值球员"称号。在多哈亚运会女排比赛上，王一梅成为中国女排夺冠的头号功臣。这是其排球生涯中第一项重要赛事的金牌。2008年北京奥运会，在最佳得分榜上，以总得分120分名列第二。2008年10月，中国女排夺得首届女排亚洲杯赛冠军，王一梅荣获"最佳进攻队员"称号。2010年夺得瑞士女排精英赛冠军、世界女排大奖赛成都站冠军，获得澳门站亚军、香港站亚军，夺得第二届女排亚洲杯赛冠军、亚运会女排比赛冠军。2011年夺得中国国际女排精英赛两站冠军，获得瑞士女排精英赛季军，夺得俄罗斯总统杯女排邀请赛冠军。2012年获得第三届女排亚洲杯赛亚军。

　　楚金玲　1984年7月生，辽宁大连人。曾为中国女排场上主攻。2003年，首次入选中国女排，同年夺得世界女排大奖赛冠军、瑞士女排精英赛冠军，获得俄罗斯总统杯女排邀请赛亚军。2005年获得国际排联大冠军杯女排赛季军、世界女排大奖赛总决赛季军、瑞士女排精英赛亚军，被评为亚洲女排锦标赛最有价值球员。2006年获得瑞士女排精英赛亚军，夺得2005—2006赛季全国女排联赛冠军。

楚金玲

2009年夺第五届东亚运动会女排比赛冠军、世界女排大奖赛北仑站冠军、中国国际女排精英赛昆山站冠军、中国国际女排精英赛漯河站冠军，获得世界女排大奖赛总决赛第五名、意大利四国女排邀请赛季军、瑞士女排精英赛季军。2012年获得伦敦奥运会女排比赛第五名、世界女排大奖赛第五名、2011—2012赛季全国女排联赛第六名。2013年获得亚洲女排俱乐部杯赛冠军。

薛　明

　　薛　明　1987年2月生。曾为中国女排副攻手。2001年入选北京女排一队。2003年逐渐进入北京队主力阵容并被选入国家女排青年队。2005年入选国家女排，夺得亚洲女排锦标赛冠军，获得世界女排大奖赛季军，并获"最佳拦网""最佳扣球"等多项个人奖。2007年夺得瑞士女排精英赛冠军，获得亚洲女排锦标赛亚军、世界女排大奖赛亚军。夺得2007—2008赛季全国女排联赛冠军。跟随主帅陈忠和获得2008年北京奥运会女排比赛季军，同年夺得首届亚洲杯女排比赛冠军，并获"最佳拦网球员"称号。2009年世界女排大奖赛香港站上，薛明一人独揽"最佳得分手""最佳扣球""最受欢迎球员"三项大奖。2010年获得世界女排大奖赛总决赛第四名，夺得广州亚运会女排比赛冠军。因伤病于2013年退役。

马蕴雯

马蕴雯　1986年10月生，上海人。1992年进入上海市卢湾区少年体校打篮球。2002年被选拔到上海女排。2005年入选中国女排，同年参加亚洲女排锦标赛并夺得冠军。2007年获得世界女排大奖赛亚军。2008年参加北京奥运会女排比赛并获季军。2010年参加广州亚运会女排比赛并夺得冠军，同年参加第十六届世界女排锦标赛获得第十名。2011年参加第十一届世界杯女排比赛并获得季军，同年夺得亚洲女排锦标赛冠军。2012年参加伦敦奥运会女排比赛，获得第五名。

李　娟　1981年5月生，天津人。天津女排和中国女排主力接应二传手。1993年10月进入天津市体育运动学校。1998年10月进入天津女排。2000年入选中国女排青年队。2006年入选中国女排。曾夺得2002—2003、2003—2004、2004—2005赛季全国女排联赛冠军。2005年夺得全国女排锦标赛冠军，获得世界女排大奖赛总决赛季军、国际排联大冠军杯赛季军，夺得第九届全国运动会女排比赛冠军，获第四届国际排联大冠军杯赛季军。2006年夺得多哈亚运会女排比赛冠军。夺得2006—2007赛季全国女排联赛冠军。2007年获得亚洲女排锦标赛亚军、世界女排大奖赛亚军。夺得2007—2008赛季全国女排联赛冠

李　娟

军。2008年获北京奥运会女排比赛季军。夺得2008—2009、2009—2010赛季全国女排联赛冠军。夺得第十一届全运会女排比赛冠军。夺得2010—2011赛季全国女排联赛冠军。获2011—2012赛季全国女排联赛季军。夺得2012—2013赛季全国女排联赛冠军。2012年夺得亚洲女排俱乐部联赛冠军。

徐云丽

徐云丽 1987年8月生，福建福州市福清音西镇人。1998年进入福建省体校接受专业的排球训练，正式成为排球运动员。徐云丽在参加职业女排联赛之前，曾打过沙滩排球。2004年，徐云丽在福建女排打主攻。2005年，福建女排主教练让徐云丽改打副攻，这一改让她打球更加突出。2006年，徐云丽入选中国女排集训大名单，并随中国队获得世界女排锦标赛第五名。2010年，随中国队夺得亚运会女排比赛冠军。2011年，随中国队获得女排世界杯赛季军。2014年，随中国队获得世界女排锦标赛亚军。2016年，随中国队夺得里约奥运会女排比赛冠军。2019年1月1日，徐云丽宣布退役，现在福建师范大学工作。

张娴 1985年3月生，福建福州人。曾为中国女排队员，场上司职防守。2004年被云南女排队选中，改打自由人位置，一举占据主力位置。2007年，张娴入选国家女排，夺得2007年瑞士女排精英赛和俄罗斯总统杯女排邀请赛冠军。2008年北京奥运会之后，成为中国女排主力自由人。2010年9月，成功卫冕亚洲杯女排比赛，张娴获得最佳自由人奖。2011年，张娴以主力自由人身份

张娴

参加女排世界杯赛，荣获世界杯赛季军。第一时间获得2012年伦敦奥运会参赛资格，并在2012年以自由人身份参加伦敦奥运会女排比赛。2017年6月20日，张娴宣布退役。

　　沈静思　1989 年 5 月生，福建漳州人。北京体育大学 2015 级研究生冠军班学生。在 2007 年世界青年女排比赛中已经崭露头角，以攻击性二传出位而小有名气，是中国青年女排最终斩获亚军的战术组织核心。2009 年第一次入选国家女排。2013 年，沈静思进入郎平执教的新一届中国女排，成为主力二传，同年随队获得亚洲女排锦标赛第四名。2014 年随队获得世界女排锦标赛亚军。在 2014—

沈静思

2015 赛季，沈静思率领八一女排夺得全国女排联赛冠军。2015 年随队参加亚洲女排锦标赛并夺得冠军，沈静思获得"最佳二传"奖。2017 年 2 月 8 日，中国女排获得"感动中国 2016 年度特别致敬"奖。

张　磊

　　张　磊　1985 年 1 月生，上海人。曾任上海女排主攻手、副攻手、接应二传手。2001 年入选上海女排青年队。2009 年入选中国女排集训大名单。2010 年入选中国女排，同年参加广州亚运会女排比赛并夺得冠军，参加第十六届世界女排锦标赛并获得季军。2011 年征战亚洲女排锦标赛并夺得冠军，参加世界杯女排比赛并获得季军。2012 年参加伦敦奥运会女排比赛，获第五名。2021 年从上海女排退役。

　　颜　妮　1987 年 3 月 2 日生，辽宁沈阳人。北京体育大学 2016 级研究生冠军班学生。2005 年，入选辽宁女排。2006 年，颜妮入选国家女排二队，参加女排亚青赛，并获得"最佳拦网"称号。2009 年，随辽宁女排夺得第十一届全运会女排比赛亚军，并首次入选国家女排。2014 年，随队夺得女排亚洲杯赛冠军，获得 MVP。2015 年颜妮再度入选中国女排并夺得世界杯赛冠军。随辽宁女排获得

颜　妮

2014—2015赛季全国女排联赛第八名，获得2015—2016赛季全国女排联赛第五名。2016年，随中国女排征战里约奥运会并夺得冠军。2017年，随辽宁女排获得2016—2017赛季全国女排联赛第五名，随中国女排夺得国际排联女排大冠军杯赛冠军。2018年4月随辽宁女排获得2017—2018赛季全国女排联赛第五名，同年夺得雅加达亚运会女排比赛冠军。2019年，随辽宁女排获得2018—2019赛季中国女排超级联赛第五名。同年随中国女排夺得女排世界杯赛冠军，并被评为女排世界杯赛"最佳副攻"。2020年1月，随辽宁女排获得2019—2020赛季中国女排超级联赛第六名。现效力于辽宁华君女排俱乐部。

陈丽怡

陈丽怡 1989年4月生，天津人。曾任天津女排主攻手、队长。2006年入选中国女排少年队。2007年在墨西哥世界少年女排锦标赛上被评为"最佳得分手"，同年入选天津女排一队。2010年入选中国女排，为中国女排在2010年广州亚运会女排比赛和2011年亚洲女排锦标赛上夺得冠军作出贡献。2010年参加世界女排锦标赛，获得第十名。作为天津女排的绝对主力，五次夺得全国女排联赛冠军，成就了天津女排在全国女排联赛上"十冠王"的壮举，曾获"天津市五一劳动奖章""天津市青年五四奖章""天津市三八红旗手"等荣誉称号。2012年被国家体育总局授予"国际级运动健将"称号。2018年退役。

杨 婕 1994年生，河北人。曾任上海女排主攻手和接应二传手。从2004年起在上海市少年体校打排球。2006年入选上海女排青年队。2007年，入选上海女排。2010年入选中国女排集训大名单，同年参加世界女排锦标赛并获第十名，参加广州亚运会女排比赛并夺得冠军。2011年参加世界杯女排比赛获季军，同年参加亚洲女排锦标赛并夺得冠军。

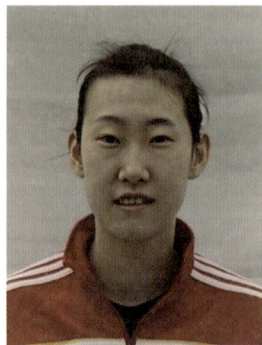

杨 婕

　　范琳琳　1991年12月生，曾任八一女排主攻手。2010年入选中国女排。2010年8月，在世界女排大奖赛澳门站比赛中，在中国队对阵多米尼加队之战中，范琳琳替换上场，打满五局并得到11分；顶替受伤的惠若琪入选中国女排出征世界女排大奖赛香港站12人大名单。2010年参加第二届亚洲杯女排比赛并夺得冠军。2011年参加第十一届世界杯女排比赛并获季军，同年夺得亚洲女排锦标

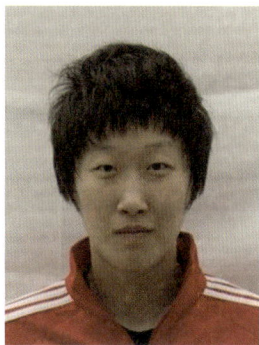

范琳琳

赛冠军。2012年，获得国家体育总局授予的"国际级运动健将"称号。

米　杨

　　米　杨　来自上海队的二传手，曾先后任国家女排少年队和国家女排青年队主力二传。在2010—2011赛季全国排球联赛中，年轻的二传手米扬在魏秋月养伤和状态不佳期间顶替上场，屡建奇功。特别是在总决赛第三场比赛中，在0∶2落后的情况下带领天津女排实现再逆转，实现了全国女排联赛"五连冠"。她本人凭借这个赛季的上佳表现入选了新一届国家女排。2007年夺得世界少年女排锦标赛冠军。2011年获得瑞士女排精英赛季军、女排世界杯赛季军，夺得俄罗斯总统杯女排邀请赛冠军、亚洲女排锦标赛冠军。获得2011—2012赛季全国女排联赛季军。夺得2012—2013赛季全国女排联赛冠军。获得2017—2018赛季中国女排超级联赛亚军。

　　杨珺菁　1990年5月生，河南郑州人。北京体育大学2017级研究生冠军班学生。1999年进入体校练习排球。2001年11月15日，杨珺菁被送入南京部队女排。2008年，杨珺菁参加第十四届亚洲青年女排锦标赛，并获得"最佳拦网"殊荣。2010年9月，杨珺菁被调进八一女排，司职副攻。2011年，入选国家女排，与队友夺得亚洲女排锦标赛冠军，获得女排世界杯赛季军。2012年，杨珺菁第一

杨珺菁

次出战伦敦奥运会，与队友合作获得女排比赛第五名；同年与队友并肩作战，夺得世界女排大奖赛澳门站、佛山站冠军，获得世界女排大奖赛漯河站亚军、世界女排大奖赛总决赛第五名。2013年，郎平重新执教中国女排，杨珺菁成为中国女排备战里约奥运会在副攻位置上的一名主力选手。2014年，获得第十七届世界女排锦标赛亚军，夺得世界女排大奖赛中国香港站冠军，获得大奖赛中国澳门站亚军、大奖赛总决赛第五名。2015年，夺得亚洲女排锦标赛冠军，以主力副攻的身份再度征战女排世界杯赛并夺得冠军。

单丹娜

单丹娜 1991年10月生，浙江奉化溪口人。中国女排运动员，司职自由人。浙江女排主力自由人，2008年获得亚洲青年女排锦标赛季军。2010年获得全国女排大奖赛亚军，夺得全国女排锦标赛冠军。同年5月，单丹娜应招进入中国青年女排队。跻身2010—2011赛季全国女排联赛四强。2011年获得瑞士女排精英赛季军，夺得俄罗斯总统杯女排邀请赛冠军，获得世界女排大奖赛第八名、女排世界杯赛季军。获得2011—2012赛季全国女排联赛第七名。2011年4月，首次入选中国女排。2012年首次参加伦敦奥运会，获得伦敦奥运会女排比赛第五名。同年获得世界女排大奖赛第五名、女排亚洲杯赛亚军。2013年5月，再次入选中国女排；10月，随队参加首届U23世界女排锦标赛并夺冠。2014年10月，获得世界女排锦标赛亚军。2016年夺得女排亚洲杯赛冠军。2017年2月8日，中国女排荣获"感动中国2016年度特别致敬"奖。2017年10月13日，单丹娜宣布退役。

杨 舟 浙江女排主力队员。2010年获得全国女排大奖赛亚军，同年夺得全国女排锦标赛冠军。跻身2010—2011赛季全国女排联赛四强。2011年获得女排世界杯赛季军。2011年4月1日，首次入选中国女排集训大名单。获得2011—2012赛季全国女排联赛第七名、2012—2013赛季全国女排联赛季军。夺得2013—2014赛季全国女排联赛冠军。2014

杨 舟

年入选瑞士女排精英赛中国女排集训大名单。在2014—2015赛季全国女排联赛上，获最佳拦网奖。2016年夺得女排亚洲杯赛冠军，被评为最佳副攻。

刘晓彤 1990年2月生，吉林延边人。2013年入选国家女排，参加了2013年国际女排精英赛、2014年瑞士女排精英赛、世界女排大奖赛等赛事。2016年8月21日，在里约奥运会女排决赛中，随中国队战胜塞尔维亚队，夺得金牌；9月14日，在里约奥运会北京市体育系统表彰大会上荣获首都劳动奖章、北京市三八红旗奖章、北京青年五四奖章。2017年1月15日，中国女排获得

刘晓彤

2016年度CCTV体坛风云人物最佳团队奖、评委会大奖；2月8日，中国女排获得"感动中国2016年度特别致敬"奖。2018年9月1日，随队夺得雅加达亚运会女排比赛冠军。2019年9月9日，国际排联公布2019年女排世界杯赛中国女排16人大名单，刘晓彤入选；9月29日，随主教练郎平指导的中国女排夺得2019年女排世界杯赛冠军。

陈 展

陈 展 1990年10月生，江苏人。2007年，曾随中国女排少年队参加世界少年女排锦标赛并夺得冠军，独得世界少年女排锦标赛"最有价值球员""最佳自由人""最佳一传""最佳防守"四个单项大奖，被国际排联指定为"希望之星"。2013年被临时征调到中国女排。2014年参加世界女排锦标赛并获亚军。2015年正式入选中国女排集训大名单。2017年获得"2016—2017排球联赛最佳自由人"奖。

张晓雅 1992年10月生，四川成都人。北京体育大学2017级研究生冠军班学生。曾效力于四川女排俱乐部，司职副攻。2012年参加亚洲青年女排锦标赛并夺得冠军。2013年入选中国女排，同年参加首届U23世界女排锦标赛并夺得冠军。2014年获

张晓雅

亚运会女排比赛亚军。2015年参加世界杯女排比赛并夺得冠军。2016年夺得瑞士女排精英赛冠军、亚洲杯女排比赛冠军。

丁 霞

丁　霞　1990年1月生，河北石家庄人。中国女排、辽宁女排二传手。北京体育大学2016级研究生冠军班学生。2013年进入中国女排集训大名单。2014年随队夺得女排亚洲杯赛冠军，获得仁川亚运会女排比赛亚军。2015年夺得女排世界杯赛冠军。2016年里约奥运会女排决赛中，中国女排以3∶1力克塞尔维亚队，丁霞随队加冕奥运冠军。2017年1月15日，中国女排获得2016年度CCTV体坛风云人物最佳团队奖、评委会大奖；2月8日，中国女排获得"感动中国2016年度特别致敬"奖；6月8日，辽宁省人民政府授予在第三十一届里约奥运会上获得金牌的运动员丁霞"辽宁省劳动模范"荣誉称号。2017年世界女排大奖赛总决赛上，丁霞荣获"最佳二传手"称号。2018年9月1日，随队夺得雅加达亚运会女排比赛冠军。2019年9月，随队夺得女排世界杯赛冠军，入选最佳阵容，并被评为"最佳二传"。

姚　迪　天津市塘沽区人。中国女排运动员，司职二传。效力于天津渤海银行女排。2017年2月8日，中国女排获得"感动中国2016年度特别致敬"奖。2019年9月5日，国际排联更新了女排世界杯赛中国女排25人大名单，姚迪入选。

姚 迪

杨方旭

杨方旭　1994年10月生，山东潍坊高密市人。北京体育大学2017级研究生冠军班学生。中国职业排球运动员，场上司职接应二传，效力于中国女排。2014年随队获得世界女排锦标赛亚军。2016年夺得里约奥运会女排比赛冠军。山东体育学院2013级竞技体育学院学生。司职接应二传，先后入选中国女排青年队、中国女排。曾夺得全运会女排比赛冠军、女排世青赛冠军、U20女排世界锦标赛冠军。2014年获得世界女排锦标赛亚军。2016年7月18日，里约热内卢奥运会中国奥运代表团成立，杨方旭名列出征名单。2016年里约奥运会，随队夺得女排奥运会冠军。2017年1月15日，中国女排获得2016年度CCTV体坛风云人物最佳团队奖、评委会大奖；2月8日，中国女排获得"感动中国2016年度特别致敬"奖。参加2017—2018赛季中国女排超级联赛，担任山东女排队长。2017年11月，杨方旭被潍坊市人大常委会授予"潍坊人民勋章"。

汪慧敏　1992年11月生，山东青岛人。曾任浙江女排主攻手。2008、2010年两次入选中国女排少年队。2011年3月入选中国女排青年队，同年参加世界青年女排锦标赛并获季军。2014年被征召进入中国女排参加集训。2014年参加世界女排锦标赛并获亚军，同年参加中国国际女排精英赛北仑站和郴州站比赛均获冠军。2015年获得国家体育总局授予的"国际级运动健将"称号。

汪慧敏

刘晏含

刘晏含　1993年1月生。北京体育大学2017级研究生冠军班学生。2010年代表中国女排青年队夺得亚洲青年女排锦标赛"九连冠"。2014年，刘晏含入选中国女排二队，并随队夺得女排亚洲杯赛冠军，获得仁川亚运会女排比赛亚军。2015年，再次入选中国女排，随队参加U23亚洲女排锦标赛，最终夺得冠军。2015年9月6日晚，随中国女排迎来了女排世界杯赛最后一个对手——东道主日本队，最终中国队以3∶1的比分战胜对手，时隔11年后重新夺得世界冠军。2017年2月8日，中国女排获得"感动中国2016年度特别致敬"奖。2018年9月23日，随队夺得第六届女排亚洲杯赛冠军。2019年5月，入选中国女排出征世界女排联赛巴西站12人名单，担任主攻；9月29日，随主教练郎平指导的中国女排夺得2019年女排世界杯赛冠军。

张常宁

张常宁　1995年11月生，江苏常州人。2009年，直接进入中国女子沙滩排球队。2014年3月23日，入选中国女排。2015年夺得女排世界杯赛冠军。2016年随中国女排夺得里约奥运会女排比赛冠军。2017年1月15日，中国女排获得2016年度CCTV体坛风云人物最佳团队奖、评委会大奖；2月8日，中国女排获得"感动中国2016年度特别致敬"奖。2016—2017赛季，张常宁随江苏女排夺得球队历史上首个全国女排联赛冠军。2017年9月9日，在女排大冠军杯第四轮比赛中，提前一轮夺冠，这是时隔16年中国女排再度夺得女排大冠军杯赛冠军。同年9月26日，荣获2016—2017中国排球联赛最佳发球和最有价值球员奖。2018年8月，张常宁入选2018福布斯中国30岁以下精英榜。2019年12月14日，荣登2019"年度影响力人物"榜单，获"年度体育人物"称号。

林　莉　1992年7月生，福建福州福清市人。北京体育大学2018级研究生冠军班学生。效力于中国女排。林莉是福建女排主力自由人，曾入选中国女排青年队。2011年与姚迪等队友合作获得世界青年女排比赛季军。2015年入选中国女排，场上司职自由人，随队夺得2015年女排世界杯赛冠军。2016年夺得里约奥运会女排比赛冠军，个人荣获最佳自由人奖。2017年1月15日，中国女排获得2016年度CCTV体坛风云人物最佳团队奖、评委会大奖；2月8日，中国女排获得"感动中国2016年度特别致敬"奖。2018年9月1日，夺得雅加达亚运会女排比赛冠军。2019年5月入选中国女排出征世界女排联赛巴西站12人名单，担任自由人。

林　莉

王梦洁

王梦洁　1995 年 11 月生，山东济南人。北京体育大学 2018 级研究生冠军班学生。场上司职自由人。王梦洁是山东女排主力自由人，曾入选国家女排青年队。2013 年，随国家女排青年队出战瑞士女排精英赛获得第六名，王梦洁荣获最佳自由人奖。2015 年 1 月 19 日，新一届中国女排名单公布，王梦洁首次入选中国女排，参加了首届 U23 亚洲女排锦标赛并夺得冠军。此后王梦洁重返国家队参加集训，并参加世界女排大奖赛总决赛获得第四名。2017 年 2 月 8 日，中国女排获得"感动中国 2016 年度特别致敬"奖。2019 年 9 月，王梦洁随中国女排夺得 2019 年女排世界杯赛冠军，入选最佳阵容，并获得最佳自由奖项。

郑益昕

郑益昕　1995 年 5 月生，福建漳州人。2012 年 5 月，入选国家女排青年队；10 月，在泰国举行的第十六届亚洲青年女排锦标赛上，以主力副攻的身份参赛并帮助中国队夺冠，她本人荣获最佳拦网奖。2013 年，随国家女排青年队参加瑞士精英赛获得第六名。首次以主力身份参加全国女排联赛，随福建阳光城女排获得 2014—2015 赛季全国女排联赛第六名。2015 年 1 月 19 日，首次入选中国女排；5 月，随队参加菲律宾第一届 U23 亚洲女排锦标赛并夺冠。随队夺得 2016 年女排亚洲杯赛冠军。2018 年 9 月，随队夺得第六届女排亚洲杯赛冠军。2019 年 5 月，入选中国女排出征世界女排联赛巴西站 12 人名单，担任接应；9 月，国际排联公布 2019 女排世界杯赛中国女排 16 人大名单，郑益昕入选。随中国女排夺得 2019 年女排世界杯赛冠军。2019 年 10 月 22 日，郑益昕加盟广东恒大女排。

王唯漪　1995 年 6 月生。上海女排自由人。2010 年入选上海女排青年队，同年参加全运会女排青年组比赛获得第六名。2013 年入选上海女排一队。2015 年入选中国女排。2022 年参加世界女排锦标赛获第六名。

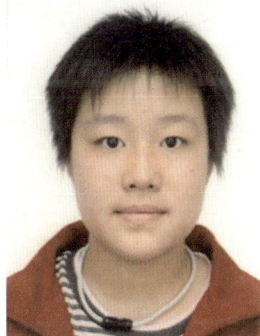
王唯漪

王云蕗

王云蕗　1996年生，北京人。八一女排主攻手，中尉军衔。2013年参加国际排联U18女排比赛夺得冠军，并被评为"最佳主攻"；同年夺得东亚运动会女排比赛冠军。夺得2014—2015全国女排联赛冠军，并获最佳发球奖。2015年入选中国女排，同年参加世界女排大奖赛获第四名。2022年参加世界女排锦标赛，获第六名。

龚翔宇　1997年4月生，江苏连云港市人。2016年1月30日，随江苏女排获得2015—2016赛季中国女排联赛亚军。2017年3月，随江苏女排夺得2016—2017赛季中国女排联赛冠军。2018年3月，随江苏女排获得2017—2018赛季中国女排联赛季军。2019年3月，随江苏女排获2018—2019赛季中国女排联赛第四名。2020年1月，随江苏女排获得2019—2020赛季中国女排联赛第五名。2012年，龚翔宇入选国家女排少年队，并随队获得U17亚洲

龚翔宇

女排锦标赛亚军。2013年，入选国家女排少年队，并夺得U18世界女排锦标赛冠军；同年参加在辽宁举办的第十二届全国运动会，荣获青年组女排比赛第三名。2014年入选国家女排青年队，并夺得亚洲青年女排比赛冠军。2016年首次入选中国女排新一届国家队26人大名单，并夺得里约奥运会女排比赛冠军。2018年，随中国女排征战亚运会并夺得冠军。现效力于江苏中天钢铁女排俱乐部。

李盈莹

李盈莹　2000年2月生，黑龙江齐齐哈尔人。天津女排队员，中士军衔。曾入选中国U18国家女排少年队。在2017—2018赛季全国排球超级联赛中打破多项纪录，天津女排夺得冠军奖杯，她本人荣获女排超级联赛MVP。在2017—2018赛季第一阶段对阵上海女排时，李盈莹攻下45分，刷新由朱婷保持了4年之久的中国女排联赛单场得分纪录（43分）。她在该赛季总得分804分，成为中国女排联赛

第一位单赛季得分突破800分大关的球员。2018年7月30日，中国排球协会公布2017—2018赛季中国女排超级联赛总成绩与评选奖励结果，李盈莹被评为"最有价值女球员"。同年9月1日，随队夺得雅加达亚运会女排比赛冠军。2019年随队夺得女排世界杯赛冠军，同年获得武汉世界军人运动会女排比赛亚军。2020年3月，获得2019年度"天津市三八红旗手标兵"荣誉称号。

高　意　1998年生，八一女排副攻手，中士军衔。连续两年入选中国女排少年队。2016年入选中国女排青年队集训名单。2018年夺得第六届亚洲杯女排比赛冠军。2019年入选中国女排集训大名单，同年参加武汉世界军人运动会女排比赛并获亚军，参加亚洲U23女排锦标赛夺得冠军。2022年参加世界女排锦标赛获第六名。

高　意

杨涵玉　1999年10月生，山东淄博人。北京体育大学2019级研究生冠军班学生。曾为山东女排队员。司职副攻，效力于国家女排。2017年12月5日，杨涵玉入选2017年度CCTV体坛风云人物"年度最佳新人奖"候选名单。2018年9月24日，入选世界女排锦标赛中国队14人名单。2019年5月，入选中国女排出征世界女排联赛巴西站12人名单，担任副攻。2019年入选女排世界杯赛中国女排16人大名单。2019年9月，被国家体育总局排球

杨涵玉

运动管理中心授予"国际级运动健将"称号。

王媛媛　1997年7月生，甘肃静宁县人。中国女排运动员，场上司职副攻，效力于天津渤海银行女排。2013年第十三届世界少年（U18）女排锦标赛上首度登场，作为替补的她以"眼镜侠"亮相在个别场次，体现出身高（1.95米）的优势。2015年入选U23国奥征战世界女排锦标赛，与张倩和胡铭媛轮班副攻。2019年被授予"国际级运动健将"称号；2019年女排世界杯赛冠军成员。2019年

王媛媛

刁琳宇

5月，入选中国女排出征世界女排联赛巴西站12人名单，担任副攻。随队夺得2019—2020全国女排超级联赛冠军。获得2019—2020、2020—2021全国女排超级联赛最佳副攻奖。2021年，入选2020年东京奥运会中国体育代表团排球项目运动员名单。

刁琳宇 江苏女排队员，司职二传。发球出色，冷静沉着，传球思路清晰。2017年被评为2016—2017赛季全国排球联赛"最佳二传"。2019年5月入选中国女排出征世界女排联赛巴西站12人名单，担任二传。

陈佩妍 1999年9月生，广东茂名市人。2017年参加亚洲女排锦标赛，表现优异；同年参加世界青年（U20）女排锦标赛，夺得冠军；同年9月入选中国女排，司职接应。2022年参加世界女排锦标赛获第六名。

陈佩妍

金 烨 1996年生，北京人。北京女排主攻手。多次入选各年龄段国家队。2017年入选中国女排青年队，同年参加亚洲女排锦标赛获第四名，并当选"最佳接应"。2018年入选中国女排集训大名单。2018—2019赛季跟随北汽女排首夺职业联赛冠军。2022年参加世界女排锦标赛获得第六名。

金 烨

王艺竹 2001年3月生，天津队主攻手。2016年进入中国女排少年队，同年入选天津女排青年队。2017年，随天津女排青年队夺得全运会女排青年组比赛冠军。2018年参加全国青少年U18女排锦标赛，夺得比赛成绩和综合评比两项冠军。2019年入选中国女排。2021年夺得第十四届全运会女排比赛冠军。2022年参加世界女排锦标赛获得第六名。

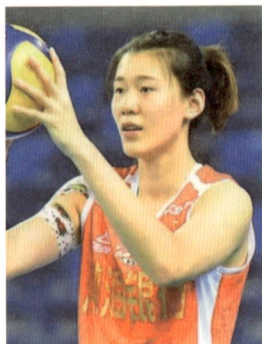
王艺竹